동산도서관 소장 고문헌 번역총서 08

『효순사실』
역주 및 연구 1

동산도서관 소장 고문헌 번역총서 08

『효순사실』 역주 및 연구 1

초판 1쇄 인쇄 2024년 9월 13일
초판 1쇄 발행 2024년 9월 30일

옮 긴 이 구슬아
감 수 자 이종한
펴 낸 이 신일희
펴 낸 곳 계명대학교 출판부
출판등록 제347-1998-1호(1970. 9. 1)
주 소 대구광역시 달서구 달구벌대로 1095
대표전화 053-580-6233
팩 스 053-580-6235
홈페이지 www.kmupress.com

ISBN 979-11-6516-236-8 93810 정가 30,000원

이 저서는 2023년 대한민국 교육부와 한국연구재단의 인문사회분야 신진연구자지원사업의 지원을 받아 수행된 연구임(NRF-2023S1A5A8082318)

동산도서관 소장 고문헌 번역총서 08

『효순사실』 역주 및 연구 1

구슬아 옮김
이종한 감수

계명대학교 출판부

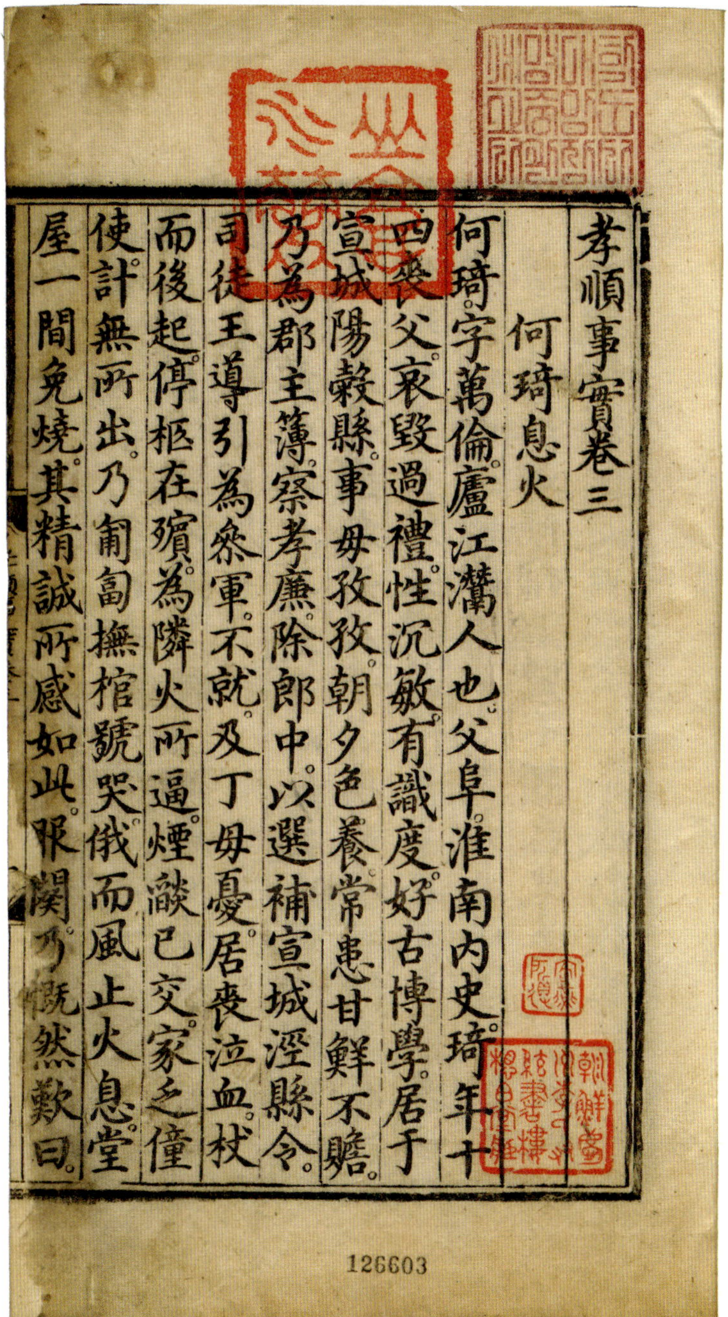
孝順事實卷三

何琦息火

何琦字萬倫廬江灊人也父阜淮南內史琦年十四喪父哀毀過禮性沉敏有識度好古博學居于宣城陽穀縣事母孜孜朝夕色養常患甘鮮不贍乃為郡主簿察孝廉除郎中以選補宣城涇縣令司徒王導引為參軍不就及丁母憂居喪泣血杖而後起停柩在殯為隣火所逼煙焰已交家乏僮使計無所出乃匍匐撫棺號哭俄而風止火息堂屋一間免燒其精誠所感如此限闋乃慨然歎曰

『효순사실』
계명대학교 동산도서관 소장

역자 서문

이 책은 『삼강행실도』 효자도(孝子圖)의 편찬에 큰 영향을 미친 15세기의 중국본 도서 『효순사실』의 원문과 상세한 주석, 현대어 역을 제공하는 첫 번째 결과물이다. 동아시아 사람들이 보편적으로 공유하는 비슷한 도덕 감정이 있다면, 필자는 그것이 '효'라고 말할 것이다. 『효순사실』은 상고 시대부터 명나라 초기에 이르기까지 눈부시게 빛나는 모범적인 효자와 효녀 207명의 효행이 담긴 10권의 책이다. 15세기 명나라의 황제 영락제가 효의 구체적 사례를 통해 효자의 마음이나 효의 가치와 같은 시대적 화두를 독자들에게 묻고 생각하며 찬미하게 하는 방식으로 구성되어 있다. 이를 중국 내는 물론 조선 및 베트남 등의 인접국으로 전파하였는데, 그 결과 조선에서는 『삼강행실도』가 만들어진 것이다.

이 책에는 상식적이지 않거나 기적에 가까운 신이한 사건이 포함되어 있어, 그 자체로 문학적인 감동과 흥미가 있다. 그렇지만 무엇보다도 논단부에 제시된 크고 작은 화두를 거쳐, 독자들이 스스로를 이야기 속 상황에 대입해보며 그 화두에 답을 찾아가게 만든다는 것이 『효순사실』이 지닌 매력이 아닌가 한다. '이러한 상황에서 당신은 무엇을 할 것인가? 왜 그렇게 하는가? 그래서 당신이 생각하는 효란 무엇인가?' 이러한 질문에 오늘날의 독자들도 각자 이러저러한 결론을 내려 보고 생각해보게 하는 것, 그것은 필자가 이 책을 번역하고 연구하려는 이유이기도 하다.

그러나 효라는 단어를 꺼내는 것이 조금 겸연쩍기까지 한 시대에 부모를 향한 자식의 진심어린 사랑과 보살핌을 들먹이는 것은 시의적절한가? 자식을 향한 부모의 내리사랑은 자연스럽고 당연한 것인 것처럼 여기지만, 부모를 향한 자식의 치사랑은 왜 그렇게 여겨지지 않는가?

사실, 『효순사실』에 모범적 효행이 담겨있다고 표현하기는 했지만 그것이 손가락을 베어 병든 부모 입에 피를 흘려 넣는 극단적인 모습이나, 한겨울에 나지 않는 잉어나 죽순을 기어코 구해내며 효심의 순도를 증명하는 모습으로 점철된 것은 아니다. 그저 부모가 살아 계실 때에는 나를 낳고 길러 주신 것에 대한 감사와 존경의 마음을 부드럽게 표현하는 것, 부모의 마음을 조금 더 깊이 헤아려 보거나 나중에 후회할 일을 남기지 않는 것, 돌아가셨을 때에는 다시 뵙지 못하는 애통한 진심을 담아 장례를 치르며 그리워하고 다시 일상을 꿋꿋하게 살아 나가는 것. 그것이 이 책에 담긴 모범적 효행의 핵심이다. 그러한 점에서 오늘날의 독자들에게도 시사하는 바가 적지는 않을 듯하다. 효란 머리로 생각하고 행동하는 윤리 도덕인 것을 넘어, 삶의 과정에서 거의 대부분의 사람들이 겪고 느끼는 자연스러운 감정과도 닿아 있기 때문이다.

미리 고백하자면, 필자도 그것을 일상에서 제대로 실천하지는 못하는 것 같다. 그래서인지 『효순사실』을 읽고 번역하면서 때로는 눈물이 핑 돌기도 하고, 반성하는 마음과 용기를 얻는 마음이 번갈아 들기도 했다. 효의 위상이 너무나 떨어진 시대일지라도, 우리는 누구나 마음속에 부모를 담고 살아간다. 가장 힘들 때, 조건 없는 사랑을 한없이 베풀어 주시던 부모님이 저절로 생각나는 독자라면 이 책의 내용이 그다지 고리타분하다고 느끼지는 않을 것이다.

『효순사실』은 현재 계명대학교 동산도서관 벽오고문헌실에 소장된 것이 국내 유일본이다. 그만큼 접근성이 떨어져 널리 알려지지 못했기에 이번 역주와 연구를 통해 이 책의 구체적 내용과 가치를 공유하고자 한다.『효순사실』의 일화는 주인공의 활동 시기에 따라 순차 배열되어 있지만 권차별로 왕조가 명확하게 분절되지는 않는다. 이에 권차별 분량을 기준으로 연구서 제1권에서는 권1부터 권3까지 64명의 효행담과 해제를, 연구서 제2권에서는 권4부터 권7까지 82명의 효행담을, 연구서 제3권에서는 권8부터 권10까지 61명의 효행담과 관련 연구 성과를 제시할 계획이다.

지면을 빌어 전체 원문을 열람하며 연구할 수 있게 해주신 이종한 동산도서관장님과 최경훈 선생님께 감사 인사를 드린다. 특히 이종한 관장님은 이 책의 번역 방향성과 수준을 제시해 주심은 물론, 상세한 감수를 통해 내용의 정확성을 대폭 높여 주셨다. 그럼에도 오역과 오독이 있다면 그것은 전적으로 과문한 필자의 탓이다. 마지막으로, 이 책을 번역하는 매 순간마다 생각났던 나의 부모님께 죄송하고도 감사한 마음을 담아 이 책을 바친다.

2024년 7월

구슬아

일러두기

1 이 책은 계명대학교 동산도서관 벽오고문헌실 소장 『효순사실(孝順事實)』을 저본으로 삼아 우리말 번역과 주석을 한 것으로, '동산도서관 소장 고문헌 번역총서' 제8권이다. 원서는 1420년에 명나라에서 간행한 초간 목판본의 후쇄본으로, 국내 유일본이다. 또한 이 책은 세계적으로도 간본이 드문 희귀한 자료이자, 15세기 한-중 문화 교류사의 일면을 잘 보여주는 귀중한 자료이다.

2 이 책은 상고 시대부터 명나라에 이르기까지 효자들의 일화를 우리말로 옮긴 것으로, 원서의 체제에 의거하여 각각 제목-본문-논단(論斷)-찬시(讚詩)의 순서로 배치하였다. 원문은 같은 순서로 번역문 뒤에 수록하되, 제목은 번역문 옆에 수록 장차(張次)와 함께 병기하고, 찬시는 번역문 옆에 병기하였다.

3 번역과 연구를 위해 『삼강행실도(三綱行實圖)』 효자도(孝子圖)의 한문본인 고려대 만송문고본(1432년 후쇄본, 청구기호: 만송 貴 296B), 언해본인 세종한글고전DB본(The British Library 소장본, 청구기호: 15113.e.2)을 대조하여, 주석에 글자 출입 내용을 수록하였다. 또한 권부(權溥)의 『효행록(孝行錄)』은 같은 일화 수록 여부를 대조하기 위해 참고하였다. 이 책의 주석에서는 시각적 편의를 위해 각각 『한』, 『언』, 『효』로 약칭하였다.

4 주석은 처음부터 끝까지 일련번호를 붙여 각주로 달았다. 인명, 지명, 기관명, 주요 용어 및 어구에 대한 설명, 작품에 활용된 전고나 배경 지식 『삼강행실도』 및 『효행록』과의 글자 출입 등을 주석에 담았다. 서기 연도나 단어의 짤막한 뜻풀이 등 간단한 내용은 본문의 ( ) 속에 넣었다.

5 번역에서 한자는 가급적 노출하지 않되, 주석에서는 내용의 정확도를 높이기 위해 처음 나온 어휘를 기준으로 괄호 속에 병기하였다. 다만, 본문에서도 문맥상으로 정확히 구별되지 않는 경우에 한해, 의미 전달의 명확성을 높이기 위해 병기하였다.

6 맞춤법과 띄어쓰기는 한글 맞춤법과 표준어 규정을 따랐다.

7 이 책에서 사용한 주요 문장 부호는 다음과 같다.
( ) 번역문과 음이 같은 한자를 묶는다.
[ ] 번역문과 뜻은 같으나 음이 다른 한자, 원문에 빠져 있어 첨입한 글자를 묶는다.
" " 대화, 경전 구절 등의 인용문을 묶는다.
' ' 중요한 의미를 지닌 어구나 용어를 강조하거나, " " 안의 대화 등을 묶는다.
『 』 책이름을 표기할 때
「 」 책의 편명이나 단편 작품명 등을 표기할 때
【 】 원문에 병기된 세주 등을 표기할 때

황제가 친히 지은 『효순사실』 서문

짐은 다음과 같이 생각한다. 하늘과 땅의 떳떳하고 바른 도리[01] 가운데 부모보다 존귀한 것이 없고, 하늘이 내려 준 떳떳한 성품 중에 효보다 앞서는 것이 없다. 그러므로 효란 수많은 행실의 뿌리요 모든 선행의 근원이다. 크게는 천지를 움직이고 귀신까지 감화시킬 수 있으며, 작게는 흉포하고 사나운 자들을 교화하고 새나 짐승을 따르게 하며[02] 초목도 부응하게 할 수 있다. 이런 것은 모두 하늘의 이치와 인륜의 자연스러움에서 비롯된 것이지 억지로 조작하여 만든 것[03]이 아니다.

그러나 옛 제왕과 높은 대신부터 아래로 백성에 이르기까지, 당시에 효행으로 칭송받아 훗날 이름이 전해진 사람들이 이루 다 기록할 수 없을 정도로 많지만, 종종 여러 서적에 산만하게 흩어져 있을 뿐이어서 찾아 살피기가 어려웠다. 그래서 짐이 일찍이 역사서와 여러 서적에 수록된

---

01 하늘과……도리: 삼강오륜 등의 예를 가리키는 것으로, 『좌전』 「소공 25년(昭公二十五年)」, "예란 하늘의 떳떳한 도이자 땅의 바른 도리이다.[夫禮, 天之經也, 地之義也.]"라고 한 데서 온 말이다. 『효경』 「삼재장(三才章)」에서도 이를 활용하여 "효란 하늘의 떳떳한 도이자 땅의 바른 도리이다.[夫孝, 天之經也, 地之義也.]"라고 하였다.

02 새나……따르게 하며: 『효순사실』 안에는 호랑이·새 등이 주인공의 효행에 감동하여 주변을 맴돌거나 길들여진 일화가 다수 등장한다. 이에 본문 중의 '格'을 '바로잡다' 대신 '오다', '이르다'라는 의미로 번역하였다.

03 억지로……만든 것: 『맹자』 「이루 하(離婁下)」 제26장 중 본성[性]에 대한 주희(朱熹)의 주석, "인간이 선한 것이나 물이 아래로 흐르는 것은 억지로 조작하여 그렇게 만들려고 한 것이 아니다.[如人之善, 水之下, 非有所矯揉造作而然者也.]"라고 한 데서 온 말이다.

효행 중에 우뚝 뛰어나 기술할 만한 것을 자세히 찾아내어 207명의 사례[04]를 발견하고는 다시 각각에 논단을 내리고 아울러 시를 덧붙여 순서에 따라 10권으로 편찬하여, 『효순사실(孝順事實)』이라고 이름 붙였다. 독자들이 이 책을 읽는 동안 효를 행하는 방법을 모두 터득할 수 있게 되어, 부모를 사랑하는 마음이 뭉클하게 일고 자식 된 직분에 즐거운 마음으로 최선을 다한다면, 인륜이 밝아지고 풍속은 아름다워질 것이니 어찌 세상 교화에 도움이 되지 않겠는가?

하지만 보고 들은 것이 넓지 못하다 보니 채집하는 과정에서 미비한 것이 있어, 바다에 버려진 진주가 있다는 탄식[05]이 이를까 염려된다. 그러니 후대의 군자들이 짐의 이런 마음을 체득하여, 누락된 훌륭한 효행을 널리 수집하고 모아 이 책의 후속편을 펴낸다면 천하 후세의 사람들이 깊이 의지할 수 있을 것이다. 이에 서문을 짓노라.

영락(永樂)[06] 18년(1420, 세종 2) 5월 11일.

---

04 우뚝……사례: 원문의 '卓然可述者'는 조선의 문인 권채(權採)가 지은 「삼강행실도 서문(三綱行實圖序)」에도 활용되었다. "그리하여 중국으로부터 우리나라에 이르기까지 고금의 서적에 있는 것을 모두 찾아 효자·충신·열녀로 우뚝 뛰어나 기술할 만한 사람 각각 110명을 찾았다.[於是, 自中國以至我東方, 古今書傳所載, 靡不蒐閱, 得孝子忠臣烈女之卓然可述者, 各百有十人.]"

05 바다에……탄식: 세상에 알려지지 못하고 묻혀 있는 훌륭한 인물 등을 비유한 것으로, 이 글에서는 뛰어난 효자의 행적을 미처 발견하지 못하고 빠뜨렸다는 의미로 쓰였다.

06 영락: 명나라 제3대 황제 성조(成祖)의 연호로, 1403년부터 1425년까지 쓰였다.

御製孝順事實序

朕惟天經地義, 莫尊乎親; 降衷秉彛, 莫先於孝. 故孝者, 百行之本, 萬善之原. 大足以動天地, 感鬼神; 微足以化彊暴, 格鳥獸, 孚草木, 是皆出於天理民彛之自然, 非有所矯揉而爲之者也. 然自古帝王公卿, 下及民庶, 孝行見稱於當時, 有傳於後世者, 不可殫紀, 往往散見於篇籍, 難以考索. 朕嘗歷求史傳諸書所載孝行,[07] 卓然可述者, 得二百七人, 復各爲之論斷, 并系以詩, 次爲十卷, 名曰孝順事實. 俾觀者屬目之頃, 可以盡得其爲孝之道, 油然興其愛親之心, 歡然盡其爲子之職, 則人倫明, 風俗美, 豈不有裨於世教者乎? 然尙慮聞見之不廣, 采輯之未備, 致有滄海遺珠之歎, 後之君子, 苟能體朕是心, 廣搜博采, 以續夫是編之作, 則於天下後世, 深有賴焉. 是爲序.

永樂十八年, 五月十一日.

---

07 難以考索, 朕嘗歷求: 『대명태종문황제실록(大明太宗文皇帝實錄)』에는 "朕嘗命侍臣歷考"라고 되어 있다.

목차

권1

권2

권3

孝順事實卷一

1. 순임금의 위대한 효[01]　　虞舜大孝(1a)

【본문】

순임금[02]은 고수(瞽瞍)[03]의 아들이다. 아버지는 완악하고 계모는 말에 진실성이 없었으며 이복동생인 상(象)은 오만하였지만, 그가 효로써 가족

---

01 순임금의 위대한 효: 『삼강행실도』 효자도 한문본(고려대학교 소장본, 이하 『한』이라고 표기한다.)에 「순제의 위대한 효[舜帝大孝]」라는 제목으로 수록되어 있다. 언해본(세종한글고전DB 수록 The British Library 소장본, 이하 『언』이라고 표기한다.)에는 수록되지 않았다. 『효행록』(이하 『효』라고 표기한다.)에는 「순임금을 위해 코끼리가 밭을 갈다[大舜象耕]」라는 제목으로 비슷한 내용이 수록되어 있다. 『중용장구』 제17장에 "공자께서 말씀하셨다. '순임금은 위대한 효로다!'[子曰: '舜其大孝也與!']"라는 표현이 보인다.

02 순임금: 중국 상고 시대의 성군이다. 성은 요(姚), 이름은 중화(重華)이며, 우(虞) 땅에서 나라를 세웠기에 '우순(虞舜)', '유우씨(有虞氏)' 등으로도 불린다. 요임금에 의해 후계자로 선택되었으며, 공자와 맹자 등은 그를 완전한 덕의 소유자이자 어진 임금의 상징으로 칭송하였다. 중국의 24효자 중 한 명이다.

03 고수: 순임금의 아버지이다. 『맹자』 「만장 상(萬章上)」 제2장에 따르면, 고수는 순에게 곳간 지붕을 손질하게 한 뒤 순이 그것을 고치기 위해 지붕 위로 올라가자 사다리를 치우고 불을 지르거나, 우물을 치게 하고는 나오지 못하도록 흙을 덮어 생매장하려 하는 등[父母使舜, 完廩捐階, 瞽瞍焚廩, 使浚井, 出從而揜之.] 완고하고 패악한 행동을 한 부모의 상징이다.

을 잘 화합하게 하였다.[04] 당초, 역산(歷山)[05]에서 농사지을 적에 그는 밭에 가서 하늘과 부모를 부르짖으며 통곡하면서 모든 잘못이 자신의 죄라고 자책하였다.[06] 그리고는 자식 된 직분을 공손히 다하며 아버지를 뵐 때 항상 행동을 삼가고 두려워하니,[07] 고수도 결국 진심으로 그를 믿고 온화해졌다.[08] 맹자께서는 이렇게 말했다. "순임금이 부모를 섬기는 도리를 극진히 하니 고수가 기뻐하게 되었고, 고수가 기뻐하게 되니 천하가 감화되었다. 고수가 기뻐하자 천하의 아버지와 자식 된 자의 지위가 정해졌으니, 이것을 위대한 효라고 한다."[09]

虞舜, 瞽瞍之子, 父頑母嚚象傲, 克諧以孝. 初, 耕歷山, 往于田, 號泣于旻天, 于父母, 負罪引慝. 祗載見瞽瞍, 夔夔齊栗, 瞽瞍亦允若. 孟子曰: "舜盡事親之道, 而瞽瞍底豫, 瞽瞍底豫, 而天下化. 瞽瞍底豫, 而天下之爲父子者定, 此之謂大孝."[10]

---

04 아버지는……화합하게 하였다: 『서경』「요전(堯典)」에서 인용한 것이다. "(순임금의) 아버지는 완악하였고 계모는 말에 진실성이 없었으며 이복동생인 상은 오만하였지만, 그가 효로써 잘 화합시키면서 점점 다스려지게 하여 나쁜 데 이르지 않게 하였다.[父頑母嚚象傲, 克諧以孝, 烝烝乂, 不格姦.]" 주석에 따르면 마음으로 덕과 정의의 떳떳함을 본받지 못하는 것이 '완(頑)'[心不則德義之經爲頑], 입으로 충실하고 미더운 말을 하지 못하는 것이 '은(嚚)'[口不道忠信之言爲嚚]이다.

05 역산: 순임금이 황제가 되기 전 농사를 짓던 곳으로, 현재 중국 산동성(山東省) 제남시(濟南市) 교외라고 알려져 있다.

06 자신의……자책하였다: 완악한 부모와 이복동생의 잘못을 모두 자신이 떠맡아 자책한다는 의미이다. 『서경』「대우모(大禹謨)」 채침(蔡沉) 주석 참고.

07 항상……두려워하니: 원문의 '기기(夔夔)'는 엄숙히 공경하고 두려워하는 모양이다. 『서경』「대우모」 채침 주석 참고.

08 당초, 역산에서……온화해졌다: 『서경』「대우모」에서 인용한 것이다.

09 순임금이……효라고 한다: 『맹자』「이루 상(離婁上)」 제28장에서 인용한 것이다.

10 此之謂大孝: 『한』에는 말미에 "『당문수(唐文粹)』에 이렇게 되어 있다. '순임금이 역산에서 농사지을 때, 코끼리가 그를 위해 밭을 갈고 새가 그를 위해 김을 맸다.'[唐文粹云: '舜田于歷山, 象爲之耕, 鳥爲之耘.']"라는 주석이 있다.

【논단】

위대하도다! 순임금의 효여! 이것이 그가 천하 만세의 본보기가 된 까닭이다. 그의 아버지 고수는 후처에게 미혹되었기 때문에 작은아들인 상만 사랑하고 늘 순을 죽이려 하였으니, 이것은 바로 인륜의 변고이다. 그러나 순은 이런 상황에서도 그저 힘껏 밭을 갈고 자식 된 도리를 공손히 실천했을 뿐이다.[11] 그가 하늘과 부모를 부르짖으며 울었던 것은 모든 허물을 자신에게 돌려 자책하고 부모에게는 털끝만 한 원망도 없었기 때문이다. 그가 부모를 사랑하는 이러한 효심은 간절하고 지극하였다고 할 만하니, 마침내 부모가 순을 믿고 따르며 기뻐하도록 만들었다. 일반적으로 완악한 아버지나 말에 진실성이 없는 계모를 모시는 것은 천하에서 지극히 어려운 일이다. 그러나 순은 자식 된 도리를 다하여 그런 부모를 감동시킨 것이 이런 경지에 이르렀다. 이 때문에 천하가 교화되어 섬기지 못할 부모란 없다는 사실을 알게 된 것이다. 이에 모두들 효에 힘쓰게 되어 자식은 부모에게 효도하고 부모는 자식을 사랑하며 각자의 직분에 편안하게 되었으니, 이런 점이 이른바 '순임금은 천하의 모범이 되어 후세에 전해질 만하다'[12]는 것으로, 그가 위대한 효자가 된 이유이다. 대체로 부모를 섬기는 효심이란 모든 사람의 본성에 담겨 있는 것이니 어찌 유독 순만 소유한 것이겠는가? 그러나 자기 부모를 기쁘게 하지 못하는 자가 있

---

11 그저 힘껏……실천했을 뿐이다: 『맹자』 「만장 상」 제1장에서 인용한 것이다. "나는 힘을 다하여 밭을 갈며 공손히 자식 된 직분을 다할 뿐이다.[我竭力耕田, 共爲子職而已矣.]"

12 순임금은……전해질 만하다: 『맹자』 「이루 하(離婁下)」 제28장에서 인용한 것이다. "순임금도 사람이고 나도 사람인데, 그는 천하의 본보기가 되어 후세에 전해질 만하거늘 나는 아직도 촌사람을 면치 못하니, 이것이 곧 근심스러운 것이다. 근심하면 어떻게 해야 하나? 바로 순임금처럼 할 뿐이다.[舜人也, 我亦人也, 舜爲法於天下, 可傳於後世, 我由未免爲鄕人也, 是則可憂也. 憂之如何? 如舜而已矣.]"

다면, 그것은 부모를 섬기면서 효도를 극진히 하지 못했기 때문일 것이다. 그러한즉 부모를 섬기는 도리를 다하려는 자가 순임금의 행적을 보고 더욱 힘쓰지 않을 수 있겠는가! 찬시는 다음과 같다.[13]

大哉! 虞舜之孝! 所以爲天下萬歲之法也. 蓋其父瞽瞍, 惑於後妻, 故愛少子象, 而常欲殺舜, 乃人倫之變也. 然舜之處此, 唯竭力耕田, 共爲子職而已矣. 其所以號呼于旻天, 于父母而泣者, 皆引罪自責, 而無毫髮怨其親. 此其孝愛之心, 可謂切至, 卒使其親信順而悅樂焉. 夫以頑父嚚母, 天下之至難事者也. 舜盡其道, 感動至於如此. 是以天下化之, 而知無不可事之親. 於是皆勉於爲孝, 子孝父慈而各安其分焉, 所謂舜爲法於天下, 可傳於後世, 此所以爲大孝也. 夫事親之孝, 人性皆有之, 豈獨舜哉? 而或不能致其親之喜悅者, 事之未盡其道故也. 然則欲盡事親之道者, 可不觀於舜而加勉乎! 詩曰:

【찬시】

위대할사 순임금이여! 거룩한 덕 융성하니	大舜巍巍聖德隆
부모 마음 기쁘게 못함을 심히 근심하였네	親心未豫苦憂忡[14]
자식 된 도리로 부지런히 모시고	共爲子職勤營養
울면서 하늘을 부르짖어 스스로 꾸짖을 뿐	號泣呼天但責躬

---

13 찬시는 다음과 같다: 해당 구절은 모든 논단의 말미에 붙은 '詩曰'을 번역한 것으로, 이후에는 번역을 생략한다.

14 憂忡: 걱정하여 편안하지 못하다는 의미이다.

또[又][15]

효성에 감동한 부모의 마음 얻었으니	孝誠感動得親心
아버지 기뻐하자 덕의 교화 깊어졌다네	底豫應知德化深
당시에만 위대한 효로 칭송되었을 뿐 아니라	不獨當時稱大孝
지금까지도 역사서에 전해진다네	流傳簡冊到如今

2. 문왕이 문안 인사 드리다[16] 文王問安(2a)

【본문】

주 문왕(周文王)[17]은 왕계(王季)[18]의 아들이다. 문왕이 세자였을 때, 왕계에게 하루 세 번 문안 인사[19] 드렸다. 닭이 막 울면 의복을 갖추고 침문[20] 밖에 이르러 그날 입직하고 있는 환관에게 "오늘 부왕의 안부가 어떠하

15 又: 찬시 두 번째 수에 붙은 것으로, 이후에는 원문을 생략한다.

16 문왕이 문안 인사 드리다: 『한』에 같은 제목으로 수록되어 있다. 『언』에는 수록되지 않았다. 『효』에 「주후가 문안하다[周后問安]」라는 제목으로 비슷한 내용이 수록되어 있다. 이 편은 『예기』 「문왕세자(文王世子)」에서 인용한 것이다.

17 주 문왕: 중국 상고 시대 주나라의 기틀을 마련한 희창(姬昌)으로, 고대의 성왕 중 한 명이다.

18 왕계: 고공단보(古公亶父)의 막내아들이자 문왕의 아버지로, 이름은 계력(季歷)이다.

19 하루 세 번 문안 인사: 세자가 아침저녁으로 부모에게 두 번 문안 인사를 올리는 것이 상례인데, 문왕은 세 번 하였으니 남들과 다른 뛰어난 효자임을 칭송한 것이다. 『예기대전(禮記大全)』 참고.

20 침문: 옛날의 예법에 따르면 천자의 궁궐은 문이 다섯 개인데 그중 가장 안쪽에 있는 노문(路門)을 침문이라고 한다. 이 글에서는 내실(內室)의 문을 가리킨다.

신가?" 하고 묻는다. 환관이 "편안하십니다."라고 대답하면 문왕은 그제야 기뻐했는데, 점심 무렵에 또다시 와서 이렇게 하고 저녁에 또다시 가서 이렇게 하였다. 만일 왕계가 편찮아[21] 환관이 이 사실을 문왕에게 알리면, 근심하는 기색이 역력하여 걸음걸이도 똑바르지 못했다.[22] 그러다 왕계가 다시 식사할 수 있게 된 뒤에야 문왕도 평상시대로 돌아왔다. 음식을 올릴 때는 반드시 음식의 온도가 맞는지 살피고, 왕계가 밥상을 물리면 어떤 것은 드시고 어떤 것은 남겼는지 묻고는 요리사에게 "남은 음식은 다시 올리지 말라."라고 명하여 "알겠습니다."라는 대답을 들은 뒤에야 돌아갔다. 아들 무왕도 훗날 이러한 효행을 그대로 따라 했다.

周文王, 王季子也. 爲世子時, 朝於王季日三. 雞初鳴而衣服, 至於寢門外, 問內豎之御者曰: "今日安否何如?" 內豎曰: "安." 文王乃喜, 及日中, 又至亦如之, 及莫,[23] 又至亦如之. 其有不安節, 則內豎以告文王, 文王色憂, 行不能正履. 王季復膳, 然後亦復初. 食上必在視寒煖之節, 食下問所膳, 命膳宰曰: "末有原."[24] 應曰: "諾." 然後退. 迨于武王帥而行之焉.

---

21 편찮아: 원문의 '불안절(不安節)'은 병이 있어 기거나 식사가 평상시와 달리 순조롭지 못하다는 뜻이다.

22 걸음걸이도 똑바르지 못했다: 마음속에 근심이 가득하여 똑바로 걷지 못한다는 뜻이다. "신도 제대로 신지 못하고 갔다."라고 번역하기도 한다.

23 莫: '暮'의 옛 글자로, 『예기』를 그대로 인용한 것이다.

24 末有原: '末'은 '勿', '原'은 '再'의 의미이다. 『예기대전』 참고.

【논단】

성인은 자기 부모에게 효도할 때 더없이 최선을 다한다. 그러므로 문왕은 왕계를 모실 때 잠자리가 편안하였는지 물었을 뿐 아니라 음식의 온도가 적당한지도 살폈다. 부모의 안부를 알고자 하는 것은 사랑하는 마음을 다하는 것이요, 계절에 맞게 조리된 음식을 올리고자 하는 것은 봉양을 제대로 하고자 하였기 때문이다. 이것이 바로 깊이 사랑하고 극진히 봉양한 경우이니, 문왕의 효는 더할 나위가 없도다! 그러므로 아들 무왕이 그런 효행을 따라 했을 뿐 아니라, 오랜 시간이 지난 뒤에도 사람들이 그의 효행을 본보기로 삼은 것이다. 공자도 지극한 덕이라고 칭송하셨으니,[25] 이른바 "오직 성인만이 성인을 알 수 있다."[26]라는 경우로다.

聖人之孝於其親, 無所不極其至焉. 故文王之事王季, 不惟問其寢處之宜, 而且視其飮食之節. 蓋欲知其安否, 以致其愛; 欲時其烹飪, 以備其養. 此其愛之深, 養之至, 而文王之孝, 無以加矣! 故不惟武王帥而行之, 萬世之下, 亦皆取之, 以爲法焉. 孔子以至德稱之, 所謂"唯聖人, 能知聖人."者矣. 詩曰:

---

25 공자도……칭송하셨으니: 『논어』 「태백(泰伯)」 제20장에서 공자가 문왕의 덕을 칭송하며 "천하를 셋으로 나눈 가운데 둘이나 차지하고도 은나라에 복종하여 섬기셨으니, 주나라의 덕은 지극하다고 일컬을 만하다.[三分天下有其二, 以服事殷, 周之德, 其可謂至德也已矣.]"라고 한 것을 가리킨다.

26 오직……알 수 있다: 『중용장구』 제32장에 대한 정현(鄭玄)의 주석 "唯聖人, 能知聖人也."를 인용한 것이다.

【찬시】

동도 채 트지 않아 닭이 울자 문안 인사 드림은	問寢[27]雞鳴夜未闌
효심 다해 안부 살피려 한 것이라오	孝誠惟欲候親安
하루 세 번 문안하는 예 오래도록 그만두지 않고	長時不廢三朝禮
식사 올릴 때도 따뜻한지 차가운지 늘 살폈네	食上頻看煖與寒

또

찬란한 그 효성 비견할 자 없으니	孝道昭昭莫與儔
마침내 서백[28] 따라 주나라 일어났네	竟從西伯遂興周
자손들이 이어받아 전대의 공적 빛냈으니	子孫繼述光前烈
하늘이 정한 제왕의 순서[29]가 800년[30]간 이어졌다네	曆數綿延八百秋

27 問寢: 어른의 안부 등을 여쭙는 것이다.

28 서백: 문왕의 작호이다. 상(商)나라 주왕(紂王)이 그를 서방 제후의 우두머리로 임명하여 정벌을 마음대로 할 수 있게 했기 때문에 서백이라 하였다.

29 제왕의 순서: 원문의 '역수(曆數)'는 옛 제왕들이 천명을 받아 백성을 다스리는 순서로, 전하여 천명을 받고 제위에 오르는 것을 가리킨다. 요임금이 순임금에게 양위할 때 "아! 그대 순이여! 하늘이 정한 제왕의 순서가 그대의 몸에 있도다.[咨爾舜! 天之曆數在爾躬.]"라고 하였다. 『논어』 「요왈(堯曰)」 참고.

30 800년: 주나라는 기원전 1046년~기원전 256년까지 약 800여 년간 유지되었다.

3. 무왕의 위대한 효[31] 武王達孝(3a)

【본문】

주 무왕(周武王)[32]은 문왕의 세자였다. 문왕이 왕계를 모실 적에 하루 세 번 문안 인사를 드리고 식사 수발을 하였는데, 무왕도 이를 따라 행하였다. 문왕이 병들자 무왕은 관과 허리띠도 벗지 않고 곁에서 병간호하였다. 문왕이 밥을 한 번 드시면 자신도 한 번 먹고, 문왕이 재차 드시면 그도 한 번 더 먹었으니, 이렇게 열이틀이 지나자 차도가 있었다.[33] 무왕은 태왕,[34] 왕계, 문왕의 제업을 계승하여 한 번 갑옷을 차려입고 상나라 주왕을 정벌하여 천하를 차지하였다. 자신은 천하의 훌륭한 명성을 잃지 않아 존귀함으로는 천자가 되었고 부유함으로는 온 천하를 차지하여 (사후에) 종묘의 제향을 받고 자손들이 그를 보전하였다.[35] 공자는 이렇게 말씀하셨다. "무왕과 주공은 누구나 인정할 만한 위대한 효로다! 효란 부

---

31 무왕의 위대한 효: 『한』, 『언』, 『효』에 관련 일화가 수록되어 있지 않다. '達孝'는 누구나 인정할 만한 효, 위대한 효라는 의미이다.

32 주 무왕: 문왕과 태사(太姒)의 차남 희발(姬發)이다. 상나라를 멸망시키고 주나라의 초대 황제가 되었다.

33 문왕이 병들자……차도가 있었다: 『예기』 「문왕세자」에서 인용하였다. "文王有疾, 武王不說冠帶而養. 文王一飯, 亦一飯, 文王再飯, 亦再飯, 旬有二日乃間." 원문의 '說'은 '脫'과 같은 뜻이다. 같은 내용이 『소학』 계고(稽古) 「명륜(明倫)」 제9장에도 실려 있다.

34 태왕: 무왕의 증조부인 고공단보로, 주나라의 기틀을 마련하였다. 무왕이 주나라를 세운 뒤 증조부를 태왕으로 추존하였다. 원문 '大王'의 '大'는 '태'로 읽는다.

35 무왕은 태왕……보전하였다: 『중용장구』 제18장에서 인용하였다. "武王纘大王王季文王之緖, 壹戎衣而有天下, 身不失天下之顯名, 尊爲天子, 富有四海之內, 宗廟饗之, 子孫保之."

모의 뜻을 잘 이어받으며 부모의 일을 잘 계승하는 것이다."[36]

周武王者, 文王之世子也. 文王事王季, 問安視膳, 一日三朝, 武王帥而行之. 文王有疾, 武王不說冠帶而養. 文王一飯, 亦一飯; 文王再飯, 亦再飯, 旬有二日乃間. 武王纘大王王季文王之緒, 一戎衣而有天下. 身不失天下之顯名, 尊爲天子, 富有四海之內, 宗廟享之, 子孫保之. 孔子曰: "武王周公, 其達孝矣乎! 夫孝者, 善繼人之志, 善述人之事者也."

【논단】

성인의 효는 부모를 사랑하고 공경하는 마음에서 비롯된 것이자 자연스러운 본성의 결과이니, 그들은 능히 덕의 교화를 천하 후세에 펼쳐 모두가 자기 부모에게 극진히 효도하도록 이끌었다는 점에서 더할 나위가 없다.[37] 주 무왕이 문왕을 모신 일을 살펴보면 이러한 점을 잘 알 수 있다. 무왕이 세자였을 때, 그는 문왕이 왕계를 섬겼던 방법을 전부 다 계승하여 문왕을 섬겼다. 하루에 반드시 세 번 음식을 직접 살펴보고 문안 인사를 드렸으며, 문왕이 편찮으면 관과 허리띠도 벗지 않고 아버지 처소를 떠나지 않았다. 밥 한 번, 두 번 먹는 것도 오직 아버지를 살피며 그렇

36 무왕과……계승하는 것이다: 『중용장구』 제19장에서 인용하였다. 같은 내용이 『소학』 계고 「명륜」 제10장에도 실려 있다.

37 성인의……없다: 『효경』 「천자장(天子章)」, "부모를 사랑하는 자는 감히 남을 미워하지 않고, 부모를 공경하는 자는 감히 남에게 함부로 하지 않는다. 부모를 섬기면서 사랑과 공경을 극진히 하면, 덕의 교화가 백성에게 더해져서 온 천하에 모범이 될 것이니, 이것이 바로 천자의 효이다.[愛親者, 不敢惡於人; 敬親者, 不敢慢於人. 愛敬盡於事親, 而德教加於百姓, 刑于四海, 此天子之孝也.]"라는 구절을 활용한 것으로 보인다.

게 할 뿐, 감히 자기가 하고 싶은 대로 마음껏 하지 않았다. 부모를 섬기는 효성은 문왕이 가장 극진하였는데, 무왕도 오로지 그 방법대로 실천하며 감히 아버지가 행한 바를 넘지 않았으니 이것이 바로 그가 지극한 효자가 된 이유이다. (무왕이) 선조의 뜻을 계승하여 천하를 모두 차지하고 문왕 사후에 작호를 추증한 예를 다하였으니, 부모를 높이는 극진함에 이보다 더 큰 것이 있겠는가? 공자께서 위대한 효라고 칭송하고 조상들의 뜻과 사업을 잘 계승하였다고 말한 것은 지당한 것이다.

聖人之孝, 本於愛敬, 出於自然, 其能使德教加於天下後世者, 由其孝親之至, 無以復加也. 觀諸周武王事文王, 可見矣. 武王爲世子, 盡循文王之所以事王季者, 而事文王焉. 視膳問安, 日必三朝, 有不安節, 則不說冠帶, 不離親所. 一飯再飯, 惟親是視, 不敢自適其所欲也. 夫事親之孝, 文王爲至, 武王由之一循其道, 不敢踰父之所行, 此其所以爲孝之至也. 纘承先志, 奄有天下, 極追崇之禮, 尊親之至, 其有大於此者乎? 孔子以達孝稱之, 而又謂之善繼善述者, 至矣. 詩曰:

【찬시】

안부 여쭙고 식사 살피며 부모를 높이는 일	問安視膳志尊親
하루 세 번 공경하고도 부지런히 하였네	一日三朝敬且勤
병간호하며 관과 허리띠 벗을 겨를 있었던가	侍疾何曾說冠帶
그저 성스러운 효성 따라 천륜을 두터이 할 뿐	只緣聖孝重天倫

또

부모를 높인 위대한 효라는 훌륭한 명성 남았고	達孝尊親在顯名
갑옷 차려입고 천하 평정하여 무공도 이루셨네	戎衣大定武功成
성대한 업적을 크게 계승하여 천추에 높이셨으니	丕承[38]駿烈高千古
대대로 길이길이 그 효성을 표창하네	歷世綿綿表孝誠

4. 한 문제가 약을 맛보다[39] 漢文嘗藥(4a)

【본문】

한 문제(漢文帝)[40]는 고조(高祖)의 아들이다. 당초, 대왕(代王)에 봉해져 대나라에 살 때, 어머니 박태후(薄太后)[41]가 3년간 투병하였다. 문제는 어머니를 위해 눈도 붙이지 않고 옷도 벗지 않은 채 병간호하였다. 탕약도 직

---

38 丕承: 크게 계승한다는 의미이다. 주로 제왕이 천명을 받들어 제위를 계승하는 것을 가리킨다. 『서경』「군석(君奭)」에 무왕이 주공에게 "문왕의 덕을 생각하여 무궁한 근심을 크게 이어받으라.[惟文王德, 丕承無疆之恤.]"라고 한 말이 보인다.

39 한 문제가 약을 맛보다: 『한』에 「문제가 약을 맛보다[文帝嘗藥]」라는 제목으로 수록되어 있다. 『언』에는 수록되지 않았다. 『효』에 「한나라 황제가 약을 맛보다[漢皇嘗藥]」라는 제목으로 비슷한 내용이 수록되어 있다.

40 한 문제: 전한(前漢) 제5대 황제 유항(劉恒)으로, 고조(高祖) 유방(劉邦)의 넷째 아들이다. 8세에 대(代)나라의 왕으로 봉해졌다. 검약과 덕치를 숭상하여 나라가 태평하고 형벌이 행하여지지 않았으며, 백성이 평안하여 성군으로 칭송되었다. 중국의 24효자 중 한 명이다.

41 박태후: 고조의 후궁이자 문제의 친모이다.

접 맛보지 않은 것은 진상하지 않았으니,[42] 그의 어질고 효성스러운 성품이 천하에 알려졌다.[43]

漢文帝, 高祖之子. 初, 封代王, 居代時, 母薄太后, 嘗病三年. 帝爲之目不交睫, 衣不解帶. 湯藥, 非口所嘗弗進, 仁孝聞於天下.

【논단】

사람이 천지 사이에 태어남에 신분의 높이나 귀천에는 본디 차이가 있지만, 부모로부터 형체를 물려받는다는 점은 다름이 없다. 그러므로 비록 존귀하여 제왕이 되었을지라도 부모를 섬기는 데 있어 자식으로서의 도리를 다하지 않을 수 없는 것이다. 하물며 부모가 병에 걸렸을 때, 기거를 살피고 탕약을 끓이는 일 등을 어찌 다른 사람에게 맡겨두고 직접 하지 않을 수 있겠는가? 한 문제가 어머니 박태후를 모신 일을 살펴보면, 그는 자신의 도리를 능히 다하였다고 할 만하다. 당초, 문제가 대나라 왕이었을 때 태후가 병을 앓았는데, 당시 좌우에서 태후를 받들어 모실만한 이가 어찌 없었겠는가? 그러나 문제는 3년이라는 오랜 기간 동안 눈도

42 당초, 대왕에……진상하지 않았으니: 『사기』「원앙열전(袁盎列傳)」 및 『책부원구(冊府元龜)』에 “원앙(袁盎)이 이렇게 말했다. ‘폐하께서 대나라에 계실 적에, 태후께서 3년간 병을 앓으셨지요. 폐하께서는 눈도 붙이지 못하고 옷도 벗지 못하셨으며, 탕약은 직접 맛보지 않으면 진상하지 않으셨습니다.’[盎曰: ‘陛下居代時, 太后嘗病三年. 陛下不交睫, 不解衣, 湯藥非陛下口所嘗, 弗進.’]”라는 내용이 실려 있다.

43 그의 어질고……알려졌다: 『사기』「효문본기(孝文本紀)」 및 『전한서』「문제기(文帝紀)」, “어질고 효성스러움이 천하에 알려지자, 대신들이 천하 민심을 따라 그를 황제로 맞이하여 옹립하려 하였다.[賢聖仁孝, 聞於天下. 故大臣因天下之心, 而欲迎立大王.]”라고 한 데서 인용한 것이다.

붙이지 않고 옷도 벗지 않았으며, 탕약은 자신이 직접 맛본 것이 아니면 올리지 않았다. 이와 같은 공경과 부지런함은 일반 백성이라 할지라도 오히려 행하기 어려운 것인데, 황제라면 오죽하겠는가! 그 후 도성에 들어와 대통을 바로 하여 한나라의 제업을 계승[44]하였는데, 조심스럽고도 검소하며 어질고도 후덕하여 덕으로써 백성들을 교화시켜 마침내 온 나라에 풍요로움을 가져왔다.[45] 묘호는 태종(太宗)이다. 그가 수백 년이 지난 뒤에도 어진 군주로 칭송받는 것은 당연하도다!

人生天地間, 尊卑貴賤, 固有不同, 然受形於父母, 則無異也. 故雖尊爲帝王, 而所以事其親者, 不可不盡其道. 矧親有疾, 起居湯藥, 其可委之他人, 而不親之乎? 觀漢文帝之事其母薄太后, 可謂能盡其道矣. 初, 帝爲代王時, 太后有疾, 左右侍奉, 豈無其人? 而帝目不交睫, 衣不解帶, 至於三年之久, 湯藥非口所嘗不進. 其敬謹如此, 在庶人猶難之, 況帝王乎! 厥後入正大統, 嗣承漢業, 恭儉仁厚, 以德化人, 遂致海內殷富. 廟號太宗. 數百世之下, 稱爲賢君, 宜矣! 詩曰

---

44 도성에……계승: 유항이 황실을 장악하고 있던 여태후(呂太后) 일족을 토벌한 주발(周勃)과 송창(宋昌) 등의 옹립을 받아 도성에 들어온 뒤, 대신들의 간청에 따라 한나라의 제5대 황제로 즉위한 일을 가리킨다. 『사기』 「효문본기」 및 『전한서』 「문제기」 참고.

45 덕으로써……가져왔다: 『사기』 「효문본기」 및 『전한서』 「문제기」의 "오로지 덕으로써 백성들을 교화하는 데 힘썼으니, 이 때문에 해내(海內)가 풍요로워지고 예의가 흥기되었다.[專務以德化民, 是以海內殷富, 興於禮義.]"라는 평론을 인용한 것이다.

【찬시】

한 문제의 순정한 효심이여	漢文皇帝孝心純
모후의 병환에 시름하여 곁에서 모셨다네	母病懷憂侍奉頻
눈 붙일 겨를도 옷 벗을 새도 없었으니	目睫不交衣不解
당시에 어려운 일이라고 어찌 꺼렸으랴	當時寧復憚艱辛

또

탕약을 직접 맛보며 공손히 자식 도리 행하니	湯藥親嘗子職共
우뚝 높은 효행 그 누구에 비할까	卓然至行孰能同
어진 효성으로 천하에 알려졌을 뿐 아니라	不惟仁孝聞天下
찬란히 종묘의 제향 받으셨으니 묘호 태종이시라	廟祀彰彰號太宗

5. 윤백기가 서리를 밟다[46] 伯奇履霜(5a)

【본문】

윤백기(尹伯奇)[47]는 윤길보(尹吉甫)의 아들이다. 계모의 모함을 받아 쫓겨난 뒤, 연잎[48]을 엮어 옷을 만들어 입고 문배나무 열매[49]를 따 먹으며 지냈다. 맑은 새벽에 서리를 밟으면서 거문고를 끌어안고 노래 부르며 아버지의 명령을 따를 뿐, 감히 원망하는 마음은 품지 않았다.

尹伯奇, 吉甫之子也. 爲後母所讒而見逐, 乃編芰荷以爲衣, 采楟花以爲食. 淸朝履霜, 援琴而歌, 從親之令, 不敢有怨.

---

46 윤백기가 서리를 밟다: 『한』에 같은 제목으로 수록되어 있다. 『언』, 『효』에는 수록되지 않았다. 이 편은 『태평어람(太平御覽)』 권14 천부(天部) 「서리[霜]」조에 수록된 일화를 활용한 것으로 보인다. "『금조(琴操)』에서 '「이상조」는 윤백기가 지은 것이다. 윤백기는 윤길보의 아들이다. 길보가 후처의 말을 들어 효자인 윤백기를 의심하여 끝내 그를 쫓아냈다. 윤백기는 연잎을 엮어 옷을 입고, 문배나무 열매를 따 먹으면서, 맑은 아침에 서리를 밟으며 죄 없이 쫓겨남을 서글퍼하였기에, 마침내 거문고를 끌어안고 「이상조」를 탔다.'라고 했다.[琴操曰: '履霜操, 伯奇之所作也. 伯奇者, 尹吉甫之子也. 吉甫聽其後妻之言, 疑其孝子伯奇, 遂逐之. 伯奇編水荷而衣, 采楟花而食之, 淸朝履霜, 自傷無罪見放逐, 乃援琴而鼓之.']" 『금조』는 한나라 채옹(蔡邕)이 지은 것으로 전해지는 중국 최초의 거문고 곡조에 관한 책이다.

47 윤백기: 서주(西周)의 명신 윤길보의 장자이다. 계모에게 미혹된 아버지가 그를 의심하여 추방하자, 죄 없이 쫓겨남을 서글퍼하며 거문고 가락인 「이상조」를 작곡하였다. 그 밖의 행적은 자세하지 않다.

48 연잎: 원문의 '기하(芰荷)'는 연잎으로, 『초사(楚辭)』 「이소(離騷)」에서 "연잎 따다 옷을 짓고[製芰荷以爲衣兮]"라 표현한 이래, 깨끗한 마음이나 지조 등을 상징하게 되었다. 『태평어람』 등에는 대부분 '수하(水荷)'로 표기되어 있다.

49 문배나무 열매: 원문의 '정화(楟花)'는 문배나무, 돌배나무의 열매이다.

【논단】

부모가 자식에게 기뻐하고 노하고 사랑하고 미워하는 감정을 표현해도 자식은 오직 그 말씀만 따를 뿐이다. 이는 비유하자면, 천지의 모진 추위와 무더위, 장마를 만물이 절대 피할 수 없음과 같은 것이다. 윤백기는 계모의 모함으로 인해 아버지에게 쫓겨나 옷 같지 못한 옷을 입고 음식 같지 못한 음식을 먹었으며 서리를 밟으면서 그저 서글퍼 하였으니, 이러한 일은 참으로 슬퍼할 만하도다! 그러나 윤백기의 뜻은 효에 있었으니, 비록 모함을 당해 쫓겨났을지언정 터럭만큼이라도 한탄하거나 원망하는 마음을 품지 않았다. 그리고는 이렇게 말했다. "부모님께서 나를 사랑하지 않으시는 것을 내가 어찌하겠는가?"[50] 그러므로 장횡거(張橫渠)가 "용맹하게 따르고 명령에 순종한 자는 윤백기로다."[51]라고 한 것이다. 아아! 세상의 자식들이 이처럼 할 수 있다면 부모의 환심을 얻지 못하는 일이 없을 것이다. 만일 계모를 만나 자식 된 본분을 다하지 못하고, 부자가 서로를 해치며 기쁘게 지내지 못하는 상황에 놓인 사람이 있다면, 윤백기에게 대단히 부끄럽지 않을 수 없을 것이다!

父母之於子, 喜怒[52]愛惡之所加, 而子惟命是從. 譬之天地祁寒暑雨, 萬物固莫之能違. 伯奇遭後母之讒, 而見逐於其父, 衣非其衣, 食非其食,

---

50 부모님께서……어찌하겠는가?: 원문의 "父母之不我愛, 於我何哉?"는 순임금의 말을 활용한 것이다.『맹자』「만장 상」제1장, "我竭力耕田, 共爲子職而已矣, 父母之不我愛, 於我何哉?"

51 장횡거가……윤백기로다: 송나라 학자 장재(張載: 호 橫渠)가 지은『서명(西銘)』에서 인용한 것이다.

52 怒: 계명대학교 동산도서관 소장본에는 '恕'로 오기되어 있다. 내부각본(北京圖書館古籍珍本叢刊 수록 영인본)에 의거하여 '怒'로 바로잡아 표기, 번역하였다.

履霜自傷, 其事良可悲哉! 然伯奇志存乎孝, 雖遭斥逐, 不敢有一毫嗟怨於其心. 若曰: “父母之不我愛, 於我何哉?” 故橫渠張子有曰: “勇於從而順令者, 伯奇也.” 於乎! 使世之爲人子者而能如此, 未有不得父母之歡心. 其有處後母, 而不盡其職, 至於父子相夷, 而莫之與悅, 其不深有愧於伯奇也哉! 詩曰:

【찬시】

윤백기의 효행은 너무나 서럽고도 서러우니	伯奇行孝最堪傷
맑은 새벽 들판에서 홀로 서리 밟는구나	野外清朝獨履霜
거문고 한 곡조로 쫓겨남을 서글피 노래하니	一曲瑤琴悲放逐
닥쳐온 굶주림과 추위에 어찌할 바 모르네	飢寒迫切更遑遑

또

먹을 것 없고 입을 것 없어	口中無食體無衣
그저 돌배 따다 요기나 하고	惟采桲花以療飢
연잎 엮어 겨우 몸 가릴 뿐이어도	更緝芰荷聊自蔽
부모님께 순종하며 감히 거스르지 않았다오	順從父母敢乖違

6. 영고숙이 국을 남기다[53] 考叔遺羹(6a)

【본문】

영고숙(潁考叔)[54]은 정(鄭)나라 사람으로, 영곡(潁谷)[55]의 국경을 지키는 관리[封人]였다. 당초, 정 장공(鄭莊公)이 동생 공숙단(共叔段)의 반란과 관련한 일 때문에 어머니 강 씨(姜氏)를 성영(城潁)에 유폐하고는, "황천[56][저승]에 가기 전에는 뵙지 않을 것이다."라고 맹세[57]하였다가 얼마 지나지 않아 이를 후회하고 있었다. 영고숙이 그 소문을 듣고 장공을 만나 뵈었는데 장공이 음식을 하사하였다. 영고숙이 고깃국만은 먹지 않고 있자 장공이 그 이유를 물었다. 그는 "소인에게 어미가 있는데, 어미는 소인이 올린 음식은 모두 먹어보았으나, 임금께서 하사하신 고깃국은 먹어본 적이 없습니다. 그래서 이 고깃국을 (어머니께) 갖다 드리고 싶습니다."라고 대답하였다. 그러자 장공이 "너에게는 음식을 가져다드릴 어머니가 있는데, 아아![58] 나에게만은 안 계시는구나!"라고 하였다. 영고숙이 "무슨

---

53 영고숙이 국을 남기다: 『한』, 『언』, 『효』에 수록되지 않았다. 이 편은 『좌전』 「은공 원년(隱公元年)」의 기사에서 인용한 것이다.

54 영고숙: 춘추 정나라의 효자이다.

55 영곡: 중국 하남성(河南省) 등봉(登封)의 지명이다.

56 황천: 원문의 '황천(黃泉)'은 '저승', '지하', '지하수' 등을 가리킨다.

57 정 장공이……맹세: 장공의 아버지는 무공(武公), 어머니는 무강(武姜)이다. 장공의 친동생 공숙단이 반란을 일으켰는데, 장공은 어머니가 공숙단과 내통하여 성문을 열어주기로 한 사실[大叔完聚, 繕甲兵, 具卒乘, 將襲鄭, 夫人將啓之]을 알고, 반란을 진압한 뒤에 어머니를 유폐하였다. 『좌전』 「은공 원년」 참고.

58 아아: 원문의 '예(繄)'는 감탄의 의미를 가진 어기조사이다.

말씀이신지 감히 여쭙습니다."라고 묻자, 장공이 그 이유를 말하고 또한 후회하고 있다는 말도 하였다. 이에 영고숙이 "공께서는 무엇을 걱정하십니까? 물이 나오는 곳까지 땅을 판 뒤 그 굴속에서 어머니를 만나 뵌다면, 그 누가 황천[지하]에서 만났다고 하지 않겠나이까?"라고 하자, 장공이 그 말대로 따랐다. 장공이 굴속으로 들어가 "굴에 들어오니 즐거운 마음 도란도란하네."라 읊고, 어머니 강 씨가 밖으로 나와 "굴 밖으로 나오니 즐거운 마음 넘실넘실하네."라 읊으니, 마침내 모자가 전처럼 화목하게 지낼 수 있었다. 군자들이 이렇게 말했다. "영고숙은 지극한 효자[59]로다. 자신의 어머니를 사랑하는 효성을 미루어 장공에게도 좋은 영향을 끼쳤기 때문이다. 『시경』에 '효자의 효행은 마를 날 없으니, 영원히 너희 동류에게 영향을 끼치리라.'[60]는 시가 바로 이런 경우일 것이다!"

潁考叔, 鄭國人也, 爲潁谷封人. 初, 鄭莊公以叔段之故, 置其母姜氏于城潁, 而誓之曰: "不及黃泉, 無相見也." 旣而悔之. 考叔聞之, 有獻於公, 公賜之食. 食舍肉, 公問之, 對曰: "小人有母, 皆嘗小人之食矣, 未嘗君之羹. 請以遺之." 公曰: "爾有母遺, 繄我獨無!" 考叔曰: "敢問何謂也." 公語之故, 且告之悔. 對曰: "公何患焉? 若闕地及泉, 隧而相見, 其誰曰不然?" 公從之. 公入而賦: "大隧之中, 其樂也融融." 姜出而賦: "大隧之外, 其樂也洩洩." 遂爲母子如初. 君子曰: "潁考叔, 純孝也. 愛其母, 施及莊公. 詩云: '孝子不匱, 永錫爾類' 其是之謂乎!"

59 지극한 효자: 원문의 '순효(純孝)'는 '지효(至孝)'와 같은 의미이다. 『좌전』 두예(杜預)의 주석에 "'순'은 '독실함'과 같다.[純, 猶篤也.]", "다함이 없는 효심이 순효이다.[不匱, 純孝也.]"라고 설명되어 있다.

60 효자의……끼치리라: 『시경』 대아 「기취(旣醉)」를 인용한 것이다. 원문의 '불궤(不匱)'는 끝나지 않는다는 뜻이며, '석류(錫類)'는 대중들에게 좋은 영향을 끼친다는 뜻이다.

【논단】

효란 당연한 하늘의 이치이자 모든 사람의 마음에 동일하게 들어 있는 것이다. 그러나 때로는 미혹되어 사사로운 뜻에 빠져 올바른 하늘의 이치를 잃어버리고 자신의 양심마저 상실하기도 하니, 정 장공이 바로 그런 경우이다. 장공의 잘못은 본래 구제할 수 없는 것이었다. 그런데 영고숙이 자기 어머니에게 효성을 다하는 모습이 계기가 되었으니, 그가 고깃국을 먹으면서도 어머니를 생각하는 효심이 마침내 장공의 마음까지 감동시켜 잘못을 후회하고 고치게 한 덕분에 모자가 결국 전처럼 화목해졌다. 이를 통해 효란 하늘의 이치와 사람의 마음에서 이처럼 없어질 수 없음을 잘 알 수 있다. 그러니 영고숙에 대해 참으로 지극한 효자이며 자신의 어머니를 사랑하는 효성을 미루어 장공에게도 좋은 영향을 끼쳤다고 한 군자들의 논평이 어찌 과장된 칭송이겠는가?

夫孝乃天理之當然, 人心之所同有者也. 然或有時而回惑, 陷于私意, 而失其天理之正, 以喪其良心者, 若鄭莊公是已. 莊公之失固不可救. 乃因潁考叔能孝於其親, 食羹而思母, 遂能感動莊公之心, 使其悔過改悟, 母子遂歡樂如初. 於此可見, 孝乃天理人心之不可泯者如此. 而潁考叔, 眞可謂之純孝矣, 愛其親, 施及於人, 君子之言, 豈虛美哉? 詩曰:

【찬시】

사람은 누구나 효심을 갖고 태어나는 법 　　人生孝性本來同

영고숙이 고깃국을 어머니께 드리고자 하니	考叔嘗羹念母供
부모를 사랑하는 간절한 그 마음 덕에	因是愛親心懇切
한마디 말로 장공을 깨우쳤도다	一言從此悟莊公

또

위대하도다! 영고숙의 지극한 효심이여	偉哉考叔孝心純
자신의 마음 미루어 다른 이에게 미쳤도다	推己猶能施及人
황천에서 모자가 만나 시 읊으니	相見黃泉同賦隧
도란도란 넘실넘실 즐거움 끝이 없네	融融洩洩樂無垠

7. 증삼이 아버지의 뜻을 받들다[61] 曾參養志(7b)

【본문】

증삼(曾參)[62]은 자가 자여(子輿)이며 공자의 제자로, 부모를 지극한 효성으로 섬겼다. 아버지 증석(曾晳)을 봉양할 때 반드시 밥상에 술과 고기

61 증삼이 아버지의 뜻을 받들다: 『한』에 같은 제목으로 수록되어 있다. 『언』에는 수록되지 않았다. 『효』에는 「증삼이 통증을 느끼다[曾氏覺痛]」라는 제목으로 어머니에 대한 증삼의 효행이 수록되어 있다.

62 증삼: 노(魯)나라의 효자이다. 공자의 제자 중 민손(閔損: 민자건)과 함께 효행으로 알려져 있다. 중국의 24효자 중 한 명이다.

를 올리고, 밥상을 물릴 때에는 남은 음식을 누구에게 줄지 여쭈었다. 아버지가 남은 음식이 있는지 물으면 반드시 "있습니다."라고 답하였다.[63] 증석이 대추를 좋아하였기에, 증삼은 (아버지가 돌아가신 후) 차마 대추를 먹지 못하였다.[64] 일찍이 "내가 부모님께서 살아계실 때 했던 벼슬은 박봉이었으나 마음이 즐거웠다. 그러나 훗날 했던 벼슬은 녹봉이 삼천 종(鍾)[65]이나 될 정도로 많았지만, 부모님을 봉양할 수 없어 마음이 슬펐다."[66]라고 하였다. 또 이렇게 말한 적도 있다. "가장 큰 효도는 부모님을 높이는 것이요, 그 다음은 욕되게 하지 않는 것이며, 가장 아래의 효도는 그저 봉양하는 것이다.", "봉양은 잘 할 수 있으나 공경하기는 어렵다. 공경은 할 수 있으나 편안하게 공경하기는 어렵다. 편안하게 공경할 수는 있으나 오래 유지하는 것은 어렵다. 오래 유지할 수는 있으나 끝까지 하기는 어렵다.", "몸이란 부모님이 남겨주신 것이니, 부모님이 남겨주신 몸을 움직임에 감히 신중하지 않을 수 있겠는가?"[67] 증삼이 병들자 문하의 제자들을 불러 이렇게 말했다. "이불을 걷어 내 발과 손을 보라. 『시경』에 '두려워하고 조심하라, 마치 깊은 연못에 간 듯, 살얼음을 밟듯.'이라고 하였는데,

---

63 아버지 증석을……답하였다: 『맹자』 「이루 상」 제19장에서 인용하였는데, 신체만 봉양하는 것보다 더 높은 경지인 뜻을 봉양하는 효행의 사례로 들었다. "曾子養曾晳, 必有酒肉. 將徹, 必請所與. 問有餘, 必曰: '有.'……若曾子, 則可謂養志也, 事親若曾子者, 可也."

64 증석이 대추를……먹지 못하였다: 『맹자』 「진심 하」 제36장에서 인용하였다. "曾晳嗜羊棗, 而曾子不忍食羊棗." 원문의 '양조(羊棗)'는 작고 둥근 검붉은 색의 열매이다. 주희의 집주에 따르면 이는 아버지가 돌아가신 뒤 평소 즐기시던 음식을 볼 때 그리운 마음이 커지기 때문에 차마 먹지 못하는 것이다.

65 종: 곡식을 담는 그릇의 부피에 따른 단위로, 6섬[斛] 4말[斗]를 1종이라고 한다.

66 내가……슬펐다: 『장자』 잡편 「우언(寓言)」에서 인용하였다. "曾子再任而心再化. 曰: '吾及親仕, 三釜而心樂. 後仕, 三千鍾而不洎, 吾心悲.'" 원문의 '계(洎)'는 도달한다는 뜻으로, 부모가 이미 돌아가셨으면 녹봉이 많아도 부모를 봉양하는 데 쓰이지 못한다는 의미이다.

67 가장 큰 효도는……있겠는가: 『예기』 「제의(祭義)」 중 증자가 효에 대해 언급한 내용에서 인용하였다. "曾子曰: '孝有三, 大孝尊親, 其次弗辱, 其下能養.'……曾子曰: '身也者, 父母之遺體也, 行父母之遺體, 敢不敬乎? 居處不莊, 非孝也.'……"養可能也, 敬爲難; 敬可能也, 安爲難; 安可能也, 卒爲難." 원문의 '久爲難, 久可能也.'는 『예기』에는 없고 『증자전서(曾子全書)』 권1 「양로(養老)」 및 『대대례기(大戴禮記)』에는 수록되어 있다.

죽음이 임박한 뒤에야 나는 부모님께서 물려주신 몸을 상하지 않게 되었음을 알았도다, 제자들아!"[68]라고 하였다. 그래서 맹자께서 "증자 같은 분은 부모의 신체만이 아닌 뜻을 받들었다고 할 수 있다."라고 한 뒤, "부모를 모시는 것은 증자같이 하는 것이 옳다."라고 한 것이다.

曾參, 字子輿,[69] 孔子弟子也,[70] 事親極孝.[71] 養父曾晳, 必有酒肉, 將徹, 必請所與. 問有餘, 必曰: "有." 曾[72]晳嗜羊棗, 參不忍食羊棗. 嘗曰: "吾及親仕, 三釜而心樂; 後仕, 三千鍾不洎, 吾心悲." 又曰: "大孝尊親, 其次不辱, 其下能養." 又曰: "養可能也, 敬爲難; 敬可能也, 安爲難; 安可能也, 久爲難; 久可能也, 卒爲難." 又曰: "身者親之遺體也, 行親之遺體, 敢不敬乎?"[73] 參[74]有疾, 召門[75]弟子曰: "啓予足, 啓予手. 詩云: '戰戰兢兢, 如臨深淵, 如履薄冰.' 而今而後, 吾知免夫, 小子!"[76] 孟子曰: "若曾子, 可謂養志者矣." 又曰: "事親若曾子, 可也."[77]

---

68 증삼이 병들자……제자들아: 『논어』「태백」 제3장에서 인용하였다. "曾子有疾, 召門弟子曰: '啓予足, 啓予手.' 詩云: '戰戰兢兢, 如臨深淵, 如履薄冰.' 而今而後, 吾知免夫, 小子!" 인용한 『시경』의 구절은 소아(小雅) 「소민(小旻)」편이다.

69 字子輿: 『한』 없음.

70 也: 『한』 없음.

71 事親極孝: 『한』 없음.

72 曾: 『한』 없음.

73 又曰……敢不敬乎: 『한』 없음.

74 參: 『한』 없음.

75 門: 『한』 없음.

76 小子: 『한』에는 말미에 "『이십사효도』에 따르면 증삼이 산에서 땔감을 베고 있을 때 어머니가 중지를 깨물었다. 증삼은 심장이 두근대어 급히 돌아오니 어머니가 '마침 손님이 찾아와서 네게 알렸을 따름이다.'라고 하였다.[二十四孝圖云: 參在山伐薪, 母囓中指, 參心動馳歸, 母曰: '適有人, 故報汝耳.']"라는 주석이 달려 있다.

77 孟子曰……可也: 『한』 없음.

【논단】

자식이 부모를 섬길 때는 음식을 풍성히 장만하여 신체만 봉양하는 데 그치는 것이 아니라, 온화하고 공손히 순종하여 마음을 기쁘게 해드리는 것을 가장 훌륭하게 여긴다. 증삼의 봉양은 바로 부모의 마음에 공손히 순종한 사례가 아니겠는가? 그는 임종할 때 이불을 걷어 손발을 열어 보이며 상하지 않은 온전한 몸으로 죽는 것이 어려움을 드러냈다. 증삼이 평생토록 실천한 효성은 참으로 보통 사람들이 미칠 수 있는 경지가 아니니, 어찌 그저 부모를 잘 봉양하고 마음을 기쁘게 해드렸기 때문일 뿐이겠는가? 맹자께서 이미 부모의 뜻을 봉양하였다는 말로 그를 칭송하고 또 증자같이 하는 것이 옳다고 말한 것은, 효도란 자식들이 증자처럼 진심을 다해야 한다는 뜻이지 반드시 증자처럼 해야만 최상의 경지가 될 수 있다는 말이 아니다. 아아! 최선을 다해 부모를 섬기고자 하는 자들은 마땅히 이를 자세히 살펴보아야 할 것이다.

夫人子之事親, 非惟豊飮食, 以養其口體而已, 貴乎能委曲承順, 以悅其心意也. 若曾參之養, 豈非欲以承順父母之心意者哉? 觀其臨終而啓手足, 以著其全歸之難. 則其平生之孝, 信非人所能及, 豈但於能養與能悅其心意而已哉? 孟子旣以養志稱之, 而又謂之可者, 蓋言孝道, 乃人子之所當盡, 非以其如是而爲至也. 嗚呼! 欲盡事親之道者, 當審於斯. 詩曰:

【찬시】

부모 봉양은 마음을 기쁘게 해드리는 데 달렸으니	養親惟在悅親心
부모가 기뻐하며 마음이 편하시면 흠모할 만한 효라네	親悅心安孝足欽
예로부터 효자가 얼마나 많았겠는가마는	自古幾多爲孝者
당시 누가 다시 증삼 같았으리오	當時誰復似曾參

또

박봉으로도 부모를 기쁘게 해드리면 절로 즐거운데	三釜娛親志自怡
후한 녹봉 받아도 부모 계시지 않으면 슬퍼진다네	千鍾不及使心悲
몸을 삼가 온전하게 돌아가는 날까지	敬身爲大全歸日
살얼음 밟듯 깊은 못에 임한 듯 신중할지어다	履薄臨深謹自持

8. 민손이 홑옷을 입다[78] 閔損單衣(8b)

【본문】

민손(閔損)[79]은 자가 자건(子騫)이며, 공자의 제자이다. 일찍 어머니를 여의었는데 아버지가 후처를 맞아 아들 둘을 낳았다. 계모가 민손을 미워해 자기 소생의 아들에게는 목화솜을 넣은 옷을 해 입히고 민손에게는 갈대 솜털[80]을 넣은 옷을 해 입혔다. 아버지가 어느 겨울날 그에게 수레를 몰게 하였는데, 몸을 덜덜 떨다 말고삐를 놓쳤다. 아버지가 살펴보다 실상을 알고는 후처를 내쫓으려 하니, 민손이 아버지께 이렇게 아뢰었다. "어머니가 계시면 아들 한 명만 춥겠지만, 떠나시면 아들 셋이 모두 홑옷을 입게 될 것입니다." 아버지가 그 말이 훌륭하다고 여겨 후처를 내쫓으려는 생각을 그치고, 계모도 감동하며 뉘우쳐 결국 자애로운 어머니가 되었다.

閔損, 字子騫,[81] 孔子弟子. 早喪母, 父娶後妻, 生二子. 母嫉損, 所生子衣綿絮, 衣損以蘆花絮. 父冬月令損御車, 體寒失靷. 父察知之, 欲遣後妻, 損啓父曰: "母在一子寒, 母去三子單." 父善其言而止, 母亦感悔, 遂成慈母.

---

78 민손이 홑옷을 입다: 『한』, 『언』에 같은 제목으로 수록되어 있다. 『효』에는 「민자가 추위를 참다[閔子忍寒]」라는 제목으로 비슷한 내용이 수록되어 있다.

79 민손: 공자의 제자 10철(哲) 중 덕행으로 이름났으며, 공자보다 15세 어렸다. 중국의 24효자 중 한 명이다.

80 갈대 솜털: 원문의 '노화서(蘆花絮)'는 갈대꽃 위에 빽빽하게 자란 흰 털을 가리킨다.

81 字子騫: 『한』, 『언』 없음.

【논단】

인륜이 정상적인 상황일 때 효자라고 칭송받는 사람은 참으로 어진 자이다. 반면, 인륜이 비정상적인 상황일 때도 능히 순리대로 부모를 섬기며 정도를 잃지 않는 것은 가장 어려운 경지이다. 민손은 자애롭지 못한 계모를 만났지만, 그녀에게 순종하며 원망하지 않았다. 아버지가 계모의 나쁜 행동을 알게 되어 내쫓으려 하자 민손은 또한 침착하고도 부드러운 한마디 말로 아버지의 분노를 풀게 함은 물론, 끝내 계모를 감동시키고 깨닫게 하여 자애로운 어머니가 되게 하였으니 이 어찌 더더욱 어려운 경지라 하지 않을 수 있겠는가? 민손의 효성이 만대의 본보기가 됨은 참으로 마땅하다! 그러므로 공자께서 "효성스럽도다! 민자건이여! 부모 형제가 그를 칭찬하는 말에 대해 다른 사람들도 트집 잡지 못하는구나."라며 그를 칭찬한 것이다.[82] 아! 요즘 세상의 자식들 중 불행히도 인륜이 비정상적인 상황에 처한 자들이 그를 거울삼지 않을 수 있겠는가?

處人倫之常, 而稱其孝者, 固賢矣. 至處人倫之變, 能順事其親, 而不失其正者, 爲最難也. 閔損遭繼母之不慈, 順之而不怨. 其父知母不善, 欲逐去之, 損又從容一言以解其父之怒, 卒能使繼母感悟, 而成慈母, 此豈非尤難者乎? 宜夫! 閔損之孝, 可以爲萬世法也! 故夫子嘗稱之曰: "孝哉! 閔子騫! 人不間於其父母昆弟之言." 噫! 世之爲子, 不幸而處人倫之變者, 可不鑒歟? 詩曰:

82 공자께서……칭찬한 것이다: 『논어』 「선진(先進)」 제4장을 인용한 것이다.

【찬시】

갈대 솜털 넣은 옷 입었으니 추위 막지 못해도	身衣蘆花不禦寒
엄동설한에 차라리 나 홀로 추우면 그만	隆冬寧使一身單
이 훌륭한 말로 아버지 마음 돌리니	因將好語回嚴父
자식들은 화합하고 어미도 편안해졌다오	子得團圞母得安

또

효성스럽도다! 민손이여! 세상에서 칭송하니	孝哉閔損世稱賢
이로부터 그의 덕행 만고에 전해지네	德行由來萬古傳
계모도 하루아침에 감동하고 깨달아	繼母一朝能感悟
그 뒤로 인자해져 차별하지 않았다지	從玆慈愛意無偏[83]

83 無偏: 자기 소생의 자식들에게만 사랑이 치우치지 않았다는 뜻이다.

9. 자로가 쌀을 짊어지다[84] 子路負米(9b)

【본문】

자로(子路)[85]는 성명이 중유(仲由)이다. 공자의 제자로, 부모를 지극한 효성으로 섬겼다. 명아주나 콩잎 같은 초라한 반찬을 먹을 정도로 집이 가난하였지만, 부모를 위해 백 리 밖에서 쌀을 짊어져 왔다. 부모가 돌아가신 뒤 남쪽 초(楚)나라에 가서 벼슬을 하였으니, 수행하는 수레만도 백 승이요 쌓인 곡식이 만 종[86]이나 되며, 방석을 여러 겹 포개어 앉고 솥도 여러 개를 늘어놓고 먹을 정도로 부유해졌는데도 끝내 "설령 초라한 반찬을 먹으며 부모님을 위해 쌀을 짊어져 오고자 한들, 다시는 그럴 수 없게 되었도다!"라며 탄식하였다. 공자께서 그 말을 듣고 "중유야말로 부모가 살아계실 때는 온 힘을 다해 섬기고, 돌아가신 뒤에는 온 마음을 다해 섬겼다고 할 만하다!"라고 하셨다.[87]

子路, 姓仲, 名由. 孔子弟子, 事親至孝. 家貧, 食藜藿之食, 爲親負米

---

84 자로가 쌀을 짊어지다: 『한』, 『언』에 같은 제목으로 수록되어 있다. 『효』에는 「중유가 쌀을 짊어지다[仲由負米]」라는 제목으로 비슷한 내용이 수록되어 있다. 이 편은 『공자가어(孔子家語)』 권2 「치사(致思)」에서 인용한 것으로 보인다.

85 자로: 중유의 자. 계로(季路)라고도 한다. 공자의 제자 10철 중 용맹함으로 이름났다. 중국의 24효자 중 한 명이다.

86 만 종: 고관의 후한 녹봉이다.

87 공자께서……라고 하셨다: 『공자가어』 「치사」의 다른 부분에서 인용하였다. "孔子曰: '由也事親, 可謂生事盡力, 死事盡思者也.'"

於百里之外. 親歿之後, 南遊於楚, 從車百乘, 積粟萬鍾; 累裀而坐, 列鼎而食, 乃歎曰: “雖欲食藜藿之食, 爲親負米, 不可得也!” 孔子聞之曰: “由也可謂生事盡力, 死事盡思者也!”

【논단】

아아! 세상에는 가난을 핑계로 자기 부모를 버리는 자들이 있다. 부귀해지면 자기 부모를 잊어버리는 자들도 있다. 그 누가 능히 중유처럼 가난한 시절에도 온 힘을 다하여 부모를 섬기고, 부귀해진 뒤에도 부모를 그리워할 수 있겠는가? 한창 명아주나 콩잎 같은 초라한 반찬을 먹던 시절에도 그는 오직 자식 된 직분을 다 할 것만을 생각하며 자신의 수고로움은 돌아보지 않았으니, 부모를 섬기는 도리가 돈독한 것이다. 부모가 돌아가시고 난 뒤에는 비록 다섯 개의 솥[88]을 벌여 놓고 먹고 만 종의 녹을 받는 부를 갖게 되었지만, 전처럼 부모를 섬기고 싶다 한들 다시는 그럴 수 없었기에 끝내 탄식하고 말았으니, 부모를 사모하는 마음이 간절한 것이다. 시종일관 부모를 잊지 않고 가난이나 부귀를 핑계로 자기 뜻을 바꾸지 않았으니, 그가 성인께 칭송받고 서적에 아름다운 행적이 길이 전해지게 됨은 당연하도다! 『시경』에서 “길이 효도하기를 생각하니, 효도하는 그 마음 본보기가 되도다.”[89]라고 한 것은 바로 중유 같은 경우를 두고 한 말일 것이다.

---

88 다섯 개의 솥: 원문의 ‘오정(五鼎)’은 다섯 개의 솥을 벌여 놓고 먹는다는 것으로 대부 이상의 고관이 되어 부유한 생활을 누림을 형용한 것이다.

89 길이……되도다: 『시경』 대아 「하무(下武)」편을 인용한 것이다.

嗚呼! 世之人, 因貧窮而棄其親者, 有焉; 因富貴而忘其親者, 亦有焉. 孰能竭力於貧窮之日, 而思慕於富貴之時, 如仲由者乎? 方其食藜藿之日, 惟知共爲子職, 而不恤其勞苦, 其事親之道, 篤矣. 至於親沒之後, 雖有五鼎萬鍾之富, 思欲爲前日之事, 不可再得, 乃興於嗟歎, 其思慕之心, 切矣. 不以始終忘其親, 不以貧富易其志, 宜乎見稱於聖人, 流芳於簡冊也! 詩云: "永言孝思, 孝思維則." 仲由有焉. 詩曰:

【찬시】

가난하여 명아주나 콩잎으로 근근이 배 채우며	家貧藜藿僅能充
힘들어도 쌀 져 날라 부모 모시니	負米供親困苦中
당시 공자 문하에서 극진한 효로 일컬어져	當日孔門稱盡孝
천고토록 중유의 높은 풍모 전해진다네	仲由千古播高風

또

하루아침에 솥 벌려 놓고 폭신한 방석에 앉으니	一朝列鼎累重裀
부귀해져도 끝내 가난하던 시절 그리워	富貴終能念賤貧
살아 섬기고 죽어 그리며 바친 극진한 효성	生事死思惟盡孝
공자의 문하 중에도 현인이라는 칭찬이 자자하네	聖門嘉譽屬賢人

10. 한백유가 매를 맞고 울다[90]　伯兪泣杖(10b)

【본문】

한백유(韓伯兪)[91]가 어릴 때 잘못을 저질러 어머니가 매질하니 그가 울었다. 어머니가 "전에는 너를 때려도 운 적이 없더니만, 오늘은 왜 우느냐?"라고 물었다. 한백유가 "전에 제가 잘못을 저질러 매를 맞으면 항상 아팠는데, 지금은 어머니 힘이 약해져 아프도록 때리지 못하시기 때문에 우는 것입니다."라고 대답하였다.

韓伯兪, 少有過, 其母笞之泣. 母問曰: "他日笞予, 未嘗泣, 今泣何也?" 對曰: "昔兪得罪笞, 嘗痛, 今母之力不能使痛, 是以泣也."

【논단】

자식이 부모를 섬길 적에는 기뻐하거나 두려워해야 할 바를 알아 하루하루 날짜를 아끼는 정성을 다해야 한다.[92] 매를 맞아 아프면 눈물 흘

90 한백유가 매를 맞고 울다: 『한』에 같은 제목으로 수록되어 있다. 『언』에는 수록되지 않았다. 『효』에 같은 제목으로 비슷한 내용이 수록되어 있다. 이 편은 『설원(說苑)』 권3 「건본(建本)」 제8장에서 인용한 것이다. 같은 내용이 『소학』 계고 「명륜」 제16장에도 수록되어 있다.

91 한백유: 한나라 때의 효자이다. 자세한 정보는 전하지 않는다.

92 기뻐하거나……다해야 한다: 『논어』 「이인」 제21장, "공자께서 이렇게 말씀하셨다. '부모의 연

리고, 아프지 않으면 기쁜 것은 인지상정이다. 그러나 한백유는 이와 달랐다. 매를 맞았는데도 아프지 않자 어머니가 쇠약하고 늙었음을 알게 되었다. 이 때문에 근심하며 슬피 울었으니 그가 부모를 사랑하는 지극한 효성은 천성에서 비롯된 것이다. "부모가 화를 내시거든 마음에 원망을 일으키지 않고 안색에 불만을 드러내지 않으며 자기 잘못을 깊이 받아들여 부모가 가엾게 여기게끔 하는 것이 최상의 태도이다. 부모가 화를 내시는데도 마음에 원망을 일으키지 않고 안색에 불만을 드러내지 않는 것이 차선의 태도이다. 부모가 화를 내시면 마음에 원망을 품고 안색에 불만을 드러내는 것은 최하의 태도이다."[93]라는 말이 있다. 한백유는 바로 최상의 태도라고 할 만하지 않겠는가! 그러나 요즘 세상에 자기 부모에게 패역무도한 행동을 하는 자들은 그 한없는 은혜는 생각하지 않고 부모를 자신과 조금도 상관없는 사람인 양 대한다. 그러니 어찌 한백유처럼 자기 몸으로 부모의 연세를 체감하며 근심하고 슬퍼하는 자가 있겠는가? 공자께서 "부모의 연세를 기억하지 않으면 안 되니, 한편으로는 그 때문에 기쁘고 한편으로는 그 때문에 두렵다."라고 한 것은 바로 한백유 같은 경우를 두고 한 말씀이리라.

人子事親, 當知所喜懼, 而盡夫愛日之誠也. 常人之情, 杖之痛則爲之泣, 不痛則爲之喜. 韓伯俞則異於是. 蓋因其杖之不痛, 知其親之衰老. 是

세를 기억하지 않으면 안 되니, 한편으로는 그 때문에 기쁘고 한편으로는 그 때문에 두렵다.'[子曰: '父母之年, 不可不知也. 一則以喜, 一則以懼.']"라고 한 데서 인용한 것이다. 원문의 '애일지성(愛日之誠)'은 날과 시간을 아껴 부모에게 효도하는 정성이라는 뜻으로, 해당 구절의 집주에서 주희는 "항상 부모의 나이를 기억하고 있으면, 장수하심을 기뻐하면서도 점점 쇠해지시는 것이 두려워 날짜를 아끼는 정성을 절로 그칠 수 없다.[常知父母之年, 則既喜其壽, 又懼其衰, 而於愛日之誠, 自有不能已者.]"라고 설명하였다.

93 부모가 화를……최하의 태도이다: 『설원』「건본」 제8장의 후반부를 인용한 것이다.

以憂感悲泣, 則其孝愛之誠, 出於天性. 故曰: "父母怒之, 不作於意, 不見於色, 深受其罪, 使可哀憐, 上也; 父母怒之, 不作於意, 不見其色, 其次也; 父母怒之, 作於意, 見於色, 下也." 若伯兪, 其所謂上也歟! 世之悖慢其親者, 不思罔極之恩, 視其親與己略不相干. 豈有如伯兪之身體其親, 而爲之憂戚者乎? 孔子曰: "父母之年, 不可不知也, 一則以喜, 一則以懼." 伯兪其有之矣. 詩曰:

【찬시】

전에도 잘못하면 자주 매를 맞았건만	昔時有過屢遭笞
오늘 회초리 맞고 새삼 눈물 흐른 것은	此日臨笞却淚垂
어머니 노쇠해져 더는 아프지 않기 때문이니	只爲母衰難使痛
기쁘고도 두렵던 마음 홀연 서글퍼지네	一心喜懼忽傷悲

또

한백유는 매를 맞고 마음 아파 눈물 흘리니	伯兪泣杖易傷情
어려서부터 날짜를 아끼는 정성 안 것이라오	童稚能知愛日誠
지극한 효행은 하늘로부터 타고난 것이니	至孝由來天所賦
마침내 역사서에 아름다운 이름 전해졌다오	遂令靑簡播芳名

11. 노래자가 색동옷을 입다[94] 老萊斑衣(11b)

【본문】

노래자(老萊子)[95]는 초(楚)나라 사람이며, 효성으로 부모를 봉양하였다. 70세의 나이에도 어린아이처럼 재롱떨며 몸에는 오색 무늬 색동옷을 입었다. 일찍이 물을 떠서 마루에 오르다 일부러 넘어져 땅에 엎어져서는 아이처럼 울기도 하고, 부모님 곁에서 병아리를 가지고 놀기[96]도 하였으니, 모두 부모님을 기쁘게 해드리려 한 것이다.

老萊子, 楚人也, 孝奉二親. 行年七十, 作嬰兒戲, 身著五色斑斕之衣. 嘗取水上堂, 詐跌仆臥地, 爲小兒啼, 弄雛於親側, 欲親之喜.

---

94 노래자가 색동옷을 입다: 『한』에 같은 제목으로 수록되어 있다. 『언』에는 수록되지 않았다. 『효』에 「노래자가 아이처럼 놀다[老萊兒戲]」라는 제목으로 비슷한 내용이 수록되어 있다. 이 편은 『소학』 계고 「명륜」 제14장에 실린 『고사전(高士傳)』을 인용한 것이다. 같은 내용이 송나라 문인 사마광(司馬光)이 지은 『가범(家範)』에도 수록되어 있다.

95 노래자: 동주(東周) 초나라의 은사로, 중국의 24효자 중 한 명이다. 난을 피하여 몽산(蒙山) 남쪽에서 농사를 짓고 살면서 초왕의 초빙도 거절하였다.

96 병아리를 가지고 놀기: 원문의 '농추(弄雛)'는 병아리나 새의 발에 끈을 묶어 날아가지 못하게 한 뒤 데리고 노는 것이다.

【논단】

자식 된 자가 부모를 봉양하는 일이 어려운 것이 아니라, 부모를 기쁘게 해드리기가 어려운 것이다. 잘 봉양하면서도 기쁘게 해드리지 못하면 부모를 제대로 모셨다고 할 수 없다. 노래자의 행동을 보면, 부모의 눈과 귀를 재미있게 해드리고 마음을 즐겁게 하며 부모를 기쁘게 해드리지 않은 것이 없었다. 맹자께서는 "부모를 기쁘게 하지 못하면 제대로 된 사람이라고 할 수 없다."[97]라고 하였고, 또 "위대한 효는 평생토록 부모를 사모하는 것이다."[98]라고 하였다. 노래자는 70세에도 여전히 이처럼 부모를 기쁘게 하였으니, 어찌 위대한 효라고 말하지 않겠는가? 아아! 부모를 섬기는 도리를 다하고자 하는 자들은 본보기로 삼을지어다.

爲人子者, 養親非難, 悅親爲難. 能養而不能悅, 非所謂善事其親者矣. 觀老萊子之所爲, 無非所以樂其耳目, 娛其心志, 欲以致其親之悅也. 孟軻氏曰: "不悅乎親, 不可以爲人." 又曰: "大孝, 終身慕父母." 老萊子以七十之年, 尙能如是以悅其親, 非所謂大孝者乎? 嗚呼! 欲盡事親之道者, 其尙取法焉. 詩曰:

---

97 부모를……할 수 없다: 『맹자』 「이루 상」 제28장, "부모의 마음에 들 수 없으면 제대로 된 사람이 될 수 없다[不得乎親, 不可以爲人.]"를 변형하여 인용한 것이다.

98 위대한……사모한다: 『맹자』 「만장 상」 제1장에서 인용한 것이다.

【찬시】

효성으로 양친 봉양할 때 뜻 거스르지 않아야 하니	孝養雙親志不違
일흔의 나이로 부모 모시면서	行年七十奉親闈[99]
그저 그 마음 기쁘게 해드리기만 바라	只求父母心忻悅
일부러 아이처럼 울고 색동옷 놀음 하였다지	詐作兒啼戲綵衣

또

위대한 효는 평생토록 부모를 사모하는 것	大孝終身只慕親
노래자의 행적은 견줄 자가 없도다	老萊行義更無倫
부모 곁에서 병아리와 놀며 기쁘게 해드리니	弄雛親側令親喜
맑은 기풍 천년토록 세상사람 감동시키네	千載淸風動世人

99 親闈: 부모님이 기거하시는 내실로, 후에는 부모를 대칭하게 되었다.

12. 악정자춘이 발을 다치다[100] 子春傷足(12b)

【본문】

악정자춘(樂正子春)[101]이 마루에서 내려오다 발을 다치자 자책하면서 몇 달간 외출하지 않았는데, 그 후에도 여전히 근심하는 기색이 있었다. 제자가 "스승님의 발은 이미 다 나으셨습니다. 몇 달간 외출하지 않으시고도 여전히 근심하시니, 왜 그러시는지요?"라고 물었다. 악정자춘이 이렇게 말했다. "훌륭하도다, 그대의 질문이여! 훌륭하도다, 그대의 질문이여! 내 스승님이신 증자께 들었고, 스승님은 공자께 들으신 가르침이 있다. 그 말씀에 '하늘이 낳고 땅이 기른 것 중에 사람보다 더 중요한 것은 없다. 부모가 온전히 낳아주셨으니 자식도 온전한 몸으로 돌아가야 효라고 말할 수 있는데, 몸을 훼손하거나 욕되게 하지 않아야 온전히 하였다고 할 수 있다.'라고 하셨다. 그러므로 군자는 반 걸음, 한 걸음 딛는 사이에도 감히 효를 잊지 않는 법이다. 지금 나는 효의 도리를 잊은 꼴이 되었으니, 이 때문에 근심하는 것이다. 한 걸음 내디딜 때조차 감히 부모를 잊지 않기에 큰길로 다닐 뿐 지름길로는 다니지 않으며, 배를 타고 건널

---

100 악정자춘이 발을 다치다: 『한』에 「악정이 발을 다치다[樂正傷足]」라는 제목으로 수록되어 있다. 『언』, 『효』에는 수록되지 않았다. 이 편은 『예기』 「제의(祭義)」에서 발췌 인용한 것이다. 유사한 내용이 『소학』 계고 「명륜」 제15장, 『가범』, 『책부원구』, 『태평어람』 등에도 수록되어 있다.

101 악정자춘: 증자의 제자이며, 효성으로 이름났다. '악정'은 주나라 때 관직 이름에서 유래한 성(姓)이다.

뿐 위험하게 헤엄쳐 강을 건너지 않으니, 이는 감히 돌아가신 부모가 물려주신 몸으로 위태로운 행동을 하지 않는 것이다. 말 한마디를 내뱉을 때조차 감히 부모를 잊지 않기에 무례하게 상처 주는 말[102]은 입 밖으로 내지 않고, 원한에 찬 말이 나에게 돌아오지 않게 한다. 자신을 욕되게 하지 않고, 부모를 수치스럽게 하지 않아야 효라고 할 수 있다."

樂正子春, 下堂而傷其足, 數月不出, 猶有憂色. 門弟子曰: "夫子之足, 瘳矣. 數月不出, 猶有憂色, 何也?" 樂正子春曰: "善! 如爾之問也! 善! 如爾之問也![103] 吾聞諸曾子, 曾子聞諸夫子. 曰: '天之所生, 地之所養, 無人爲大. 父母全而生之, 子全而歸之, 可謂孝矣; 不虧其體, 不辱其身, 可謂全矣.' 故君子頃步而不敢忘孝也. 今予忘孝之道, 予是以有憂色也. 一擧足而不敢忘父母, 是故, 道而不徑, 舟而不游, 不敢以先父母之遺體, 行殆; 一出言而不敢忘父母, 是故, 惡言不出於口, 忿言不反於身. 不辱其身, 不羞其親, 可謂孝矣."

【논단】

군자는 삼가지 않는 것이 없지만, 자기 몸을 삼가는 것이 가장 중요하다.[104] 반 걸음, 한 걸음 딛는 사이조차 자신을 삼가지 못하고 몸을 훼

---

102 무례하게 상처 주는 말: 원문의 '악언(惡言)'은 남에게 하는 무례하고 나쁜 의도의 말이다.

103 善! 如爾之問也!: 『한』 반복 생략.

104 군자는……중요하다: 『예기』 「애공문(哀公問)」에서 공자가 한 말을 인용한 것이다. "군자는 삼가지 않는 것이 없으나 자기 몸을 삼가는 것이 가장 중요하다. 몸이란 어버이의 가지이니 감히 삼가지 않을 수 있겠는가?[君子無不敬也, 敬身爲大. 身也者, 親之枝也, 敢不敬與?]"

손하거나 욕되게 하는 잘못을 저지른다면, 그 때문에 부모가 물려주신 몸으로 위태로운 일을 행하는 지경에 빠지는 것이니 그 어찌 효자가 몸을 온전히 하여 돌아가는 도리이겠는가? 이것이 악정자춘이 마루에서 내려오다 발을 다친 뒤 근심스러운 기색을 보였던 까닭이다. 몸과 머리털, 피부는 모두 부모에게 받은 것[105]이니, 자기 몸을 상하게 하는 것은 곧 부모를 상하게 하는 것[106]이다. 악정자춘은 효의 도리를 잊은 것이 아닌데도 자기 몸을 손상시키고 말았다. 마루를 내려오는 사이 발을 다치는 근심이 생겼으니, 발이 다 나은 뒤에도 근심을 풀지 못한 것이다. 주의하여[107] 몸을 보호하지 못하고 부모가 물려주신 신체를 손상시킨 것은 깊은 근심거리이자 지극한 후회가 될 법한 일이니, 물러나 홀로 있을 때조차 허물을 살피며 전전긍긍 몸가짐을 조심하여 발걸음을 내딛는 때조차 감히 효를 잊지 말아야 한다. 그런데 세상 사람들은 큰길이 아닌 지름길로만 다니거나, 배를 타지 않고 헤엄쳐 강을 건너는 등 위험한 일을 하면서 요행을 바라고, 도리에 어긋난 말을 내뱉으며[108] 결국 자기 목숨마저 잃게 만든다. 이는 자기 몸을 삼가는 도리를 몰라서 초래된 일이다. 그러한즉 자식 된 자들은 마땅히 악정자춘의 말을 본보기로 삼아야 할 것이다.

君子無所不用其敬, 而敬身爲大. 不能敬其身於頃步之際, 而有虧辱之

---

105 몸과……받은 것: 『효경』「개종명의장」에서 인용한 것이다. "身體髮膚, 受之父母, 不敢毁傷, 孝之始也."

106 자기 몸을……상하게 하는 것: 『예기』「애공문」에서 인용한 것이다. "자기 몸을 삼가지 않으면 이는 부모를 상하게 하는 것이니, 부모를 상하게 하면 뿌리를 상하게 하는 것이다.[不能敬其身, 是傷其親. 傷其親, 是傷其本.]"

107 주의하여: 원문의 '긍업(兢業)'은 신중하고 조심스럽게 주의하는 모양인 '긍긍업업(兢兢業業)'의 준말이다.

108 도리에……내뱉으며: 『대학장구』 전10장에서 인용한 것이다. "도리에 어긋나게 내뱉은 말은 역시 도리에 어긋나게 (나에게) 돌아온다.[言悖而出者, 亦悖而入.]"

失, 是以父母之遺體, 而行危殆之地矣, 豈孝子全歸之道乎? 此樂正子春所以下堂傷足, 而有憂色也. 夫身體髮膚, 受之父母, 傷其身, 是傷其親矣. 子春非忘孝之道, 而致有傷者. 其下堂之頃, 有傷足之患, 足已瘳而憂不解. 以其不能兢業保身, 而致傷乎父母之遺體, 憂之深者, 悔之至也, 退省厥愆, 戰兢自持, 不敢忘孝於頃步焉. 世之人不道而徑, 不舟而游, 行險僥倖, 言悖而出, 以致殞身而滅性者. 蓋由不知敬身之道, 以致然也. 然則爲人子者, 當以子春之言爲法. 詩曰:

【찬시】

마루에서 내려오다 다친 발이 다 나았건만	下堂傷足已安痊[109]
여전히 근심하는 기색 역력하니	憂色經時尙愴然
잠시나마 효도를 잊었기에	只爲須臾忘孝道
이 몸이 온전히 돌아가지 못하기 때문이라	此身未得盡歸全

또

순식간에 몸을 다쳐 양친을 욕되게 하였으니	一時虧體辱雙親
허물을 반성하며 이 몸을 생각하네	自省愆非念此身
다행히도 성현의 가르침 남아 있어	幸有聖賢遺訓在[110]

---

109 安痊: 병이 낫다.
110 聖賢: 본문 중에 언급된 공자를 가리킨다.

은근히 제자들에게 전수할 수 있었다오　　　　殷勤傳誦與門人

13. 염자가 사슴 젖을 얻다[111]　　　　剡子鹿乳(14a)

【본문】

염자(剡子)[112]는 성품이 매우 효성스러웠다. 병든 어머니가 사슴 젖을 먹고 싶어 하여 두루 구하려 했지만 얻을 수 없었다. 그래서 사슴 가죽을 쓰고 사슴 떼 안으로 들어가 젖을 구했는데, 갑자기 사냥꾼을 만났다. 사냥꾼이 (염자를 사슴으로 착각하여) 활시위를 당겨 쏘려 하자 급히 상황을 말하여 마침내 죽음을 면할 수 있었고, 사냥꾼도 그에게 사슴 젖을 주고 떠났다.

剡子, 性至孝. 母病思鹿乳, 遍求不能得. 乃衣鹿皮, 入鹿群中以求之, 卒遇獵者. 彎弓欲發, 亟告之故, 乃得免, 且遺以鹿乳而去.

---

111 염자가 사슴 젖을 얻다: 『한』, 『언』에 수록되지 않았다. 『효』에 「염자가 사슴 떼 안으로 들어가다[琰子入鹿]」라는 제목으로 비슷한 내용이 수록되어 있다.

112 염자: 주나라 사람으로, 중국의 24효자 중 한 명이다. 『효행록』에는 가이국(迦夷國) 사람이며 양친이 모두 나이 많은 장님[年老並患雙目]이었다고 되어 있다. 원나라 문인 곽거경(郭居敬)이 지은 『전상이십사효시선(全相二十四孝詩選)』에는 성이 '담(郯)'으로 되어 있다.

【논단】

부모를 잘 섬기는 자는 부모가 원하는 것이 있으면 마땅히 마음과 힘을 다해 구해드리니, 설령 어렵고 수고로운 일이라도 불사한다. 염자로 말할 것 같으면, 어머니가 병을 앓을 때 사슴 젖을 먹고 싶어 하여 그것을 찾아다녔지만 얻지 못하였다. 결국 사슴 가죽을 쓰고 사슴 떼 안에 들어가 젖을 얻었으니, 이는 사슴 젖을 얻어 그것을 먹고 싶어 하던 어머니의 소원을 이뤄드리길 바랐기 때문이다. 그런데 잠시 뒤 그를 쏘려고 하는 사냥꾼[113]을 만나자, 성심으로 애달피 사연을 알려 죽음을 면할 수 있었다. 사냥꾼이 염자의 지극한 효심을 듣고 어찌 마음에 감동이 일어나지 않았겠는가? 그리하여 사슴 젖을 염자에게 주고 돌아갔으니, 마침내 사슴 젖을 어머니에게 드릴 수 있었다. 만일 남을 충분히 감동시킬 수 있을 정도로 효행이 지극한 사람이 아니었다면 어찌 이런 일이 일어날 수 있었겠는가?

善事親者, 於親之所欲, 則當盡心竭力以求之, 雖患難勞苦, 有所不辭也. 若剡子者, 當其母疾病之時, 思食鹿乳, 求之不得. 乃披鹿皮之衣, 入鹿群中以求之, 冀得鹿乳, 以遂母欲. 旣而遇獵者欲射之, 則誠心哀告以求免. 彼獵者, 聞其至孝之語, 寧不感動於心乎? 因遺鹿乳而歸, 遂得以供其母. 苟非孝行之至, 足以感動於人者, 其能若是乎? 詩曰:

---

113 사냥꾼: 『효행록』에는 사냥을 나온 국왕[國王出獵]이 결국 염자에게 활을 쏘았고, 염자가 자신이 죽으면 부모도 죽을 것이라는 유언을 남기고 죽었다고 되어 있다. 왕이 부모에게 아들의 시신을 보여주자 부모가 통곡하였는데 하늘이 감동하여 염자를 소생시켰다고 한다.

【찬시】

병든 어미가 사슴 젖 먹고 싶어 하자	母病因思鹿乳嘗
즉시 사슴 가죽 쓰고 산으로 들어갔네	卽披鹿褐入山岡
그때 소리 높여 호소하지 않았다면	當時若不高聲訴
사냥꾼이 당긴 시위에 끝내 죽을 뻔하였다오	獵者彎弓竟悞傷

또

진실하고 순수한 효행은 세상에 드물거니와	孝行眞純世所稀
사슴 떼 안에서 가죽 쓴 이를 구별하기 어려운데	群中難辨鹿皮衣
홀연 그 효행 가상히 여기는 사냥꾼을 만났기에	忽逢獵者嘉行孝
병에 가득 사슴 젖을 담아주고 돌아갔다오	遺得盈壺鹿乳歸

14. 채순이 오디를 따다[114] 蔡順桑椹(14b)

【본문】

채순(蔡順)[115]은 자가 군중(君仲)이며, 여남(汝南)[116] 사람으로, 어려서 아버지를 여의고[117] 어머니를 봉양하였다. 한번은 땔감을 구하러 나갔는데 어떤 사람이 갑자기 집에 찾아왔다. 어머니가 채순을 기다렸지만 돌아오지 않자 자기 손가락을 깨물었다. 그러자 즉시 채순의 심장이 두근거리기에 하던 나무도 버려두고 서둘러 돌아와 무릎을 꿇고는 무슨 일이 있는지 여쭈었다. 어머니가 "급한 손님이 찾아왔기에 내가 손가락을 깨물어 네게 알렸을 따름이다."라고 하였다. 왕망(王莽)[118]의 난리가 일어나 사람들이 서로를 잡아먹을 때였다. 채순이 오디를 따면서 덜 익은 붉은 것과 잘 익은 검은 것을 다른 그릇에 나누어 담으니 도적[119]들이 이유를 물었다. 채순은 "검은 것은 어머니께 드리고, 붉은 것은 제가 먹으려는 겁니다."라

---

114 채순이 오디를 따다: 『한』에 같은 제목으로 수록되어 있다. 『언』에는 수록되지 않았다. 『효』에 「채순이 오디를 가려 담다[蔡順分椹]」라는 제목으로 비슷한 내용이 수록되어 있다. 이 편은 『후한서(後漢書)』 권69 「주반전(周磐傳)」에 붙어 있는 「채순전(蔡順傳)」에서 인용한 것이다. 유사한 내용이 『통지(通志)』, 『책부원구』, 『태평어람』 등에도 수록되어 있다.

115 채순: 후한(後漢) 사람으로, 중국의 24효자 중 한 명이다.

116 여남: 중국 하남성(河南省) 동남쪽의 지명이다.

117 아버지를 여의고: 원문의 '고(孤)'는 아버지를 여의었다는 뜻이다.

118 왕망: 전한(前漢) 말, 평제(平帝)를 시해하고 한나라의 황위를 찬탈하여 신(新)나라를 세운 인물이다. 그러나 제대로 된 정치를 하지 못해 재위 15년 만에 광무제(光武帝)에게 죽임 당하였다.

119 도적: 왕망이 제위를 찬탈한 뒤, 번숭(樊崇)이 일으킨 반란군 '적미(赤眉)'를 가리킨다. 왕망의 군대와 자신의 군대를 구별하기 위해 군사들의 눈썹을 붉게 칠한 데서 유래했다.

고 하였다. 도적들이 그 말을 듣고 쌀 서 말을 주었는데, 받기만 하고 먹지는 않았다.[120] 우물의 두레박 줄[121]이 썩었는데, 그것은 어머니가 태어났을 때부터 있었던 것이었기에 채순이 감히 수리하지 못하고 있었다. 그런데 갑자기 등나무 넝쿨[122]이 생겨나 휘감더니 결국 견고해졌다.[123]

어머니는 90세로 천수를 누린 뒤 돌아가셨다. 장사를 지내기 전이었는데, 마을에 불이 나서 집 쪽으로 번져 오고 있었다. 그러자 채순이 어머니의 관을 끌어안고는 하늘을 향해 부르짖으니, 불이 다른 집으로 옮겨가 태웠지만 채순의 집만은 타지 않았다. 장사 지낸 뒤에는 무덤 옆에 여막을 치고 살았다. 그런데 하늘에서 신령한 물고기 네 마리를 내려주니 무덤 앞에 놓고 제사를 지냈다.[124] 어머니는 평소 천둥소리를 무서워하였기에, 천둥 번개가 칠 때마다 채순은 무덤을 감싸 안고 "순이 여기에 있습니다."라며 눈물을 흘렸다. 태수 한숭(韓崇)이 소문을 듣고 천둥이 칠 때마다 수레를 묘소로 보내며 그를 효렴[125]으로 천거하였다. 그러나 채순은 어머니 무덤 곁을 멀리 떠날 수 없다며 나아가지 않다가 향년 80세로 집에서 죽었다.

---

120 왕망의 난리가……먹지는 않았다: 『후한서』에 없는 부분으로, 『동관한기(東觀漢記)』「채순열전」을 일부 인용한 것이다. "王莽亂, 人相食. 順取桑椹, 赤黒異器. 賊問所以, 云: '黒與母, 赤自食.' 賊異之, 遺鹽二斗, 受而不食."

121 두레박 줄: 원문의 '길고(桔槔)'는 우물물을 퍼 올리는 도르래 형식의 기구로, 긴 막대 끝에 돌을 달고 다른 쪽 끝에 두레박을 단 모양이다.

122 등나무 넝쿨: 원문의 '부로등(扶老藤)'은 '영수목(靈壽木)', '청려(靑藜)'라고도 불리는 등나무로, 지팡이처럼 마디가 불거져 있어 그렇게 불렸다.

123 우물의……견고해졌다: 『후한서』「채순전」에서 이현(李賢)이 주석으로 인용한 『여남선현전(汝南先賢傳)』의 내용이다. "井桔槔朽, 在母生年上, 而順憂, 不敢理之. 俄而有扶老藤生, 繞之, 遂堅固焉."

124 장사 지낸 뒤에는……제사를 지냈다: 『태평어람』 권935에 인용된 『선현전』을 재인용한 것이다. "母喪, 居墓側, 天且下神魚四頭, 置墓前以祭."

125 효렴: 효성스럽고 청렴한 숨은 인재를 선발하는 방법으로 한나라 때 시작된 제도이다.

蔡順, 字君仲,[126] 汝南人也,[127] 少孤養母.[128] 嘗出求薪, 有[129]客卒至. 母望順不還, 乃噬其指.[130] 順卽心動, 棄薪馳歸,[131] 跪[132]問其故. 母曰: "有急客來,[133] 吾噬指以悟汝耳."[134] 値[135]王莽亂, 人相食. 順取桑椹, 赤黑異器, 賊問所以. 順曰: "黑者奉母, 赤者自食." 因遺米三斗, 受而不食. 井桔橰朽, 在母生年上, 而順不敢理之.[136] 俄而有扶老藤生繞之,[137] 遂[138]堅固焉. 母年九十以壽終. 未及葬,[139] 里中災火, 將逼其舍.[140] 順抱扶棺柩, 號哭叫天,[141] 火遂[142]越燒他室, 順獨得免.[143] 旣葬, 廬墓側.[144] 天旦下神魚四頭,[145] 置祭墓前. 母平生畏雷, 每有雷震,[146] 順輒環冢泣曰: "順在此!" 太守韓崇聞之,[147] 每雷輒爲[148]差車馬到墓所,[149] 擧順孝廉. 順不能遠離墓側, 不就, 年八十終于家.[150]

---

126 字君仲: 『한』 없음.
127 也: 『한』 없음.
128 養母: 『한』 없음.
129 有: 『한』 없음.
130 母望順不還, 乃噬其指: 『한』 母噬指.
131 順卽心動, 棄薪馳歸: 『한』 順心動馳歸.
132 跪: 『한』 없음.
133 有急客來: 『한』 客來.
134 耳: 『한』 없음.
135 値: 『한』 없음.
136 之: 『한』 없음.
137 俄而有扶老藤生繞之: 『한』 有藤生繞.
138 遂: 『한』 없음.
139 母年九十以壽終, 未及葬: 『한』 母終未葬.
140 里中災火, 將逼其舍: 『한』 里中災將逼.
141 順抱扶棺柩, 號哭叫天: 『한』 順抱棺號天.
142 遂: 『한』 없음.
143 順獨得免: 『한』 없음.
144 側: 『한』 없음.
145 四頭: 『한』 없음.
146 每有雷震: 『한』 每雷.
147 韓崇聞之: 『한』 없음.
148 輒爲: 『한』 없음.
149 墓所: 『한』 墓.
150 擧順孝廉……年八十終于家: 『한』 없음. 말미에 "『이십사효도』에 따르면 도적들이 몇 말의 쌀

【논단】

아아! 효에 감통하여 일어난 기이한 일은 참으로 우연이 아니다. 채순이 부모를 섬긴 일로 말할 것 같으면, 그가 밝고도 아득한 하늘의 보응을 받은 것은 그의 정성스럽고도 독실한 효심에 감통한 결과이다. 또한 채순의 효는 타고난 마음의 자연스러움에서 비롯되었기 때문에 이승에서는 사람을 감동시킬 수 있고 저승에서는 귀신을 감동시킬 수 있었던 것이다. 이 때문에 기이한 징조가 많이 나타났던 것이니, 어찌 한결같은 효성의 소치가 아니겠는가? 아! 한결같은 효성은 설령 미미할지라도 그에 대한 감통은 크다. 효성이 지극한데도 천지를 감동시키지 못하는 경우는 없으므로 "효란 모든 행실의 뿌리요 만복의 근원이다."[151]라고 하는 것이다. 그러니 세상의 자식 된 자들이 채순을 본보기로 삼지 않을 수 있겠는가?

嗚呼! 孝感之事, 信不偶然. 若蔡順之事親, 而獲昭昭之報, 冥冥之應者, 由其孝心誠篤之所感也. 且順之孝, 出於本心自然, 故明能感於人, 幽能感於鬼神. 是以多有異徵, 豈非一念孝誠之所致乎? 吁! 一念之孝雖微, 而所感則大. 未有孝之至, 而不感乎天地者也. 故曰: "孝者, 百行之源, 萬福之本也." 世之爲人子者, 可不以蔡順爲法乎? 詩曰:

과 우족을 주었다고 한다.[二十四孝圖云: 賊遺斗米牛蹄.]"라는 주석이 달려 있다.

151 효란……근원이다: 관용구로 많이 쓰이는 것이다. 명나라의 관각(館閣) 문인 양사기(楊士奇)의 『동리속집(東里續集)』 권13 「굉강 원씨 족보 후서[宏岡袁氏家譜後序]」에 "효와 우애란 모든 행실의 으뜸이요, 만복의 기반이다[孝弟, 蓋百行之首, 萬福之基也.]"라는 표현이 보인다.

【찬시】

부모님 나를 낳으시니 한 몸이나 다름없어	父母生身惟一體
어미가 손가락을 깨물자 아들의 심장이 놀랐네	母因噬指子心驚
오디를 따며 붉은 열매 검은 열매 나누니	采來桑椹分紅黑
도적조차 효자의 마음을 가련히 여기는구나	盜賊猶憐孝子情

또

여남의 채순, 세상에서 어질다 일컬어지니	汝南蔡順世稱賢
효성스런 그 마음에 진실로 하늘까지 감통하였네	孝念眞能格上天
두레박 묶을 등나무 넝쿨 자랐을 뿐 아니라	不獨桔槹藤繞繫
하늘에서 물고기가 무덤 앞에 절로 떨어졌다지	神魚自墮墓門前

15. 유평이 도적을 감동시키다[152] 劉平感盜(16a)

【본문】

유평(劉平)[153]은 자가 공자(公子)이며, 팽성(彭城)[154] 사람이다. 경시(更始)[155] 연간에 유평의 아우 유중(劉仲)이 도적에게 살해되었다. 그 뒤, 도적들이 다시 갑자기 쳐들어오자 유평은 어머니를 부축하여 모시고 급히 달려 피난하였다. 유중의 유복녀가 갓 1세였는데, 유평은 차마 아우의 후손이 끊기게 할 수 없어 그 아기를 안고 어머니와 같이 들판 늪지대에 숨었다. 다음 날 아침, 먹을 것을 구하러 나왔다가 굶주린 도적들을 만나니, 도적들이 유평을 삶아 먹으려 하자 그가 머리를 조아리면서 "오늘 아침, 늙은 어미를 위해 먹을 것을 구하러 나왔으니, 늙은 어미는 저를 기다리며 목숨을 이어가고 계십니다. 바라건대, 우선 돌아가서 어머니께 식사를 드리고 다 드시면 돌아와 죽겠나이다."라고 말하고는 눈물을 흘렸다. 그러자 도적들이 그의 효심에 감동하여 가엾게 여기고 놓아주었다.

---

152 유평이 도적을 감동시키다: 『한』에 같은 제목으로 수록되어 있다. 『언』과 『효』에는 수록되지 않았다. 이 편은 『후한서』 권69 「유평전(劉平傳)」에서 인용한 것이다. 유사한 내용이 『통지』, 『책부원구』, 『태평어람』 등에도 수록되어 있다.

153 유평: 후한의 황족이자 정치인이다. 초명은 유광(劉曠)이다. 지방관으로서 조회 횟수를 줄여 백성들이 농사에 힘쓸 수 있게 하는 등 선정을 펼쳤다.

154 팽성: 중국 강소성(江蘇省) 서주(徐州)의 옛 이름이다.

155 경시: 왕망 말기에 한나라 부흥군이 옹립한 경시제(更始帝) 유현(劉玄, ?~25, 재위 23~25)의 연호이다.

劉平, 字公子,[156] 彭城人也.[157] 更始時, 平弟仲爲賊所殺. 其後賊復奄[158]至, 平扶侍其母, 奔走逃難. 仲有遺腹女始一歲, 平不忍使仲絶類, 抱其女與母俱匿野澤中. 平朝出求食, 逢餓賊, 將烹平, 平叩頭曰: "今旦, 爲老母求食, 老母待平爲命. 願得先歸食母, 畢還就死." 因涕泣. 賊感其孝, 哀而遣之.

【논단】

효란 모든 행실의 근본이니, 자연스러운 천성이자 모든 사람의 마음에 동일하게 들어있는 것이다.[159] 이 때문에 효성이 지극하면 천지와 귀신을 감동시킬 수 있는 법이니, 하물며 사람에게는 오죽하겠는가? 그러므로 비록 도적일지라도 마음을 충분히 감발시킬 수 있었으니, 그것은 본성이 다르지 않기 때문이다. 유평이 도적을 피해 도망갔다가 식량을 구하러 나온 것은 진실로 노모가 계시기 때문이었다. 그런데 갑자기 도적을 만나 삶겨 죽게 되었으니, 유평이라고 어찌 죽음이 두렵지 않았겠는가? 어머니가 유평만 믿고 목숨을 이어가고 있었으니 유평이 죽으면 어머니도 죽는 셈이다. 그러므로 돌아가서 어머니에게 먹을 것을 드린 뒤에 다시 와 죽기를 바랐으니, 어찌 유평이 그만두고자 한 것이겠는가? 이 정성스러운 마

---

156 字公子: 『한』 없음.
157 也: 『한』 없음.
158 奄: 갑자기.
159 효란……들어있는 것이다: 『효경대의』 「효경대의 서문[孝經大義序]」에 "한결같이 효로써 근본을 삼는 것이니, 효도란 자연스러운 천성이자 사람의 마음에 본래부터 있는 것이다.[壹是以孝爲本, 則斯道也, 固天性之自然, 人心之固有.]"라는 표현이 보인다.

음을 쌓아 도적의 마음을 감동시키기를 바랄 뿐이었다. 도적들도 과연 그를 가엾게 여겨 놓아주었으니, 어찌 동일한 사람의 마음이 발현된 결과가 아니겠는가? 그러므로 효도가 사물을 감동시킬 수 없다면 그것은 행동이 충분히 정성스럽지 못했기 때문일 것이다. 유평 같은 자는 참으로 진실한 효도[160]를 행했다고 할 만하다.

孝者, 百行之本, 乃天性之自然, 而人心之同然者也. 是以孝誠之至, 則可以動天地, 感鬼神, 而況於人乎? 故雖盜賊, 亦足以感發其心, 蓋其性非有異也. 劉平避賊, 而出以求食, 誠以老母在焉. 猝遇賊而將烹之, 平豈畏死哉? 蓋母恃平以爲命, 平死則無此母矣. 故願得歸食母, 而後就死, 豈平之所得已哉? 積此誠意, 庶幾有以感賊之心而已. 賊果憐而縱之, 豈非其同然之心之所發邪? 故夫孝道之不能動物者, 由其行之不誠故也. 若劉平者, 其可謂誠孝者矣. 詩曰:

【찬시】

널따란 늪 거친 들판에서 도적 만났으니	大澤荒源遇盜時
먹거리를 구함에 어찌 한 몸 위태로움을 꺼렸겠나	充庖寧憚一身危
음식을 구해다 어머니 드릴 걱정 때문임을	自緣乞食供慈母
하늘과 땅은 알고 계셨지	賴有皇天后土知

160 진실한 효도: 원문의 '성효(誠孝)'는 마음속에서 우러나온 효성을 뜻한다.

또

오륜은 하늘의 떳떳한 이치에서 나온 것	由來五典出天常
진실한 효성은 끝내 사나운 도적도 감동시켜	誠孝終能感暴强
다행히 위태로운 목숨이 호랑이 아가리를 벗어났으니	危命幸全離虎口
하늘이 두 모자를 평안케 한 것이로다	天教母子得安康

16. 왕림이 무덤을 지키다[161] 王琳守冢(17a)

【본문】

왕림(王琳)[162]은 여남 사람으로, 10여 세에 부모를 모두 여의었다. 그 무렵 큰 난리[163]가 일어나자 마을 사람들은 모두 도망갔지만, 왕림 형제만은 부모 무덤의 여막을 지키며 끊임없이 통곡하였다. (어느 날) 막내아우가 나갔다가 도적들을 만나 죽임을 당하기 직전이었다. 왕림이 스스로 결박하고 찾아가 동생보다 먼저 죽게 해 달라고 하니, 도적들이 형제를

161 왕림이 무덤을 지키다: 『한』, 『언』, 『효』에 수록되지 않았다. 이 편은 『하남통지(河南通志)』 권64 「효의(孝義)」에서 인용한 것으로 보인다. 비슷한 내용이 『후한서』 권69 「조효전(趙孝傳)」 안에 포함된 왕림의 이야기, 『책부원구』 「우애[友悌]」 및 『동한관기』 「왕림」 등에도 수록되어 있다. 『오륜행실도(五倫行實圖)』 권4 형제도(兄弟圖)에 「왕림이 아우를 구하다[王琳救弟]」라는 제목으로 비슷한 내용이 수록되어 있다.

162 왕림: 자 거위(巨尉). 후한의 효자로 자세한 행적은 전하지 않는다.

163 큰 난리: 왕망이 집권한 뒤 적미적이 반란을 일으켰던 일을 가리킨다.

가엾게 여겨 풀어주었다. 이로부터 고을에 훌륭한 명성을 떨쳤으니 훗날 사도부[164]로 천거되었지만, 다른 인재를 추천하고 사퇴했다.

王琳, 汝南人, 年十餘歲, 父母俱喪. 因遭大亂, 鄕隣逃竄, 唯琳兄弟, 獨守冢廬, 號泣不絶. 弟季出遇赤眉, 將殺之. 琳自縛, 請先季死, 賊矜而放遣. 由是顯名鄕邑, 後辟[165]爲司徒府, 薦士而退.

【논단】

효성과 우애는 자연스러운 천성에서 비롯된 것이니 굳이 배우지 않아도 할 수 있다. 그러나 정성스러운 마음이 절실하고도 지극하다면 그에 대한 감통과 보은은 기약하지 않아도 저절로 일어나는 것이니, 왕림의 일화를 살펴보면 이러한 점을 잘 알 수 있다. 왕림이 부모를 여의었을 때 그의 나이는 겨우 예닐곱 살[166]에 불과했다. 그때 난리가 일어나 사람들이 모두 도망갔지만, 왕림 형제만은 부모의 무덤을 지키며 차마 떠나지 못하였다. 그러다 아우가 도적들에게 사로잡혀 목숨이 경각에 달리자, 왕림은 스스로 결박하고 동생보다 먼저 죽여 달라고 하였으니, 이는 모두 몹시 정성스럽고 측은하게 여겨 슬퍼한 마음에서 흘러나온 것이지 억지로 힘써 그렇게 한 것이 아니다. 그러니 저 패역무도한 도적들조차 그의 심정을

---

164 사도부: 국가의 토지 및 백성을 교화하는 업무를 관장하는 부서이다.
165 辟: 천거하다, 초빙하다.
166 예닐곱 살: 원문의 '초츤(髫齔)'은 더벅머리에 유치가 빠지고 영구치가 나는 6~8세 정도의 어린 나이라는 뜻이다.

가엾게 여겨 풀어준 것이다. 그로 인해 왕림이 고을에 이름나고 천거되기까지 한 것은 당연하도다. 그런데 제 형제를 원수처럼 보는 저 패역하고 모진 자들은 유독 무슨 마음인가?

孝弟, 本乎天性之自然, 不待學而能者也. 然其誠心切至, 則隨感而應, 有不期而然者, 觀於王琳可見矣. 琳喪父母, 年甫髫齔. 遭値亂離, 人皆奔竄, 琳兄弟獨守冢不忍去. 及弟爲賊所掠, 垂命之際, 琳自縛請先弟死, 是皆出於至誠惻怛, 非有所勉强而爲. 賊雖不道, 亦矜其情而釋之. 由是見稱鄕閭, 卒應薦辟, 宜矣. 彼悖逆暴悍, 視同氣如仇讎者, 獨何心哉? 詩曰:

【찬시】

보이는 건 온통 창칼이 어지럽게 엉킨 모습뿐 干戈滿目亂紛紛
사방이 스산하여 사람은 보이지도 않는데 四野蕭條不見人
오직 왕림만은 효성과 우애 도타워 惟有王琳敦孝友
형제가 통곡하며 부모 무덤 지켰다지 弟兄號泣守親墳

또

아우가 흉악한 무리 만나 목숨이 위태로우니 弟遇群兇命已懸
형이 스스로 묶고는 먼저 죽여 달라 하였네 兄仍自縛請身先
정성스런 마음에 감격하여 사나운 마음 돌이키니 誠心感激回强暴
형제가 남은 목숨 온전히 보전할 수 있었다오 兄弟餘生總得全

17. 강혁의 위대한 효[167] 江革巨孝(18a)

【본문】

강혁(江革)[168]은 자가 차옹(次翁)이며, 제나라 임치(臨淄)[169] 사람이다. 어려서 아버지를 여의고 홀로 어머니와 살았는데, 천하에 난리가 일어나 도적들이 우루루 일어나자 강혁은 어머니를 업고 피난하였다. 온갖 험한 곳을 지나도 나물을 캐거나 열매를 주워 어머니를 봉양하였다. 자주 도적을 만났는데 간혹 그들이 겁박하며 잡아가려고 하면 강혁은 그때마다 눈물을 흘리고 가련히 여겨주기를 바라면서 "늙은 어머니가 계십니다."라고 하는데, 말소리가 공손하고도 간절하여 사람을 감동시키기에 충분하였다. 도적들도 이 때문에 차마 그를 해치지 못하였고 심지어 적병들을 피할 수 있는 곳을 가리켜 주기도 했으니 마침내 두 모자가 난리통에 목숨을 부지할 수 있었다. 하비(下邳)[170] 땅에서 떠돌며 살 때 가난하고 헐벗었기에[171] 날품을 팔아 어머니를 봉양하였는데, 몸을 편안하게 하는 물건[172]

---

167 강혁의 위대한 효: 『한』, 『언』에 같은 제목으로 수록되어 있다. 『효』에는 「강혁이 스스로를 팔다[江革自傭]」라는 제목으로 비슷한 내용이 수록되어 있다. 이 편은 『후한서』 권69 「강혁전(江革傳)」에서 인용한 것이다. 유사한 내용이 『소학』 선행 「실명륜(實明倫)」 제9장, 『가범』, 『통지』, 『책부원구』, 『태평어람』 등에도 수록되어 있다.

168 강혁: 후한의 정치인으로, 중국의 24효자 중 한 명이다.

169 임치: 중국 산동성에 속한 지명이다.

170 하비: 양쯔강 하류의 강소성 비주(邳州)에 속한 지명이다.

171 헐벗었기에: 원문의 '나(裸)'는 '맨몸', '선(跣)'은 '맨발'이다.

172 몸을 편안하게 하는 물건: 원문의 '주신(周身)'은 '한 몸에 충분함', '몸을 보전함'이라는 뜻이다. 『후한서』, 『소학』 등에는 '편신(便身)'으로 되어 있다.

이라면 마련해 드리지 않은 것이 없었다. 한 광무제(漢光武帝) 건무(建武) 연간 말엽에 어머니와 함께 고향으로 돌아왔다. 매년 설날 고을에서 백성들을 점고[173]할 때가 되면 강혁은 어머니가 늙으셨기에 어지럽게 움직이게 하지 않으려 직접 수레에 태워 모시고 가면서 소나 말도 쓰지 않았다. 이로 인해 고을에서 그를 '위대한 강효자[江巨孝]'라고 불렀다. 어머니가 돌아가시자 강혁은 거의 죽을 지경에 이르렀으니, 늘 여막에서 엎드려 자며 장례를 마쳤음에도 차마 상복을 벗지 못하였다. 군수가 부관[丞掾]을 보내어 상복을 벗고 관리가 되어주기를 청하기도 했다. 훗날 효렴으로 천거되어 벼슬이 간의대부에 이르렀는데, 휴가를 받아 고향으로 돌아온 뒤 병이 위독하다는 이유로 사임하였다. 원화(元和)[174] 연간에 장제(章帝)가 강혁의 지극한 효성을 생각하여 천 섬의 곡식을 하사한다는 조서를 보내고 8월이 될 때마다 수령[長吏]이 안부를 묻게 하였으며 양고기와 술을 보내주었다. 죽은 뒤에는 양과 돼지를 올리는 중뢰[175]로써 제사 지내고 다시 천 섬의 곡식을 하사하였다.

江革, 字次翁, 齊國臨淄人也.[176] 少失父, 獨與母居,[177] 遭天下亂, 盜賊竝起.[178] 革[179]負母逃難. 備經險阻,[180] 嘗采拾以爲養. 數遇賊, 或劫欲將去,

173 점고: 원문의 '안비(案比)'는 백성들을 늘여 세우고 호구(戶口) 등을 점검하는 것이다.
174 원화: 후한 제3대 황제 장제(章帝) 유달(劉炟, 57~88, 재위 75~88)의 연호 중 하나로, 84년부터 86년까지 쓰였다.
175 중뢰: 제례를 행할 때 제물로 돼지와 양을 올리는 것이다. 소뢰(少牢)라고도 한다.
176 字此翁, 齊國臨淄人也: 『한』, 『언』 臨緇人.
177 獨與母居: 『한』, 『언』 없음.
178 盜賊竝起: 『한』, 『언』 없음.
179 革: 『한』, 『언』 없음.
180 備經險阻: 『한』, 『언』 없음.

革[181]輒涕泣求哀, 言: “有老母.” 詞氣愿款, 有足感動人者. 賊以是不忍害之,[182] 或指以[183]避兵之方, 遂得俱全於難. 轉客下邳,[184] 貧窮裸跣, 行傭以供母, 周身之物, 莫不畢給. 漢光武[185]建武末, 與母歸鄉里. 每至歲時, 縣當案比, 革以母老, 不欲搖動, 自在轅中挽車, 不用牛馬. 由是鄕里稱之曰[186] “江巨孝.” 及[187]母終, 至性殆滅,[188] 常[189]寢伏冢廬, 服竟不忍除.[190] 郡守遣丞掾釋服, 請以爲吏. 後擧孝廉, 仕至諫議大夫, 賜告歸, 因謝病稱篤.[191] 元和中, 章帝思革至孝,[192] 詔以穀千斛賜之, 常以八月, 長吏存問, 致羊酒. 及卒, 祠以中牢, 復賜穀千斛.[193]

【논단】

사람이 효를 실천함에 지극히 정성을 다해 마지않는다면 반드시 다른 사람을 감동시킨다. 강혁은 난리를 만났음에도 효를 실천하는 데 소홀하지 않았으니 설령 도적일지라도 그런 모습을 보고 차마 범하지 못할 정도였다. 이처럼 그가 효를 행하는 마음은 참으로 쉽게 미칠 수 없는 경

181 革: 『한』, 『언』 없음.
182 賊以是不忍害之: 『한』, 『언』 賊不忍害.
183 以: 『한』, 『언』 없음.
184 轉客下邳: 『한』, 『언』 없음.
185 漢光武: 『한』, 『언』 없음.
186 由是鄕里稱之曰: 『한』, 『언』 鄕里稱曰.
187 及: 『한』, 『언』 없음.
188 至性殆滅: 『한』, 『언』 없음.
189 常: 『언』 當.
190 服竟不忍除: 『한』, 『언』 服竟不除.
191 請以爲吏……因謝病稱篤: 『한』, 『언』 없음.
192 章帝思革至孝: 『한』, 『언』 없음.
193 及卒……復賜穀千斛: 『한』, 『언』 없음.

지였으니, 위대한 효자라는 칭송이 천하에 행해지고 조정의 포상과 은총을 받게 된 것은 마땅하도다! 그러므로 (황제가) “효란 모든 행실의 으뜸이요 모든 선행의 시작이다.”[194]라고 말한 것이다. 그런데 요즘 세상 사람들은 난리를 만나면 곧바로 자기 부모를 버리고 돌아보지 않으니, 이는 개돼지만도 못한 짓으로 어찌 그들을 사람이라고 하겠는가? 모름지기 강혁처럼 해야 옳을 것이다.

人之行孝, 至誠不已, 固必有感動人者. 若江革, 遇亂, 行孝不衰, 雖盜賊見之, 有不忍犯. 則其爲孝之心, 誠不可及矣, 其巨孝之稱, 行於天下, 受朝廷之褒賚寵賜者, 宜哉! 故曰: “夫孝, 百行之冠, 衆善之始也.” 世之人, 遇難, 輒棄其親而不顧, 曾犬彘之不若, 何足以爲人乎? 要之能如江革之所爲則可矣. 詩曰:

【찬시】

지극한 효성은 귀신도 감동케 하는 법	至孝由來動鬼神
비록 강포한 도적 만났음에도 목숨을 보전하고	雖逢强暴亦全身
끝내 모자가 모두 무탈할 수 있었으니	到頭母子俱無恙
천지가 응당 착한 사람에게 복을 내린 것	天地終應福善人

194 효란……시작이다: 『후한서』 「강혁전」에서 황제가 그에게 조서를 내리며 한 말을 인용한 것이다.

또

평생의 효행이 조정을 감동케 하니	平生行孝動朝廷
포상하시는 융숭한 은전 혁혁하도다	褒錫恩隆沐顯榮
역사서에 위대한 강효자라 칭송되니	靑史獨稱江巨孝
고금에 그 누가 이름을 나란히 할 수 있으랴	古今誰復可齊名

18. 소고가 효성스럽고 신중하다[195] 蕭固孝謹(19a)

【본문】

소고(蕭固)는 자가 수리(秀異)이며, 동해군(東海郡) 난릉(蘭陵)[196] 사람으로, 찬후 소하(蕭何, 기원전 257~기원전 193)[197]의 14대손이다. 그의 선조가 패(沛)[198]에서 관중(關中)[199]으로 이주하여 살았다. 어려서부터 효성스럽고 신중

195 소고가 효성스럽고 신중하다: 『한』, 『언』, 『효』에 수록되지 않았다. 『법원주림(法苑珠林)』 권62 충효편(忠孝篇) 제49 「태자부(太子部)」에 실린 이야기를 인용한 것으로 보인다. "蕭固, 字秀異, 東海蘭陵人, 何十四世孫. 舊居沛何, 陪長陵, 因家關中. 少孝謹, 遭喪六年, 雉鵠遊狎其廬, 麞鹿入其門, 牆徵聘不就. 固子芝, 字英髦, 孝心醇至, 除尚書郎, 有雉十餘喙, 宿其上, 嘗上直, 送至路, 雉飛鳴車側.【右此二驗, 出鄭緝之傳】"

196 난릉: 중국 산동성 임기(臨沂)의 지명이다.

197 소하: 한나라의 개국 공신이다. 유방에게 가장 신임을 받아 재상이 되었고, 한나라의 법령과 제도 등 기틀을 닦았다. 장량(張良), 한신(韓信)과 함께 삼걸(三傑)로 일컬어진다.

198 패: 강소성 패현(沛縣)의 지명이다.

199 관중: 함곡관 서쪽의 지명으로, 오늘날 섬서성(陝西省) 부근이다.

하였는데, 연달아 부모를 여의어 6년간 상을 치르면서 너무 슬퍼하다 몸을 훼손시킬 정도로 예를 극진히 하니 꿩과 까치가 그의 집 앞에서 노닐고 고라니와 사슴도 그 집 문을 드나들었다.

소고의 아들 소지(蕭芝)는 자가 영모(英髦)인데, 역시 지극한 효자로 관직이 상서랑에 이르렀다. 꿩 수십 마리가 그의 집에 둥지를 틀고는 출근할 때마다 그를 배웅하면서 수레 옆을 따라 날며 우니, 사람들이 효성에 대한 감응의 소치라고 여겼다.

蕭固, 字秀異, 東海蘭陵人, 酇侯何十四世孫也. 其先自沛徙家關中. 少孝謹, 連遭父母喪, 六年哀毀盡禮, 雉鵲遊狎其居, 麞鹿出入其門. 固子芝, 字英髦, 亦純孝, 官至尚書郎. 有雉數十棲宿其廬, 嘗上直, 雉輒送之, 飛鳴車側, 人以爲孝感所致.

【논단】

효란 사람이 해야 할 도리의 극치이자, 온갖 복의 근원이다. 자식이 부모가 살아 계실 때 잘 봉양하고 돌아가셨을 때 장례를 치르는 예를 극진히 한다면 온갖 복이 반드시 자연스럽게 따를 것이다. 소고의 일을 살펴보면, 연달아 부모를 여의자 슬피 울며 장례를 치르고 제사 올리기를 6년간이나 하면서 늘 예를 극진히 하였다. 이에 꿩과 까치가 그의 집에 머물고 고라니와 사슴이 그 집 문에서 노닐었으니, 당시에 모두들 하기 어려운 일이라고 여겼다. 아들 소지도 효심이 지극하고 독실하여 그 아버지를 잘 계승하였다. 그가 상서랑이 되었을 때, 꿩 수십 마리가 날아와 저절로 길들어서는 그가 집에 있으면 집에서 잠자고 출근하면 곁에서 날며 배웅하였다. 아! 소고 부자의 효성에 대해 일어난 감응이 전후로 이처럼 똑같으니, 어찌 기이하다 하지 않겠는가! 노공(魯恭)[200]이 중모(中牟)를 다스릴 때도 꿩을 길들인 이적이 있었다. 아아! 소고와 노공은 각각 부모를 섬기고 정사에 임하였다는 점에서 차이가 있지만, 감응한 결과에는 차이가 없으니 역시 충성은 효성에서 미루어 넓혀간 것[201]이 아니겠는가! 이들의 훌륭하고도 아름다운 행적이 나란하여 역사서에 찬란하고 무궁히 전해지는 것이 당연하다.

夫孝, 人道之至, 諸福之本也. 人子於親, 能盡其生養死喪之禮, 則諸福之物, 將必自然而應矣. 觀蕭固, 連遭親喪, 哀泣葬祭, 行之六年, 咸盡于禮. 於是, 雉鵲止其舍, 麞鹿遊其門, 當時以爲難矣. 及其子芝孝心純篤, 克紹[202]其父. 其爲尙書郎, 時有雉數十, 馴擾[203]翔集, 居家則宿其廬, 入直則飛送於路. 噫! 蕭固父子之間, 孝誠所感, 先後若一, 何其異哉! 若魯恭令中牟, 亦有馴雉之異. 嗚呼! 固與魯恭, 事親莅政, 事雖不同, 而所感無異者, 豈非忠亦孝之推歟! 是宜齊芳並美, 煇暎簡冊, 而傳之於無窮焉. 詩曰:

---

200 노공: 후한 장제 때의 정치인으로, 그가 중모령(中牟令)이 되어 선정을 베풀자 각지에 기승을 부리던 벼멸구가 중모는 범하지 못하였다고 한다. 그가 뽕나무 아래 앉아 쉬고 있을 때 꿩이 날아와 곁에 앉으니, 노공의 교화가 꿩에게까지 미쳤다는 평을 들었다. 『후한서』 「노공전(魯恭傳)」 참고.

201 충성은……넓혀간 것: 명나라 초에 종종 쓰인 관용구이다. 관각 문인 양영(楊榮)의 『문민집(文敏集)』 권10 「충효당기(忠孝堂記)」에 "충과 효에 무슨 차이가 있겠는가? 충성이란 효를 미루어 나간 것이다.[其於忠孝, 何有哉? 夫忠, 孝之推也.]"와 같은 표현이 보인다.

202 紹: 잇다, 계승하다.

203 馴擾: 길들다.

【찬시】

6년 사이에 연달아 양친을 여의었으니	六年遭遇二親喪
효성스런 마음 끝내 저 하늘에 닿았네	孝念終能達彼蒼
아! 꿩과 까치가 길든 일 전에는 없었는데	雉鵲來馴嗟未有
고라니와 사슴마저 그 문에서 노니는구나	更看麞鹿在門墻

또

부자가 나란히 지극한 효자로 이름났으니	父子同全至孝名
낭관의 독실한 효행은 순수한 정성에서 비롯된 것	郎官篤行本純誠
꿩이 찾아와 깃들 뿐 아니라	不惟馴雉來棲止
때로 길에서 그의 수레를 배웅하며 울었다오	時逐行車繞路鳴

19. 팽수가 도적을 막다[204] 彭脩扞賊(19b)

【본문】

팽수(彭脩)[205]는 자가 자양(子陽)이며, 회계군(會稽郡) 비릉(毗陵)[206] 사람이다. 15세에 아버지가 회계군의 관리로 있었는데 휴가를 얻어 팽수와 함께 고향으로 가던 중, 길에서 도적을 만나 겁박 당했다. 팽수는 곤욕을 당하자 곧바로 차고 있던 칼을 뽑아 들고는 강도 두목에게 다가가 "부모가 능욕을 당하면 자식은 죽음도 불사하는 법이니, 당신은 죽음을 생각하지 않는가?"라고 하였다. 그러자 강도들이 서로 "이 아이는 의로운 사람이니, 핍박해서는 안 된다."라고 하고는 마침내 사과한 뒤 떠나니, 온 고을에 그의 명성이 자자해졌다.

彭脩, 字子陽, 會稽毗陵人也. 年十五時, 父爲郡吏, 得休, 與脩歸, 道爲賊所劫. 脩困迫, 乃拔佩刀, 前持盜帥曰: "父辱子死, 卿不顧死邪?" 盜相謂曰: "此童子, 義士也. 不宜逼之." 遂辭謝而去, 鄕黨稱其名.

---

204 팽수가 도적을 막다: 『한』, 『언』, 『효』에 수록되지 않았다. 이 편은 『후한서』 권101 「팽수전(彭脩傳)」에서 인용한 것이다. 유사한 내용이 『통지』, 『책부원구』, 『태평어람』 등에도 수록되어 있다.

205 팽수: 후한 환제(桓帝) 및 영제(靈帝) 때의 정치인이다. 독실하고 의리 있는 행동으로 이름났다.

206 비릉: 중국 강소성 상주(常州)의 지명이다.

【논단】

자식 된 도리를 행할 때 부모를 봉양하는 일이 어려운 것이 아니라, 부모를 편안하게 해드리기가 어려운 것이다. 그러므로 부모가 곤란에 처한 시기가 바로 자식이 효성을 다 바칠 수 있는 때이니, 어찌 삶과 죽음, 화와 복을 마음속에서 달리 생각하겠는가? 팽수로 말할 것 같으면, 능히 효성을 다 바쳐 부모를 편안케 한 사람이라고 할 만하다. 처음 도적이 아버지를 겁박했을 때 얼마나 사납고 박절하였을지는 말하지 않아도 알 수 있다. 이때 팽수는 그저 어린아이였을 뿐인데도 마음속에서 효심이 끓어올라 아버지만 생각할 뿐 자기 목숨은 의식하지 않았다. 그래서 칼을 뽑아 들고 앞으로 들이대 죽기를 각오하며 도적을 막았으니, 결국 아버지는 위태로웠다가 안전해지고, 죽을 뻔하다 다시 살아날 수 있게 되었다. 진실한 효심의 발로가 아니라면 어찌 이와 같을 수 있겠는가? 당시에 명성을 얻고 후대에도 이름이 전해짐이 마땅하다. 그런데 요즘 세상의 비루한 자들은 자기 목숨만 소중히 아끼면서 부모는 가벼이 여겨 방치한다. 평소에는 비록 잘 봉양하며 사이가 좋은 듯 해도 위급한 어려움에 처하면 부모를 버리고 자기만 온전히 지키니, 그런 자들을 팽수와 비교해 보면 죄인이도다!

爲人子之道, 非養親之難, 安親爲難也. 故當其親臨難之時, 正爲子致孝之日, 豈以死生禍福, 而二其心哉? 若彭脩者, 其可謂能致孝以安其親者矣. 始盜之劫其父也, 凶暴迫切, 不言可知. 方是時, 脩一童子耳, 而孝誠激於中, 知有其父, 而不知有其身. 拔刀直前, 以死扞賊, 卒使其父旣危而獲安, 將亡而復存. 非誠孝之發, 能如是乎? 宜其得名於當時, 而有聞於後世

也. 世之鄙人, 重愛其身, 而輕棄其親. 平時雖能供養以相樂, 急難則或捐棄以自全, 其視脩則爲罪人矣! 詩曰:

【찬시】

아버지가 도적 만나 위험해진 순간　嚴親遇盜履間關[207]
화복과 안위가 경각에 달렸는데도　禍福安危頃刻間
칼을 뽑아 들고 앞으로 나아가 몸소 막으니　挺刃直前躬扞禦
끝내 부자가 함께 살아 돌아올 수 있었네　終令父子得生還

또

어린아이인데도 청년 같은 의기 지녔으니　童稚相將弱冠年
끓어오르는 효심은 타고난 본성에서 나온 것이라오　孝心激烈自天然
도적을 막아서 아버지를 편안케 한 뒤　當時扞賊安親後
꽃다운 이름이 백 대 뒤에도 전해지게 되었네　留得芳名百世傳

---

207 間關: 험난함, 곡절, 어려움.

20. 염범이 아버지 유골을 짊어지다[208] 廉范負骨(20b)

【본문】

염범(廉范)[209]은 자가 숙도(叔度)이며, 경조군(京兆郡) 두릉(杜陵)[210] 사람이다. 전한 애제(哀帝)[211] 말엽에 조부 염단(廉丹, ?~22)[212]은 용부목사[213]를 지냈다. 염범의 아버지는 혼란스러운 정국을 만나 촉한(蜀漢)에서 객사하였다. 염범도 결국 서주(西州)에서 타향살이를 하였고, 서주가 평정되자 고향으로 돌아왔다. 15세에 어머니께 하직 인사하고는 서쪽으로 가서 아버지의 관을 맞아 오려 하였다. 객들과 함께 걸어서 관을 짊어지고 가맹(葭萌)[214]으로 돌아가는 길이었다. 배에 실어 옮기던 중 배가 암초에 부딪혀 난파되자, 염범이 관을 꼭 끌어안고는 끝내 함께 가라앉았다. 사람들이 그 의로움을 안타까워하여 찾아 구조해 준 덕에 겨우 죽음을 면할 수 있었다. 염범은 아버지의 유골을 지니고 돌아와 장례를 마친 뒤 낙양에 가서 공

---

208 염범이 아버지 유골을 짊어지다: 『한』에 같은 제목으로 수록되어 있다. 『언』과 『효』에는 수록되지 않았다. 이 편은 『후한서』 권61 「염범전(廉范傳)」에서 발췌 인용한 것이다. 유사한 내용이 『통지』, 『책부원구』, 『태평어람』 등에도 수록되어 있다.

209 염범: 후한 장제 및 명제(明帝) 때의 명신이다. 지방관으로 선정을 베풀었다.

210 두릉: 중국 섬서성 서안(西安)의 지명이다.

211 애제: 전한 제13대 황제 유흔(劉欣, 기원전 25~1, 재위 기원전8~1)으로, 그의 치세는 왕망이 정권을 천단하던 혼란기이다.

212 염단: 왕망의 휘하에서 산동에 창궐한 적미군을 정벌하였다. 염단의 종사관 풍연(馮衍)이 왕망을 버리고 한나라를 부흥시켜야 한다고 간언하였으나 듣지 않았고 끝까지 반란군과 싸우다 죽었다.

213 용부목사: 용부는 본래 '익주(益州)'인데, 왕망이 용부로 바꾼 것이다. 『후한서』 이현 주석 참고.

214 가맹: 이주(利州) 익창현(益昌縣).

부하며 박사 설한(薛漢, ?~70)[215]을 스승으로 섬겼다. 현종(顯宗) 대에 이르러 누차 승진하여 촉군태수에 이르렀다. 백성들이 그의 선정에 대해 이렇게 노래하였다.

염숙도여! 왜 이리 늦게 오셨는가	廉叔度, 來何暮
불 밝히는 것을 금하지 않으니, 백성들 편안히 일을 한다네	不禁火, 民安作
전에는 속옷 하나 못 입었는데, 이제는 바지가 다섯 벌이네[216]	昔無襦, 今五袴

廉范, 字叔度, 京兆[217]杜陵人. 漢[218]哀帝末, 祖父丹爲庸部牧. 范父遭喪亂, 客死於蜀漢. 范遂流寓西州, 西州平, 歸鄕里. 年十五, 辭母西迎父喪. 與客步負喪, 歸葭萌. 載船觸石破沒, 范抱持棺柩, 遂俱沈溺. 衆傷其義, 鉤求[219]得之療救, 僅免於死. 范將父骨歸葬畢, 詣京師受業, 事博士薛漢. 至顯宗時累官, 至蜀郡太守, 民歌之曰: "廉叔度, 來何暮? 不禁火, 民安作. 昔無襦, 今五袴."

215 설한: 자 공자(公子). 후한의 학자로, 광무제 건무 초에 박사가 되었으며『시경』해석의 권위자였다.

216 염숙도여……다섯 벌이네: 염범이 촉군태수가 된 뒤 금령을 완화하였는데, 특히 화재를 막는다는 이유로 밤에 불을 피우지 못했던 옛 금령을 폐지하고, 대신 집집마다 물을 비축해두도록 한 결과 백성들의 삶이 편안해졌다.『후한서』「염범전」참고. 여기에서 유래하여 '오고가(五袴歌)', '고가(袴歌)'는 지방관의 선정을 칭송하는 의미로 널리 쓰이게 되었다.

217 京兆:『한』없음.

218 漢:『한』없음.

219 鉤求: 찾아서 구하다.

【논단】

여우가 죽을 때 머리를 고향 쪽으로 돌리는 것[220]은 근본을 잊지 않는다는 뜻이다. 사람으로서 먼 타향에서 객사하면 그 누가 고향으로 돌아가 묻히고 싶지 않겠는가? 그러나 병란이 일어나 길이 막히고 아비 잃은 자식의 나이가 어리다면, 아버지의 유골을 모시고 돌아와 장례를 치르지 못하는 일이 얼마나 많겠는가? 염범의 아버지가 어지러운 정국을 만나 촉한에서 객사하였을 때 염범의 나이는 겨우 15세였다. 그런데도 즉시 어머니께 하직 인사하고 서쪽으로 가서 아버지의 영구(靈柩)를 맞았는데 비록 위험한 일을 겪고 산 넘고 물 건너 험난한 고생길을 지나면서도 끝내 아버지의 유해가 고향으로 돌아와 죽어서나마 묻힐 곳이 있게 하였다. 이처럼 자신을 낳아주신 부모를 좋아하고 근본을 잊지 않는 것[221]이 바로 염범의 효다. 염범은 훗날 촉군태수가 되어 백성들에게 선정을 베풀었으니, 백성들이 노래한 내용을 들어보면 바로 효성을 충성으로 옮긴 경우가 아니겠는가! 맹자께서 "살아 계실 때 봉양하는 것은 큰일이라고 할 수 없고, 오직 돌아가셨을 때 장례를 모시는 것이라야 큰일이라고 할 수 있다."[222]라고 하고, 공자께서 "입신출세하여 도를 행하고 후대에 명성을 드날려 부모를 드러나게 하는 것이 효도의 끝이다."[223]라고 한 것은 염범 같은 경우를 두고 한 말일 것이다.

---

220 여우가……돌리는 것: 『예기』「단궁(檀弓)」, "옛사람이 말했다. '여우가 죽을 때 머리를 고향 쪽으로 돌리는 것은 인(仁)이다.'[古之人有言曰: '狐死正丘首, 仁也.']"라고 한 데서 인용한 것이다.

221 자신을 낳아주신……잊지 않는 것: 『예기』「단궁」, "음악이란 자기의 근본을 기쁘게 여기는 것이요, 예란 그 근본을 잊지 않는 것이다.[樂樂其所自生 禮不忘其本]"라는 표현을 변용한 것이다. 맥락상 이 글의 '소자생(所自生)'은 낳아주신 부모라는 뜻이다.

222 살아 계실 때……할 수 있다: 『맹자』「이루 하」 제13장에서 인용한 것이다.

223 입신출세하여……효도의 끝이다: 『효경』「개종명의장」에서 인용한 것이다.

夫狐死正丘首, 尙不忘其本. 人之客死遠鄕者, 孰不欲歸骨於鄕里? 然兵興道阻, 孤子沖幼, 而父骨有弗能歸藏[224]者, 可勝數耶? 廉范父遭喪亂, 客死蜀漢, 范年十五. 卽辭母西迎父喪, 雖經歷危險, 跋涉[225]苦艱, 而終能使父骸, 克返故土, 沒有所藏. 樂其所自生, 而不忘其本者, 范之孝也. 范爲蜀郡太守, 善政及民, 其民歌之, 非移孝爲忠之謂乎! 孟子曰: “養生者不足以當大事, 惟送死可以當大事.” 孔子曰: “立身行道, 揚名於後世, 以顯父母, 孝之終也.” 廉范有焉. 詩曰:

【찬시】

촉한 가는 일 멀고도 아득하니	蜀漢迢迢道路修[226]
서주에서 돌아가신 아버지 어이 그리 애달픈고	獨憐父死在西州
효자가 아니었다면 유골을 수습하여	若非孝子收遺骨
어찌 고향으로 모셔와 묻어드릴 수 있었겠나	安得歸來瘞故丘

또

아비의 관 받들고 배에 올라 위험도 무릅쓰니	父櫬乘舟冒險艱
하늘이 고아를 살려 보내셨네	天敎孤子得生還
촉군 백성들이 선정을 구가하니	郡民當日歌襦袴

224 歸藏: ‘귀장(歸葬)’과 같은 뜻이다.
225 跋涉: 산을 넘고 물을 건넌다는 뜻으로, 고난을 겪음을 형용한 것이다.
226 修: 길고 멀다는 뜻이다.

21. 강시에게 잉어가 튀어 오르다[227] 姜詩出鯉(22b)

【본문】

강시(姜詩)[228]는 자가 사유(士遊)이며, 광한(廣漢)[229] 사람이다. 어머니를 지극한 효성으로 섬겼으며, 아내 방 씨(龐氏)도 시어머니를 매우 독실히 받들었다. 어머니는 강물을 마시는 것을 좋아하였는데, 강물이 집에서 6~7리 떨어져 있었지만 아내는 늘 그 길을 거슬러 올라가 물을 길어오곤 하였다. 어느 날 심한 비바람을 만나 제때 돌아오지 못하여 어머니가 물을 마시지 못하자, 강시가 질책하며 아내를 쫓아냈다. 그러자 아내는 이웃집에 머물면서 밤낮으로 길쌈하고 그것을 맛있는 음식과 바꾸어 이웃의 어머니에게 부탁해 그 여인이 직접 드리는 것처럼 하며 시어머니에게 드렸다. 이런 일이 계속되자 시어머니가 수상하게 여겨 이웃 여인에게 물으니, 그녀가 사실대로 말했다. 시어머니는 몹시 부끄러우면서도 감동하여 방 씨

227 강시에게 잉어가 튀어 오르다: 『한』에 같은 제목으로 수록되어 있다. 『언』에는 수록되지 않았다. 『효』에는 「강시가 샘에서 잉어를 잡다[姜詩泉鯉]」라는 제목으로 비슷한 내용이 수록되어 있다. 이 편은 『후한서』 권140 열녀전(列女傳) 「강시처(姜詩妻)」에서 인용한 것이다. 유사한 내용이 『통지』, 『몽구(蒙求)』, 『가범』, 『책부원구』, 『태평어람』 등에도 수록되어 있다.

228 강시: 후한의 정치인으로, 아내 방 씨와 함께 어머니를 효성으로 섬겼다. 중국의 24효자 중 한 명이다.

229 광한: 익주(益州)의 군명이다. 오늘날 사천성(四川省)에 속한다.

를 불러 돌아오게 하니, 더욱 정성스럽게 시어머니를 봉양하였다. 어느 날 강시의 아들이 멀리 물길으러 갔다가 빠져 죽었는데, 아내는 시어머니가 애통해할까 염려하여 감히 말씀드리지 못하고 타지로 공부하러 가서 집에 없다는 말로 핑계 댔다. 시어머니는 생선회를 좋아하였지만 혼자서는 먹지 않았다. 부부가 늘 열심히 생선을 잡아 회를 떠 드리면서 이웃의 어머니를 불러 함께 먹게 하였다. 그러자 집 옆에서 갑자기 샘이 솟았는데, 그 맛이 강물 같았고 아침마다 잉어가 두 마리씩 튀어 올랐으므로 항상 두 여인에게 반찬을 해 드릴 수 있었다. 강시가 사는 마을을 지나던 도적들도 무기를 내리고 지나가면서 "위대한 효자를 놀라게 하지 말자!"라고 할 정도였다. 당시 흉년이 들자 도적들이 쌀과 고기를 주니, 강시가 그것을 받기는 하였으나 땅에 묻어버렸다. 후한 명제 영평(永平)[230] 3년, 효렴으로 천거할 인재를 살피라는 조서가 다음과 같이 내려졌다. "위대한 효자가 조정에 들어온다면 천거된 다른 자들도 한 번 귀 기울여 듣고 그와 같아질 것이다." 이를 계기로 낭중에 임명되었다. 강시는 이윽고 강양현령에 제수되었다가 관청에서 죽었는데, 고을 사람들이 그를 위해 사당을 세워주었다.

姜詩, 字士遊, 廣漢人. 事母至孝, 妻龐氏, 奉順尤篤.[231] 母好飮江水, 水去舍六七里, 妻[232]常泝流而汲. 後値風雨, 不時得還, 母渴, 詩責而[233]遣

230 영평: 후한 제2대 황제 명제 유장(劉莊, 28~75, 재위 57~75)의 연호로, 58년부터 75년까지 쓰였다.

231 字士遊……奉順尤篤: 『한』 없음.

232 妻: 『한』 妻龐氏.

233 而: 『한』 없음.

之. 妻乃寄[234]止隣舍, 晝夜紡績, 市珍羞, 使隣母以意自遺其姑. 如是者[235]久之, 姑怪而問隣母,[236] 隣母具對. 姑慙感呼還, 奉養益謹.[237] 其子後[238]因遠汲溺死, 妻恐姑哀傷, 不敢言, 而託以其行學不在.[239] 姑嗜魚膾, 又不能獨食. 夫婦常力作[240]供膾, 呼隣母共之. 舍側忽有[241]涌泉, 味如江水, 每旦輒[242]出雙鯉, 常以供二母之[243]膳. 赤眉賊經詩里, 弛兵而過曰:[244] "勿驚大孝!" 時歲荒, 賊乃[245]遺米肉, 詩[246]受而埋之. 漢明帝[247]永平三年, 察孝廉, 詔曰: "大孝入朝, 凡諸擧者, 一聽平之." 由是皆拜郎中. 詩尋除江陽令, 卒于官, 所居治鄕人爲立祠.[248]

【논단】

사람이 입신함에 효보다 더 중요한 것은 없다. 효행이 지극하면 천지와 귀신을 감동시키고 도적들도 감화시킬 수 있다. 옛날에 이를 실천한 사람이 있으니 바로 강시 부부로다! 그들이 어머니를 섬긴 일을 살펴보

---

234 乃寄: 『한』 없음.
235 如是者: 『한』 없음.
236 隣母: 『한』 없음.
237 奉養益謹: 『한』 없음.
238 後: 『한』 없음.
239 不敢言, 而託以其行學不在.: 『한』 託以行學.
240 力作: 『한』 없음.
241 有: 『한』 없음.
242 輒: 『한』 없음.
243 二母之: 『한』 없음.
244 赤眉賊經詩里, 弛兵而過曰: 『한』 赤眉賊弛兵過曰.
245 乃: 『한』 없음.
246 詩: 『한』 없음.
247 漢明帝: 『한』 없음.
248 詔曰……所居治鄕人爲立祠: 『한』 拜郎中.

면, 마음을 극진히 다하여 어머니의 뜻에 조금이라도 거스르는 부분이 없었다. 어머니의 마음이 편안하면 자식의 마음이 기쁘므로 그 한결같은 효성에 감동하여 땅에서는 맛 좋은 샘이 솟고 물에서는 잉어 두 마리가 튀어 오르니, 신명이 이 부부를 도운 것이 이와 같았다. 덕은 흉포한 도적도 감화시키고, 명성은 조정에 진동하여 백성들이 그의 행실을 오래도록 우러러 마지않았다. 그러므로 죽어서 사당이 지어진 것이 어찌 우연히 그렇게 된 것이겠는가? 아아! 강시와 같은 평범한 부부의 효행에 대한 감응이 이와 같았던 것은 그 마음이 순수하고 효행이 지극했기 때문이다. 그러니 요즘 세상에서 부모와 시부모를 섬기는 아들과 며느리들이 본보기로 삼지 않아서야 되겠는가?

人之立身, 莫大於孝. 孝行之至, 可以動天地, 感鬼神, 化盜賊. 古之人有行之者, 其姜詩夫婦乎! 觀其事母, 竭盡其情, 鮮有一毫以違母心. 母心慰而子心悅, 故一誠之所感動, 地湧美泉, 水出雙鯉, 神明之所庇佑者若是. 德感兇暴, 名動朝廷, 人仰其行, 久而不已, 故沒而有祠, 豈偶然而致哉? 嗟乎! 以姜詩匹夫匹婦之孝, 其所應如此者, 由其心純而行至也. 世之爲子婦事父母舅姑者, 可不以是爲法乎? 詩曰:

【찬시】

강시 부부의 효성은 신명에게 통하여 姜詩夫婦孝通神
멀리서 강물 길어다 늙은 어머니 봉양하자 遠汲江流養老親
참으로 기이하게도 집 옆에 샘이 솟았고 舍側出泉誠異事

게다가 아침마다 물고기 두 마리 튀어 올랐다오　　每朝況復出雙鱗

또

어머니가 좋아하는 생선회 드리는 일 어렵지 않으니　　作鱠娛親事不難
늘 이웃 어미를 불러 함께 들게 하였네　　每呼隣母與同飡
도적들도 감동하여 흉포한 마음 돌렸으니　　赤眉感動回兇暴
천거되어 훌륭한 관직에 올랐다오　　薦辟還看致美官

22. 황향이 베갯머리에서 부채질하다[249]　　黃香扇枕(24a)

【본문】

황향(黃香)[250]은 자가 문강(文强)이다. 9세에 어머니를 여의었는데, 그리워하다 비쩍 마를 정도로 건강을 해쳐 거의 상을 마치지 못할 뻔 했으니,

---

249 황향이 베갯머리에서 부채질하다: 『한』, 『언』, 『효』에 같은 제목으로 수록되어 있다. 이 편은 『후한서』 권110 문원열전(文苑列傳) 「황향전(黃香傳)」 및 『동한관기』 「황향전」에서 인용한 것이다. 유사한 내용이 『통지』, 『책부원구』, 『태평어람』 등에도 수록되어 있다.

250 황향: 후한의 학자이다. 『후한서』에는 자가 문강(文彊)으로 되어 있다. 강하군(江夏郡) 안륙현(安陸縣) 사람이다. 경전에 해박하고 도술을 정밀하게 연구하였다. 문장에도 능하였으니 '천하에 둘도 없는 강하의 황동[天下無雙江夏黃童]'이라는 별칭을 얻었다. 중국의 24효자 중 한 명이다. 『후한서』 「황향전」 참고.

마을 사람들이 그 효성을 칭찬했다. 홀로 아버지를 봉양[251]하며 몸소 각고의 노력을 기울였다. 여름에는 베갯머리에서 시원하게 부채질해 드리고, 겨울에는 체온으로 이부자리를 따뜻하게 데웠다.[252] 태수 유호(劉護)가 그를 표창하여 특별히 대우하니, 이로부터 세상에 명성이 자자해졌다. 훗날 벼슬이 누차 올라 상서령에 이르렀고, 아들 황경(黃瓊)과 손자들 모두 귀하게 현달하였다.

黃香, 字文强.[253] 年九歲失母, 思慕憔悴, 殆不免喪, 鄕人稱其孝. 獨養其父, 躬執勤苦. 夏則扇枕席; 冬則以身溫被. 太守劉護, 表而異之, 自是名聞於世. 後官累遷, 至尙書令, 至子瓊及孫皆貴顯.

【논단】

효란 하늘의 떳떳한 도이자 땅의 바른 도리이며, 사람이 걸어야 할 길이다.[254] 또한 모든 행실의 근원이자 온갖 복의 기초이다. 『예기』에 "자식 된 자는 겨울이면 부모를 따뜻하게 해드리고 여름이면 시원하게 해드리며, 저녁에는 잠자리를 보살펴 드리고 아침에는 문안 인사를 드려야 한

---

251 홀로 아버지를 봉양: 『후한서』「황향전」에 따르면 집안이 가난하여 시중들 노복이 없어서 아버지의 봉양과 관련한 일을 직접 수행하였다고 한다.

252 여름에는……데웠다: 원문의 '夏則扇枕席, 冬則以身溫被'는 『후한서』 및 『동한잡기』「왕연전(王延傳)」에 수록된 표현이다. 왕연은 진나라의 효자로, 9세에 부모상을 당하였다. 『효순사실』 권2 「40. 왕연에게 물고기가 튀어 오르다[王延躍魚]」 참조.

253 字文强: 『한』, 『언』 없음.

254 효란……길이다: 『효경』「삼재장」에서 인용한 것이다.

다."[255]라고 하였으니 이는 부모를 섬기는 예로 당연한 것이다. 황향은 어린아이임에도 효성으로 봉양하는 도리를 극진히 하였다. 추울 때 따뜻하게 해드리고 더울 때 시원하게 해드리는 정성을 다하였으니, 여기에서 그의 진실한 천성과 타고난 재능이 자연스럽게 발현되었음을 알 수 있다. 평범한 사람들은 나이가 어리면 (부모의) 은혜와 사랑을 믿고 버릇없이 구니, 어찌 능히 이와 같을 수 있겠는가? 황향 같은 자는 참으로 남들과 다르도다! 당시에 그가 표창 받고 특별히 대접받아 이 때문에 그의 이름이 여러 서적에 실려 천고에 인멸되지 않게 되고, 하늘이 그 덕을 살피시어 또한 자손들을 모두 귀하고 현달하게 만든 것은 당연하다. 요즘 세상에서 부모를 모시는 자들은 마땅히 이러한 점을 잘 알아야 할 것이다.

夫孝者, 天之經, 地之義, 民之行. 百行之原, 萬福之本. 傳曰: "凡爲人子者, 冬溫而夏凊, 昏定而晨省." 事親之禮當然也. 黃香, 居幼稚之年, 而能盡孝養之道. 當寒暑之時, 而能致溫凊之誠, 此可見其天性之眞, 良知良能, 自然而發見矣. 常人年幼, 狎恩恃愛, 豈復能此? 若黃香者, 誠異乎人也! 宜其在當時獲於表異, 是以其名載諸方冊, 千古不泯, 天鑑厥德, 而又使其子孫, 皆蒙貴顯. 世之事親者, 當觀乎此也. 詩曰:

255 자식 된……드려야 한다: 『예기』「곡례」에서 인용한 것이다.

【찬시】

황향은 어릴 때부터 효도하였으니	黃香行孝自髫年
이부자리에서 부채질하고 따뜻하게 해드린 일 세상에 전하네	扇枕溫衾世共傳
아버지가 추위와 더위 겪지 않길 바란 것이니	寒署不令親體受
한결같은 효심은 타고난 본성에서 비롯한 것이라오	誠心一念出天然

또

강하의 황동은 의지가 비상하여	江夏黃童志異常
당시 이미 세상에 둘도 없다 일컬어졌지	當時已道世無雙
누차 승진하여 상서령에 이르렀으니	累官直至尙書令
효에 대한 감응이 후손도 번창케 하였다지	孝感能令後嗣昌

孝順事實卷二

23. 주반이 봉양을 위해 벼슬하다[256] 周磐祿養(1a)

【본문】

주반(周磐)[257]은 자가 견백(堅伯)이며, 여남군 안성(安城)[258] 사람이다. 어머니를 지극한 효성으로 섬겼는데 집이 가난하여 항상 어머니를 검소하게 봉양할 뿐 여유롭게 모시지 못함을 한스러워 하였다. 후한 화제[259] 말엽에 효렴으로 천거되어 벼슬길에 나아가 알자[260]에 임명되었다가 임성현령에 제수되었고, 이후 양하현령, 중합현령으로 옮기는 등 세 성의 현령을

256 주반이 봉양을 위해 벼슬하다: 『한』, 『언』, 『효』에 수록되지 않았다. 이 편은 『후한서』 권69 「주반전(周磐傳)」에서 인용한 것이다. 유사한 내용이 『통지』, 『책부원구』, 『태평어람』 등에도 수록되어 있다.

257 주반: 후한 화제(和帝) 때의 효자이다. 정국이 혼란스러워 벼슬을 하려 하지 않았으나 어머니가 굶주림에 시달리고 있음을 괴로워하며, 『시경』 「여분(汝墳)」의 끝장[나라 구제와 부모 봉양 사이의 갈등을 담은 내용]을 외우고는 벼슬길에 나아갔다. 지방관을 수차례 역임하며 선정을 펼쳤다.

258 안성: 중국 안휘성(安徽省) 일대의 지명이다.

259 화제: 후한 제4대 황제 유조(劉肇, 79~106, 재위 88~106)이다. 아버지 장제의 뒤를 이어 9세의 나이로 즉위하였기에 모후 두태후(竇太后)가 수렴청정하였다. 이 때문에 두 씨 일족이 권력을 장악하는 일이 일어났다. 성년이 된 뒤, 환관 정중(鄭衆) 등과 함께 두 씨 일족을 토벌하였으나 이후 환관의 횡포가 자행됐다.

260 알자: 궁중에서 빈객을 안내하거나 제전을 집전하는 관직이다. 군주의 명을 받아 사자(使者)로 파견되기도 했다.

역임하며 계속하여 녹봉을 보내 어머니를 봉양하였고 훗날 어머니를 뵙기 위해 고향으로 돌아갔다. 어머니가 돌아가신 뒤에는 너무 애달파하다 거의 죽을 뻔하였다. 장례를 다 치른 뒤 무덤 옆에 여막을 치고 살면서 제자들을 가르치다 일생을 마쳤다.

周磐, 字堅伯, 汝南安城人. 事母至孝, 居貧, 常以養母儉薄, 不充爲歉. 漢和帝末, 乃就孝廉擧, 拜謁者, 除任城長, 遷陽夏重合令, 歷任三城, 頻致祿養, 後省母, 還鄕里. 及母歿, 哀慟幾於滅性. 服終, 廬墓側, 教授門徒, 以終其身.

【논단】

아아! 선비가 어찌 가난 때문에 벼슬자리를 구하리오?[261] 그러나 집은 가난하고 부모가 연로하시면 관직을 가리지 않고 벼슬해야 하니,[262] 녹봉을 받아 부모를 봉양하는 것이 어찌 효자의 바람이 아니겠는가? 주반이 효렴의 천거에 나아간 것도 바로 이 때문이다. 주반은 집이 가난하여 어

---

261 선비가……구하리오: 원문의 '간록(干祿)'은 벼슬자리나 녹봉 등을 바란다는 뜻이다. 『맹자』「만장 하」 제5장에 "관직에 나아가는 것은 가난 때문이 아니지만, 때로는 가난 때문에 관직에 나아가기도 한다.[仕非爲貧也, 而有時乎爲貧.]"라는 구절을 변용하여 주반이 벼슬한 것은 가난하여 어머니를 제대로 봉양하지 못했기 때문임을 설명하였다.

262 집은 가난하고……벼슬해야 하니: 『공자가어』 권2 「치사」, "자로가 공자를 뵙고 이렇게 말했다. '무거운 짐을 지고 먼 길을 가자면 땅을 고르지 않고 쉬는 것이요, 집이 가난한데 부모가 노쇠하시면 관직을 가리지 않고 벼슬하는 법입니다.'[子路見於孔子曰: '負重涉遠, 不擇地而休; 家貧親老, 不擇祿而仕.']"; 『한시외전(韓詩外傳)』, "증자는 무거운 짐을 지고 먼 길을 가는 자는 땅을 고르지 않고 쉬고, 집이 가난하고 부모님이 늙은 자는 자리를 가리지 않고 벼슬을 한다고 하였다.[(曾子)任重道遠者, 不擇地而息; 家貧親老者, 不擇官而仕.]"라고 한 데서 인용한 것이다.

머니를 봉양할 때 검박하기만 할 뿐 여유롭게 모시지 못하였으니, 비록 벼슬하고 싶지 않아도 그럴 수 없는 상황이었다. 그러므로 효렴의 부름에 나아가 박봉으로나마 어머니를 봉양하려 한 것이다. 그가 세 성을 연달아 다스리는 동안 널리 은혜로운 선정을 펼쳐 부모를 드날릴 수 있었으니, 어머니의 마음에 어찌 이 상황이 달갑지 않았겠는가? 그런데도 주반은 어머니를 떠난 지 오래되어 곁에서 잘 모시지 못함은 역시 자식 된 도리를 다하는 것이 아니라고 생각하였다. 그러므로 다시 고향으로 돌아와 몸소 어머니가 드실 음식을 살피고, 어머니가 돌아가신 뒤에는 애통해하다 거의 죽을 뻔하였다. 그리고 무덤 옆에 여막을 치고 제자들을 가르치다 일생을 마쳤으니, 이것이 바로 가난 때문에 벼슬한 경우가 아니겠는가? 만일 부모가 돌아가신 뒤라면, 비록 자로처럼 뒤따르는 수레가 백승이나 되고 증삼처럼 삼천 종의 후한 녹봉을 받더라도 그것이 부모에게 미치지 못할 것이니,[263] 그런 상황을 생각하면 절로 슬프지 않을 수 있겠는가?

嗟乎! 士豈爲貧而干祿哉? 然家貧親老, 不擇官而仕, 得祿以養其親者, 豈非孝子之志願歟? 若周磐之就孝廉擧是已. 磐居貧養母, 儉薄不充, 雖欲不仕, 不可得也. 故就孝廉徵, 圖三釜之祿以養母. 旣歷治三城, 博施惠政, 克顯其親, 母之志, 其有不樂耶? 而磐則以爲去親久而省侍曠, 亦非共爲子職之道. 故復還鄕, 躬視飮膳, 母歿哀慟, 幾於滅性. 廬墓授徒, 以終其身者, 此非爲貧而仕者耶? 使其親沒之後, 雖有子路之從車百乘, 曾參

---

263 자로처럼……못할 것이니: 『효순사실』 권1 「9. 자로가 쌀을 짊어지다[子路負米]」 및 「7. 증삼이 아버지의 뜻을 받들다[曾參養志]」 참조. '부모에게 미치지 못한다'는 것은 부모가 이미 돌아가시어 부모를 봉양하는 데 녹봉을 쓰지 못함을 가리킨다.

之粟三千鍾, 而親不逮, 能不感慕而自悲乎? 詩曰:

【찬시】

가난한 집의 아들로서 어머니 잘 모시기 어려워	人子家貧養母難
결국 녹봉으로 어머니 기쁘게 해드리려 하였네	却圖天祿爲親歡
재주 높아 연달아 세 성의 현령이 되니	才高頻歷三城宰
위대한 효자라 이름 날리고 관직까지 현달했다네	大孝揚名在顯官

또

슬하에서 얼굴 뵌 지 너무 오래라	膝下承顔志久違
비단옷 훌훌 떨치고 고향으로 돌아왔건만	翩然衣錦故園歸
원추리가 초라하게 시들고 말았으니	不應零落凋萱草[264]
효자는 상심하여 눈물만 옷을 적시네	孝子傷心淚滿衣

264 不應零落凋萱草: '원추리'는 어머니를 비유하는 것으로, 이 구절은 어머니가 늙어가실 때 주반이 멀리서 벼슬하느라 제대로 봉양하지 못하였다는 의미이다.

24. 설포가 집을 쓸고 닦다[265] 薛包灑掃(2a)

【본문】

설포(薛包)[266]는 여남 사람으로, 어릴 적부터 성품이 훌륭했다. 아버지가 후처를 맞은 뒤 설포를 미워하여 따로 내쫓았으나, 설포는 밤낮으로 울부짖으며 떠나지 않았다. 급기야 매를 맞자 마지못해 집밖에 초막을 얽고 살면서 아침이면 집으로 들어와 쓸고 닦았다. 아버지가 화를 내며 또 쫓아내니 결국 동네 어귀에 초막을 얽고 살면서 저녁이면 잠자리를 살피고 아침이면 문안 인사를 드리는 일을 그만두지 않았다. 1년 남짓 이렇게 하자 부모가 뉘우치며 돌아오게 했다. 부모가 돌아가신 뒤 아우가 재산을 나누어 따로 살 것을 요구했는데, 설포는 이를 만류할 수 없어 결국 재산을 반반씩 나누었다. 이때 노비 중에서는 늙고 약한 자를 고르면서 "저들은 나와 함께 일한 지 오래니, 네가 제대로 부리지 못할 것이다."라고 하였고, 밭과 건물 중에서는 황폐하고 허물어진 것을 고르면서 "내가 소싯적에 가꾸던 곳이라 미련이 남는다."라고 하였다. 물건 중에는 낡고 망가진 것을 고르면서 "내가 평소 입고 먹던 것이니, 내 몸과 입에 편

265 설포가 집을 쓸고 닦다: 『한』, 『언』에 같은 제목으로 수록되어 있다. 『효』에는 「설포가 두들겨 맞다[薛包被毆]」라는 제목으로 비슷한 내용이 수록되어 있다. 이 편은 『자치통감강목(資治通鑑綱目)』 권10하 「설포를 시중으로 삼았으나, 나오지 않았다[以薛包爲侍中, 不拜]」의 목(目)에서 인용한 것이다. 유사한 내용이 『후한서』 권69의 서문 및 『소학』 선행 「실명륜」 제10장, 『통지』, 『가범』, 『책부원구』, 『태평어람』 등에도 수록되어 있다.

266 설포: 자 맹상(孟嘗). 후한 안제(安帝) 때의 이름난 효자이다. 안제가 시중(侍中) 벼슬을 제수하였으나 받지 않았다.

안한 것이다."라고 하였다. 아우가 여러 차례 가산을 탕진하였는데 그때마다 다시 구제해주고는 하였다. 후한 안제(安帝)[267]가 그의 명성을 듣고는 수레를 보내 특별히 초빙[268]하여 시중에 제수하자 설포가 죽기로써 사양하니 조서를 내려 고향으로 돌아가는 것을 허락하고 예우[269]하였다.

薛包, 汝南人, 少有至性.[270] 父娶後妻而[271]憎包, 分出之, 包日夜號泣, 不能去.[272] 至被毆扑,[273] 不得已廬于外, 旦入灑掃. 父怒又逐之, 乃廬于里門, 晨昏不廢. 積[274]歲餘, 父母慚而還之. 及[275]父母亡, 弟子[276]求分財異居, 包不能止, 乃中分其財.[277] 奴婢引老弱者[278]曰: "彼[279]與我共事久, 若不能使也." 田廬取荒頓者曰: "吾[280]少時所治, 意所戀也." 器物取朽敗者曰: "吾[281]素所服食, 身口所安也." 弟子[282]數破其産, 輒復賑給. 漢安帝聞其名, 令公車特徵, 至拜侍中, 包以死自乞, 有詔賜告歸, 加禮焉.[283]

---

267 안제: 후한 제6대 황제 유호(劉祜, 94~125, 재위 106~125)이다. 13세에 황제로 즉위하여 등태후(鄧太后)의 수렴청정을 받았다. 등태후가 죽은 뒤 친정을 시작하였으나 외척과 환관들의 전횡이 심각했다. 흉노의 침공을 받는 등 내우외환에 시달렸다.

268 수레를……초빙: 원문의 '공거(公車)'는 관아의 공용 거마를 보내어 초빙하는 것이다. 전하여, 천거한 사람이 응시하는 것을 가리키게 되었다.

269 예우: 『자치통감』에 따르면 장제 때의 효자인 모의(毛義)의 예에 준하여 쌀 천 섬을 하사하고 8월이면 항상 수령이 안부를 묻게 하였으며 양과 술을 하사[帝下詔褒寵義均, 賜米各千斛, 常以八月, 長吏問起居, 加賜羊酒]하였다.

270 少有至性: 『한』, 『언』 없음.

271 而: 『한』, 『언』 없음.

272 不能去: 『한』, 『언』 不去.

273 毆扑: 『후한서, 『소학』 등에는 '구장(毆杖)'으로 되어 있다.

274 積: 『한』, 『언』 없음.

275 及: 『한』, 『언』 없음.

276 弟子: 『한』, 『언』 弟.

277 乃中分其財: 『한』, 『언』 없음.

278 老弱者: 『한』, 『언』 老者.

279 彼: 『한』, 『언』 없음.

280 吾: 『한』, 『언』 없음.

281 吾: 『한』, 『언』 없음.

282 弟子: 『한』, 『언』 弟.

283 漢安帝聞其名……加禮焉: 『한』, 『언』 安帝徵拜侍中.

【논단】

자식이 부모를 섬길 때는 마땅히 효도하고 공경하는 마음을 극진히 해야 하니, 설령 부모가 자기에게 자애롭지 않더라도 어찌 불효할 수 있겠는가? 설포 같은 사람은 진정 훌륭한 효자라 할 수 있다. 부모가 자애롭게 대하지 않는 상황임에도 설포는 그럴수록 더욱 진실한 효성을 바쳐 끝내 부모를 감동시켰으니, 마치 순임금이 부모를 섬기는 도리를 극진히 하여 고수를 기뻐하게 만든 것 같은 경지에 이르렀다. 그뿐 아니라 그가 아우를 대하는 모습을 살펴보아도 모두 은혜와 의리가 있었으니, 아아! 설포의 효성과 의리는 참으로 모범이 된다고 할 수 있다. 당시 군주가 그의 명성을 듣고 초빙하여 관직을 제수하였으나 설포는 또한 사양하고 관직에 나아가지 않았으니, 그 올바른 행실과 벼슬길에서의 선택은 참으로 남들보다 뛰어나도다! 요즘 세상에 같은 집에 살면서도 사납게 모진 짓을 하는 저 개돼지만도 못한 불효자와 불의한 자들이 설포의 풍모를 들으면 마음에 부끄러움[284]이 없을 수 있겠는가?

人子之事父母, 惟當盡其孝敬之心, 雖父母有不慈於己, 而己豈可以不孝乎? 若薛包者, 眞可謂能孝矣. 其遇父母待之不慈, 而包愈致其誠孝, 卒能感動其親, 其得舜盡事親之道, 而瞽瞍底豫之意. 不寧惟是, 觀其待子姪, 又皆有恩義, 於乎! 包之孝義, 眞可謂法. 當時人君聞其名, 徵拜以官, 包又辭不拜, 其行義出處, 信有高於人者! 世之不孝不義, 處一家之間, 悖逆狠戾, 曾不如犬彘者, 聞包之風, 能不赧然於中耶? 詩曰:

---

284 부끄러움: 원문의 '난연(赧然)'은 부끄러워 얼굴을 붉히는 모양이다.

【찬시】

어버이 마음 얻지 못해 눈물 콧물 흘려도	不得親心涕泗濡
아침저녁 안부 여쭙고 청소하며 떠나지 않으니	晨昏灑掃守門閭
그의 정성에 감동한 부모가 기뻐하여	積誠感得親顏悅
마침내 부자가 예전처럼 화목해졌다오	父子和諧遂厥初

또

재산을 나눔에 좋은 전답과 집은 모두 양보하니	中分財産讓田廬
효와 의를 겸한 인재는 세상에 드물다네	孝義能全世罕如
이로부터 아름다운 명성 대궐까지 알려져	自是佳名聞闕下
수레를 보내며 시중 벼슬을 제수하셨다지	侍中有命召公車

25. 동영이 돈을 꾸다[285] 董永貸錢(3a)

【본문】

동영(董永)[286]은 천승(千乘)[287] 사람으로, 어려서 어머니를 여의고 홀로 아버지를 봉양하였다. 아버지가 돌아가셨는데 장사 지낼 돈이 없자, 결국 다른 사람으로부터 일만 냥을 꾸어야 했다. 동영이 돈을 빌려준 주인에게 "훗날 만일 당신께 갚을 돈이 없다면, 마땅히 제가 직접 머슴이 되겠습니다."라고 하니, 주인이 그를 매우 안타까워하였다. 동영이 돈을 받아 아버지의 장례를 마친 뒤, 머슴이 되러 가는 길에 갑자기 자신의 아내가 되고 싶다고 말하는 여인을 만났다. 동영이 "지금 이토록 가난하여 머슴까지 된 신세이니 어찌 감히 부인을 굴욕스럽게 하여 내 처로 삼겠소?"라고 하자, 여인은 "제가 바라는 것은 당신의 아내가 되는 것일 뿐, 가난하고 천한 것은 제게 부끄러운 것이 아닙니다."라고 말했다. 동영이 결국 여인을 데리고 가니, 돈을 빌려준 주인이 "본래 한 사람만 말했는데 지금 어째서 두 사람인가?"라고 물었다. 동영은 "한 사람만 말했지만 두 사람을 얻었으니, 문제 될 것 있겠습니까?"라고 대답했다. 주인이 동영의 아내에게 "무엇을 잘하느냐?"라고 물으니, 그녀가 "베를 잘 짭니다."라고 대

285 동영이 돈을 꾸다: 『한』, 『언』에 같은 제목으로 수록되어 있다. 『효』에는 「동영이 몸을 저당 잡히다[董永賃身]」라는 제목으로 비슷한 내용이 수록되어 있다. 이 편은 『태평어람』 권411 「효감(孝感)」에서 인용한 것이다. 유사한 내용이 『몽구』, 『수신기(搜神記)』 등에도 수록되어 있다.

286 동영: 후한 사람으로, 중국의 24효자 중 한 명이다.

287 천승: 중국 산동성에 속한 지명이다.

답했다. 그러자 주인은 "나에게 비단 삼백 필을 짜준다면, 즉시 너희들을 놓아주겠다."라고 했다. 이에 실을 꼬기 시작한 지 한 달 만에 비단 삼백 필이 완성되니 주인이 깜짝 놀라며 마침내 두 부부를 놓아주며 떠나가게 했다. 전에 서로 만났던 곳에 이르자, 여인이 동영에게 이렇게 말했다. "나는 하늘의 직녀입니다. 그대의 지극한 효성에 감동하여 하늘에서 나를 보내 그대를 위해 빚을 갚게 하신 것입니다. 그대의 일이 끝났으니 더 오래 머물 수는 없습니다." 말을 마치자 구름과 안개가 사방에 드리우더니 하늘로 솟아올라 가버렸다.

董永, 千乘人, 少失母, 獨養父.[288] 父亡無以葬, 乃從人貸錢一萬. 永謂錢主曰:[289] "後若無錢還君,[290] 當以身作奴." 主甚憫之. 永得錢葬父畢,[291] 將往爲奴, 於路忽逢一婦人求爲永妻.[292] 永曰: "今貧若是, 身復爲奴, 何敢屈夫人爲妻?" 婦人曰: "願爲君婦, 不恥貧賤." 永遂將婦人至, 錢主曰: "本言一人, 今乃有二?" 永曰: "言一得二, 理何乖乎?"[293] 主[294]問永妻曰: "何能?" 妻曰: "能織耳."[295] 主曰: "爲我織絹三百匹, 卽放爾."[296] 於是索絲,[297] 一月之內, 三百匹絹足,[298] 主驚, 遂放夫婦[299]二人而去. 行至舊相逢處, 乃[300]謂永曰:

---

288 少失母, 獨養父: 『한』, 『언』 없음.
289 永謂錢主曰: 『한』, 『언』 曰.
290 君: 『한』, 『언』 없음.
291 主甚憫之, 永得錢葬父畢: 『한』, 『언』 葬畢.
292 永妻: 『한』, 『언』 妻.
293 錢主曰……理何乖乎: 『한』, 『언』 없음.
294 主: 『한』, 『언』 錢主.
295 耳: 『한』, 『언』 없음.
296 爲我織絹三百匹, 卽放爾: 『한』, 『언』 織絹三百匹, 卽放.
297 索絲: 『한』, 『언』 없음.
298 足: 완비되다.
299 夫婦: 『한』, 『언』 없음.
300 乃: 『한』, 『언』 없음.

"我天之織女. 感君之[301]至孝, 天使我爲君償債. 君事了, 不得久停."[302] 語訖, 雲霧四垂,[303] 騰空而去.

【논단】

자식은 부모가 살아 계실 때 잘 섬기고 돌아가셨을 때 장례를 치름[304]에 있어 힘써 할 수 있는 일이라면 당연히 무엇이든 최선을 다해야 한다. 동영이 아버지를 여의었을 때 집이 가난하여 장례를 치를 방법이 없자, 자기 몸을 담보로 돈을 빌려 큰일을 마침으로써 아버지가 지하에 편히 묻힐 수 있게 하였다. 이에 끝없는 부모의 은덕[305]에 만분의 일이나마 보답할 수 있었으니, 이것이 바로 무엇이든 최선을 다한다는 경우이다. 아버지의 장례를 치른 뒤에는 돈을 빌려준 사람에 대한 신의를 잃지 않기 위해 날품을 팔러 찾아갔다. 그의 한결같은 효성에 진실로 천지가 감동하여 마침내 그를 도울 직녀를 보내주었다. 세상 사람들은 "하늘의 도리는 멀고, 사람의 도리는 가깝다."[306]라고 말한다. 사람이 몸가짐을 제대로

301 之: 『한』, 『언』 없음.
302 君事了, 不得久停: 『한』, 『언』 없음.
303 雲霧四垂: 『한』, 『언』 없음.
304 살아 계실 때……장례를 치름: 원문의 '生事死葬'은 『논어』 「위정(爲政)」 제5장, "맹의자가 효에 대해 묻자 공자께서 '어김이 없는 것이니 …… 부모가 살아 계실 때는 예로 섬기고, 돌아가셨을 때는 예로 장례 치르며 예로 제사지내는 것이다.'라고 하셨다.[孟懿子問孝, 子曰: '無違, ……生事之以禮, 死葬之以禮, 祭之以禮.']"라고 한 데서 인용한 것이다.
305 부모의 은덕: 원문의 '구로(劬勞)'는 부모가 힘들게 자녀를 양육하는 노고와 은혜를 뜻한다. 『시경』 소아 「육아(蓼莪)」, "애달프다 우리 부모님, 나를 낳고 기르시느라 얼마나 고생하셨던가.[哀哀父母, 生我劬勞.]"에서 유래한 표현이다.
306 하늘의 도리……가깝다: 원문의 '天道遠, 人道邇'는 『좌전』 「소공 18년(昭公十八年)」조에서 인용한 것이다.

하면 비록 먼 곳에 있는 하늘이라 할지라도 반드시 감응하는 법이다. 그러나 만일 효행에 정성스럽지 못한 부분이 있다면 사람조차 감동시킬 수 없을 것인데, 하물며 귀신을 감동시킬 수 있겠는가? 이것이 동영의 효를 다른 사람들이 차마 따라잡을 수 없는 까닭이다. 부모를 섬기는 도리를 극진히 하지 못하는 요즘 세상의 불효한 무리가 동영의 풍모에 대해 듣는다면 어찌 부끄러운 마음[307]이 들지 않겠는가?

夫人子之於親, 生事死葬, 力可爲者, 宜無所不至. 董永喪父, 家貧無以爲葬, 乃以身質錢, 以襄[308]大事, 使其父得安厝於地下, 庶有以答罔極劬勞之萬一, 此所謂無所不至也. 旣葬其親, 不失信於人, 乃往就傭. 其一念之誠, 固有以感動天地, 遂致神人之助. 世謂: "天道遠, 人道邇." 夫人事修於身, 則雖遠者必應. 苟其孝有不誠, 雖於人且不能動, 而況於鬼神乎? 此董永之孝, 所以爲不可及也. 世有不孝之徒, 不能盡事親之道者, 聞永之風, 寧不愓然內疚乎? 詩曰:

【찬시】

일만 냥을 꾸어 아버지 장례 치르고	得錢一萬葬其親
몸소 날품 팔아 주인 빚 갚으려 하였네	身擬爲傭報主人
어찌 알았으랴! 끝내 효심에 감응 일어나	豈料孝心終感格

307 부끄러운 마음: 원문의 '척연(愓然)'은 마음이 두렵고 근심스럽거나 무엇인가 깨달은 모양이다. '내구(內疚)'는 마음이 부끄럽고 편안하지 못한 모양이다.

308 襄: 성사시키다, 완료하다.

하늘이 직녀에게 가난한 신세 돕게 하실 줄을 天教織女助身貧

또

효심이 끝내 하늘도 감동시켜 孝念終能感上天
직녀 보내어 돈 갚는 일을 도와주셨다지 爲教織女助還錢
한 달 만에 비단 삼백 필 모두 짜내고 一月足縑三百匹
홀연히 작별하여 구름 위로 돌아갔다네 飄然分手上雲煙

26. 정란이 부모님 목상을 조각하다[309] 丁蘭刻木(4b)

【본문】

정란(丁蘭)[310]은 하내(河內)[311] 사람이다. 어려서 부모를 여의어 제대로 봉양한 적이 없었기에, 나무로 부모의 모습을 조각해 놓고 살아 계시는 것처럼 섬기면서 아침저녁으로 문안 인사를 드렸다. 어느 날, 이웃 사람 장

309 정란이 부모님 목상을 조각하다: 『한』, 『언』에 같은 제목으로 수록되어 있다. 『효』에는 「정란이 어머니를 조각하다[丁蘭刻母]」라는 제목으로 비슷한 내용이 수록되어 있다. 『한』과 『언』 말미에 "『이십사효도』에 따르면 정란이 나무에 어머니 형상을 조각했다고 한다.[二十四孝圖云蘭刻木爲母形]."라는 주석이 달려 있다. 이 편은 『태평어람』 권414 인사부(人事部) 제55 「효 하(孝下)」에서 인용한 것으로 보인다. 유사한 내용이 『가범』, 『몽구』 등에도 수록되어 있다.

310 정란: 후한 사람으로, 중국의 24효자 중 한 명이다.

311 하내: 중국 하남성 낙양 및 개봉(開封) 일대의 지명이다.

숙(張叔)의 아내가 정란의 아내를 찾아와서 목상을 빌려다 구경하겠다고 했다. 정란의 아내가 목상 앞에 무릎을 꿇고 허락을 구했는데, 목상이 기뻐하지 않기에 빌려주지 않았다. 그러자 장숙이 취하여 목상에 대고 욕을 하고는 막대기로 머리를 쳤다. 정란이 집으로 돌아와 목상을 뵈었는데 좋지 않은 기색이기에 아내에게 이유를 묻자 모든 상황을 다 이야기하니 그 길로 성내며 장숙을 때렸다. 나졸이 정란을 체포하자, 목상에 하직 인사하고 떠나려 하였다. 목상이 정란을 보며 눈물을 흘리니 고을 사람들이 그의 지극한 효성이 신명에게 통하였음을 가상하게 여기고 이 일을 조정에 아뢰니, 조서를 내려 그 모습을 그림으로 그리게 하였다.

丁蘭, 河內人也.[312] 少喪考妣, 不及供養, 乃刻木爲親形像, 事之如生, 朝夕定省. 後鄰人張叔妻, 從蘭妻借看. 蘭妻跪授木像, 木像不悅, 不以借之. 張叔醉罵木像, 以杖敲其頭. 蘭還, 見木像色不懌, 問其妻, 具以告之, 卽奮擊張叔. 吏捕蘭, 蘭辭木像去, 木像見蘭, 爲之垂淚, 郡縣嘉其至孝, 通於神明, 奏之, 詔圖其形像.

【논단】

일에는 본래 정성을 다해야만 이룰 수 있는 것이 있으니 요컨대 그런 일은 통상적인 감정만으로 논할 수는 없다. 효성이 지극하면 금석을 꿰뚫고 신명에게도 통하는데 하물며 부모처럼 가까운 사이에는 어떻겠는

312 也: 『한』, 『언』 없음.

가? 감동하여 반드시 응답하는 것이 당연하니, 정란의 일이 바로 이러한 사례이다. 정란은 (부모가 일찍 돌아가시는 바람에) 제대로 부모를 봉양하지 못하였음을 애통해하여 그 모습을 조각하고 마치 살아 계시는 것처럼 섬겼는데, 오래도록 그렇게 하자 마침내 목상의 모습과 안색이 사람과 비슷해졌다. 이것은 효성의 결과이니, 어찌 통상적인 감정만으로 으레 논할 수 있겠는가? 『시경』 상송(商頌)에 "우리를 편안히 여겨 그리움을 이룬다."[313] 라는 구절이 있다. 대개 부모가 기거하시던 모습과 웃고 말씀하시던 모습, 뜻하시던 것과 즐기고 좋아하시던 것을 생각하면서 정성을 극진히 하면 어렴풋이 모습이 보이고 숙연히 움직이는 소리가 들리는 것이다.[314] 그런데 보이고 들리는 것은 본래는 없는 것이요 그리움으로부터 생겨난 것[315]이니, 이것이 바로 '그리움을 이룬다'는 말이다. 정란이 부모를 대하는 것도 그리움을 이룬 경우이다. 또한 이미 돌아가신 분을 섬기는 것도 이와 같은데, 만일 살아 계실 때 섬기는 예를 다하였다면, 그 지극함이 과연

---

313 우리를……이룬다: 『시경』 상송 「나(那)」, "탕임금의 자손이 (제사에) 연주하며 조상님께 이르니, 우리를 편안히 여겨 그리움을 이룬다.[湯孫奏假, 綏我思成.]"라는 구절에서 인용한 것이다. 주희는 집전에서 '綏'는 '편안히 여김'이라고 해석하고, '思成'은 정확한 뜻을 알 수 없다고 하였다. 대신 정현의 주석을 인용하여 그리운 마음으로 재계하면서 조상을 생각하면 제사 때 조상의 모습을 보고 음성을 듣는 듯하니, 그러면 곧 제사의 대상을 이룬 것[신명이 재계하는 자리에 오는 것]이라고 설명하였다.

314 대개 부모가……들리는 것이다: 원문의 '思其居處笑語……僾然而有所見'은 『예기』 「제의」, "부모가 기거하시던 모습을 생각하고, 웃고 말씀하시던 모습을 생각하고, 뜻하시던 바를 생각하고, 좋아하시던 바를 생각하며 즐기시던 바를 생각한다. 이렇게 재계한 지 3일이 되면 재계하는 대상[부모]이 보이는 듯하다. 제사 지내는 날 사당에 들어가면, 어렴풋이 부모의 모습이 그 신위에 반드시 나타나 보이고, 제례를 행하며 문을 나서면 숙연히 부모의 움직임이 반드시 들린다.[思其居處, 思其笑語, 思其志意, 思其所樂, 思其所耆. 齊三日, 乃見其所爲齊者. 祭之日入室, 僾然必有見乎其位, 周還出戶, 肅然必有聞乎其容聲.]"라는 구절에서 인용한 것이다. 제사 지내기에 앞서 재계할 때 자손이 부모를 그리워하는 정성 어린 마음이 간절하면 부모가 그 정성에 감응하여 눈앞에 나타난다는 의미이다. 해당 구절은 앞서 인용한 『시경』 「나」에 수록된 정현의 주석과도 같다.

315 보이고 들리는 것은……생겨난 것: 원문의 '其所見聞者……生於思而已'는 『시경』 「나」의 해당 구절에 대한 소철(蘇轍)의 주석 "蘇氏曰: 其所見聞, 本非有也, 生於思耳."를 인용한 것이다.

어느 정도였겠는가? 그러한즉 요즘 세상에 부모가 계신데도 제대로 섬기지 못하는 자들은 어찌 정란에게 대면 죄인이라고 하지 않겠는가? 아아! 그 효성이 지극하도다!

事固有以精誠而致者, 要不可以常情論也. 蓋孝誠之至, 則可以貫金石, 通神明, 而況於父母之親乎? 宜其感而必應也, 若丁蘭之事是已. 蘭痛父母之不逮養也, 乃刻其像, 事之如生, 久之遂有容色, 接乎人. 此其孝誠之致也, 豈可以常情例論哉? 商詩曰: "綏我思成." 蓋思其居處笑語, 與其志意嗜樂, 精誠之極, 則僾然而有所見, 肅然而有所聞. 夫其所見聞者, 本非有也, 生於思而已矣, 此之謂思成. 丁蘭之於父母, 其所謂思成者也. 且死而事之如此, 使得盡事生之禮焉, 當何如其至也? 然則世之人有親而不能事者, 豈非蘭之罪人哉? 於乎! 其孝至矣! 詩曰:

【찬시】

부모를 나무에 새긴 것은 지극한 효성의 발로이니	刻木爲親出至情
아침저녁으로 살아 계시듯 문안 인사 드렸네	晨昏定省似平生
홀연 그 모습이 사람과 비슷해지니	怳然容色能相接
이런 감응은 한결같은 효성에서 비롯된 것	感應由來在一誠

또

정성스런 효심이 아득한 황천을 관통하여	孝思精徹杳冥間

목상에 슬픈 기색 가득하였네	木像能爲戚戚[316]顔
당대에 그림으로 그려 지극한 효행 표창하니	當代圖形旌至行
그 누가 한나라의 정란을 모르리오	誰人不道[317]漢丁蘭

27. 신도반이 애절하게 감동시키다[318] 申屠哀感(6a)

【본문】

신도반(申屠蟠)[319]은 자가 자룡(子龍)이며, 진류군(陳留郡) 외황(外黃)[320] 사람이다. 9세에 아버지를 여의었는데 너무 슬퍼하다 몸을 훼손시켜서 상을 치르는 것이 예법에 정한 것보다 지나칠 정도였다.[321] 상복을 벗은 뒤에도 10여 년간 술과 고기를 들지 않았으며, 기일이 될 때마다 3일간 음식을 먹지 않았으니 이 때문에 당시 효로써 일컬어졌다.[322] 같은 고을 후 씨(緱

---

316 戚戚: 친하다, 근심하다.

317 不道: 모르다.

318 신도반이 애절하게 감동시키다: 『한』에 같은 제목으로 수록되어 있다. 『언』에는 수록되지 않았다. 『효』에는 「신도반이 밥을 먹지 않다[申徒不食]」라는 제목으로 비슷한 내용이 수록되어 있다. 이 편은 『후한서』 권83 「신도반전(申屠蟠傳)」에서 인용한 것이다. 유사한 내용이 『통지』, 『고사전(高士傳)』, 『책부원구』, 『태평어람』 등에도 수록되어 있다.

319 신도반: 후한의 은자로서, 학문에 힘써 오경에 통달하였다. 당고(黨錮)의 난이 일어나자, 기미를 알고 미리 산으로 들어가 동탁(董卓) 등의 초빙에 응하지 않고 끝내 은거하였다.

320 외황: 중국 하남성 개봉 일대의 지명이다.

321 너무 슬퍼하다……정도였다: 『예기』 「곡례 상」에 "상을 치르는 예법은 너무 슬퍼하다 몸을 훼손시키는 모습을 보여서는 안 된다.[居喪之禮, 毁瘠不形.]"라고 하였다.

322 당시 효로써 일컬어졌다: 『후한서』 「신도반전」에 실린 이한의 주석 "『해내선현전』에 이런 기록이 있다. '신도반이 무덤 옆에 있을 때 달콤한 이슬과 흰 꿩이 오는 상서가 나타났으니 이 때문에 효로써 일컬어졌다.'[海內先賢傳曰: 蟠在冢側, 致甘露白雉, 以孝稱.]"라는 부분을 인용한

氏)의 딸 후옥(緱玉)이 아버지의 복수를 위해 남편의 친척을 살해[323]하였다. 나졸이 후옥을 체포하고 이 일을 외황현령 양배(梁配)에게 아뢰니, 양배가 후옥을 사형시키는 건을 논의하고자 하였다. 신도반은 이때 15세의 제생[324] 신분으로서 다음과 같은 간언을 올렸다. "후옥의 절개와 의리는 부끄러움을 모르고 치욕도 참는 자손들을 감동시키기에 충분합니다. 정치가 밝지 않은 세상이더라도 오히려 마을 입구와 묘소에 정표를 세워줄 일이거늘 하물며 윗사람이 귀가 밝아 잘 들어주는 시대에 안타까워하며 가여워하지 않을 수 있겠습니까?" 양배가 그 말이 훌륭하다고 여겨 바로 사형을 감면하자는 논의를 진행하여 정하니 고을 사람들이 모두 찬미하였다.

申屠蟠, 字子龍, 陳留外黃人也.[325] 九歲喪父, 哀毁過禮. 服除, 不進酒肉者十餘年, 每忌日, 輒三日不食, 以孝稱於時.[326] 同郡緱氏女玉爲父報讎, 殺夫氏之黨. 吏執玉以告[327]外黃令梁配, 配[328]欲論殺玉. 蟠時年十五爲諸生, 進諫曰:[329] "玉之節義, 足以感無恥之孫, 激忍辱之子. 不遭明時, 尙當表旌閭墓, 況在淸聽, 而不加哀矜乎?"[330] 配善其言, 乃爲讞[331]得減死論,[332]

것이다.

323 남편의 친척을 살해: 『태평어람』 권441 인사부 제82 「정녀 하(貞女下)」 수록된 기사에 따르면, 후옥의 아버지를 살해한 자는 남편의 이종사촌[從母兄]이다.

324 제생: 경전 시험을 거쳐 선발되어 주현의 학교에 소속되어 공부하는 생원(生員)이다.

325 陳留外黃人也: 『한』 陳留人.

326 以孝稱於時: 『한』 없음.

327 殺夫氏之黨, 吏執玉以告: 『한』 없음.

328 配: 『한』 없음.

329 蟠時年十五爲諸生, 進諫曰: 『한』 蟠年十五諫曰.

330 不遭明時……而不加哀矜乎: 『한』 可不加哀矜乎.

331 讞: 죄를 심의하여 정하다.

332 配善其言, 乃爲讞得減死論: 『한』 乃得減死論.

鄉人稱美[333]之.

【논단】

상을 치르는 예는 본래 자식으로서 최선을 다해야 하는 것이다. 그런데 어린아이 때 그것을 제대로 하기란 어렵다고 할 수 있지 않겠는가? 신도반은 겨우 9세의 나이에 아버지를 여의었는데, 너무 슬퍼하다 몸을 훼손시켜서 상을 치르는 것이 예법에 정한 것보다 지나칠 정도였다. 상복을 벗은 뒤에도 10여 년간 술과 고기를 들지 않았고 기일이 되면 반드시 며칠간 음식을 먹지 않았다. 이것은 그의 돈독한 효성이 타고난 본성에 뿌리를 두었기 때문일 것이니, 이른바 타고난 재능이란 배우기를 기다린 뒤에야 할 수 있는 것이 아니[334]라는 경우이다. 그가 성동(成童: 15세)의 나이에 후 씨의 딸이 행한 복수에 대해 논한 글을 살펴보면, 표현이 강직하고 이치가 분명하여 다른 사람을 감동시키기에 충분했다. 여인이 그 덕분에 사형을 면할 수 있었으니, 이 어찌 효성의 소치가 아니겠는가! 아! 신도반은 일개 소년이었을 뿐인데도 이처럼 우뚝하게 홀로 서 있으니 (그 이름이) 백 대 뒤에 전해지는 것이 역시 당연하지 않은가!

夫居喪之禮, 固人子之所自盡也. 有能行於童稚之時, 豈不謂之難乎?

---

333 美: 『한』 없음.

334 타고난 재능이란……아니: 왕수인(王守仁), 『왕문성전서(王文成全書)』 권8 「서주수건권(書朱守乾卷)」에 "타고난 재능이란 모든 사람들이 지니고 있는 시비지심과 같은 것을 가리키는 것으로, 배우지 않아도 있고 생각하지 않아도 얻는 것이다.[夫良知者, 卽所謂是非之心人皆有之, 不待學而有, 不待慮而得者也.]"라는 표현이 보인다.

申屠蟠, 年方髫齔, 父歿, 哀毁至於過禮. 及其服除, 不飮酒食肉者十餘年, 遇忌辰, 必累日不食. 是蓋篤孝之性, 根於天然, 所謂良知良能, 不待學問而後能也. 觀其成童之年, 論緱氏女之復讐, 其詞直, 其理明, 足以感動乎人. 而女賴以不死, 何莫非孝誠之所及哉! 吁! 蟠一童子耳, 卓卓自立如此, 傳之百世, 不亦宜乎! 詩曰:

【찬시】

상 치르며 슬퍼하다 몸 상하니 참으로 애처로운데	居喪哀毁最堪憐
9세의 어린아이가 홀로 효를 온전히 하였네	九歲嬰孩孝獨全
보게나! 요즘 세상의 자식 된 자들이여	試看世間爲子者
몇 명이나 신도반처럼 할 수 있겠는가	幾人能得似蟠賢

또

젊은 여인의 의기 우뚝하여 짝할 사람 없거니	妙齡意氣迥難儔
조용히 몇 마디 말로 복수에 대해 논하였지	數語從容論復讐
후 씨의 딸 목숨 보전하고 큰 은덕 입었기에	緱女全生多感德
백 대 뒤 역사서[335]에 아름다운 이름 남았네	芳名百世汗靑留

335 역사서: 원문의 '한청(汗靑)'은 청죽(靑竹)에 불을 쬐면 나무속 수분이 땀처럼 나와 마르는 것을 의미한다. 그래서 글씨가 더 잘 쓰이고 좀이 슬지 않았다고 한다. 전하여 저술, 역사서 등의 의미로 쓰인다.

28. 채옹이 먹고 자는 일을 잊다[336] 蔡邕廢寢(7a)

【본문】

채옹(蔡邕, 132~192)[337]은 자가 백개(伯喈)이며, 진류군 어현(圉縣) 사람으로, 성품이 지극히 효성스러웠다. 어머니가 병석에 누운 지 3년째였는데 채옹은 춥거나 더운 계절의 변화가 아닌 한 옷깃과 허리띠를 풀지 않고 (병간호하였으며), 70여 일 동안 잠자리에 들지 않았다. 어머니가 돌아가시자 무덤 옆에 여막을 치고 살며 모든 행동을 예법에 맞게 하였다. 그러자 토끼가 길들어 여막 옆에 머물렀고 또 두 나무의 가지가 맞닿아 결이 이어지는 현상이 일어나니 원근에서 모두 기이한 일이라고 여겼다. 채옹은 숙부, 사촌 동생들과 함께 살았는데 3년이 지나도록 재산을 나누지 않으니 향당에서 그의 의리를 높게 여겼다.

蔡邕, 字伯喈, 陳留圉人也, 性篤孝. 母常滯病三年, 邕自非寒暑節變, 未嘗解襟帶, 不寢寐者七旬. 母卒, 廬冢側, 動靜以禮. 有兎馴擾其室旁, 又木生連理, 遠近奇之. 與叔父從弟同居, 三世不分財, 鄉黨高其義.

---

336 채옹이 먹고 자는 일을 잊다: 『한』, 『언』, 『효』에 수록되지 않았다. 이 편은 『후한서』 권90 「채옹전(蔡邕傳)」에서 발췌 인용한 것이다. 유사한 내용이 『통지』, 『책부원구』, 『태평어람』 등에도 수록되어 있다.

337 채옹: 후한 영제(靈帝) 및 헌제(獻帝) 때의 학자이다. 경학에 해박하였고 서법, 천문, 음악 등에 고루 능통하였다.

【논단】

아아! 자식이 평상시에 부모를 섬기는 일이 어려운 것이 아니라, 부모에게 병이 들어 병간호하면서도 시종일관 해이해지지 않음이 어려운 것이다. 채옹은 어머니가 3년이나 병을 앓았으니 다른 사람이었다면 간혹 게을러질 법한데도, 아침저녁으로 곁에서 병간호하며 70여 일 동안 잠자리에 들지 않았다. 어머니가 돌아가신 뒤에는 무덤 곁에 여막을 치고 살며 상을 치렀는데,[338] 모든 행동을 반드시 예법에 따라 하였다. 이에 토끼가 길들어 여막으로 들어오기도 하였고 두 나무의 가지가 맞닿아 결이 이어지는 기이한 일이 일어났으니, 이 어찌 우연한 일겠는가? 그의 지극한 효심에 대한 감응의 소치가 이와 같았던 것이다. 아아! 살아 계실 때 제대로 섬기고 돌아가셨을 때 애통해하였으니, 채옹은 지극히 효성스러웠다고 할 만하다. 또한 숙부, 사촌형제 등과 3년이나 함께 살았으니, 부모를 잘 섬긴 효성뿐 아니라 우애의 의리 역시 숭상할 만하다.

嗟夫! 人子平居事親非難, 於親有疾, 而能終始弗懈者爲難. 蔡邕, 母疾三年, 在他人則或至於怠惰, 而邕乃朝夕在側, 至不寢寐者七旬. 及母卒, 廬墓執喪, 動必循禮. 於是有兎馴擾其居, 木生連理之異, 此豈偶然者哉? 蓋由其純孝之所感召者如此. 嗟乎! 生能事而死能哀, 邕可謂篤於孝也已然. 又能與其叔父從弟三世同居, 則不惟事親之孝, 而其友愛之義, 亦可尙矣. 詩曰:

---

338 상을 치렀는데: 원문의 '집상(執喪)'은 상을 치르면서 예의를 지키며 상주 노릇 한다는 뜻이다.

【찬시】

자애로운 어머니 앓아누운 지 어언 3년	慈親臥病歷三春
곁에서 병간호하며 잠들지 않은 지 70일	侍養無眠度七旬
예로부터 이런 효자는 분명 드무니	孝行極知從昔少
아름다운 명성 지금까지 전해지네	芳名贏得[339]至今聞

또

어머니 여의고 여막에서 홀로 슬퍼하니	親亡廬墓獨悲辛
아침저녁 통곡하며 반드시 예법을 따랐네	朝夕哀號禮必循
하늘이 기이한 상서 내려 그 효행을 밝히시니	天遣奇祥昭孝道
나무는 결이 잇닿고 토끼가 와서 길들었다지	木生連理兎來馴

339 贏得: 얻다.

29. 두효가 물고기를 보내다[340] 杜孝寄魚(8a)

【본문】

두효(杜孝)는 파군(巴郡)[341] 사람이다. 어려서 아버지를 여읜 뒤 극진한 효성으로 어머니를 섬겼는데, 성도(成都)로 군역을 가게 되어 아침저녁으로 곁에 있을 수 없게 되었다. 두효는 어머니가 싱싱한 물고기를 즐겨 드심을 알기에 대나무 통을 잘라 물을 가득 담고 물고기 두 마리를 넣은 뒤 풀로 입구를 막고는 강물에 던지며 이렇게 빌었다. "우리 어머니가 반드시 이것을 줍게 해주소서." 얼마 뒤 그의 아내가 우연히 물가에 나왔다가 웬 대나무 통이 마구 흐르다 둔치에 걸리는 모습을 보고는 이상하게 여겨 통을 주워 열어보니, 바로 물고기 두 마리가 들어 있는 것이었다. 아내는 미소 지으며 "이는 필시 우리 남편이 보낸 것이로다."라고 한 뒤 잘 익혀서 시어머니께 드리니, 이 이야기를 들은 사람들이 모두 찬탄하였다.

杜孝, 巴郡人也.[342] 少失父, 事母盡孝, 充役成都, 不得朝夕在側. 知其母喜食生魚, 乃截竹筒, 貯水盛魚二頭, 以草塞之, 置江中, 祝曰: "我母必得此." 已而其妻偶出渚, 見竹筒橫流觸岸, 異而取視之, 乃有二魚. 含笑曰:

---

340 두효가 물고기를 보내다: 『한』에 같은 제목으로 수록되어 있다. 『언』, 『효』에는 수록되지 않았다. 이 편은 『태평어람』 권411 인사부 제52 「효감(孝感)」에 수록된 『효자전』을 재인용한 것으로 보인다.

341 파군: 중국 사천성 중경시(重慶市) 일대의 지명이다.

342 也: 『한』 없음.

"必我夫所寄也!" 熟而進之於姑, 聞者歎異.

【논단】

먼 곳에서 물건을 보내려면 반드시 사람에게 부탁한 뒤에야 도달하게 할 수 있다. 그런데 인력을 빌리지 않고도 도달하게 하는 일은 신명이 보이지 않게 돕는 것이 아니고서야 가능하겠는가? 두효는 성도에서 군역을 살고 그 어미는 파군에 머물러 있었으니, 두 고을의 거리는 하루에 도달할 수 있는 정도가 아니다. 그는 어머니가 싱싱한 물고기를 좋아하시는 것만 생각하였으나 멀어서 보낼 수 없자, 결국 대나무 통에 담아 강 속으로 던졌다. 그러나 변화무쌍한 세찬 파도, 괴물 같은 악어 등 장강(長江)의 장애물은 한두 가지가 아니니, 어찌 그것이 반드시 어머니 계신 곳에 도달하리라고 보장할 수 있겠는가? 그러나 두효는 "우리 어머니가 반드시 이것을 줍게 해주소서!"라고 말했다. 아! 두효의 이와 같은 마음은 과연 무엇을 믿고 그런 것이었겠는가? 역시 효성을 다 바쳐 신명이 돕기를 바란 것이다. 만일 신명의 도움이 없었다면 대나무 통에 지각이 있는 것도 아닌데 이리저리 흘러오다 둔치에 걸리고, 어떻게 아내가 그것을 보고 주을 수 있었겠는가? 요컨대 이는 통상적인 이치로 말할 수 있는 것이 아님을 알겠도다. 그의 아내가 "필시 우리 남편이 보낸 것이로다."라고 말한 것을 보면, 그의 효행이 평소에도 그러하여 진실로 이미 가족들에게 신뢰를 받았던 것이다. 사람들은 모두 그 일이 기이하다는 것만 알지, 두효의 효행이 신명에게 통한 것은 하루아침에 이룬 결과가 아님은 모를 것이다.

夫寄物遠方, 必託人而後達也. 其有不資人力而能致之者, 非神明之墨相, 其能然歟? 杜孝之充役成都, 其母留巴郡, 相去非一日之程也. 獨念母嗜生魚, 而遠不可致, 乃盛以竹筒, 投之中流. 夫長江風濤之變, 黿鼉之怪, 殆非一類也, 詎能保其必至哉? 而孝則曰: "我母必得此!" 吁! 孝之此心, 果何所恃歟? 蓋亦竭其誠, 以幸神明之相耳. 使其不有神明之相, 則筒非有知, 而橫來觸岸, 婦何所見而竟獲之耶? 要知此不可以常理論也. 觀其婦有曰: "必我夫所寄." 則其孝行有素, 固已信及家人矣. 人皆知其事之異常, 而不知其孝之通于神明者, 已非一朝一夕之故也. 詩曰:

【찬시】

대나무 잘라 통을 만들어 물고기 두 마리를 넣고	截竹爲筒貯二魚
강 속에 던져 보내니 무엇 하기 위함인가	中流投寄欲何如
어머니가 좋아하시는 반찬으로 올리려 하니	慈闈嗜此將供膳
노심초사 간절히 사시는 곳에 닿기를	煩爾殷勤到所居

또

듣자 하니 물고기 두 마리가 물가에서 나왔다는데	見說雙魚出渚時
남편이 멀리서 보낸 것임을 아내가 알아 봤다지	夫能寄遠婦能知
아득히 보이지 않는 신명의 도움 없었다면	冥冥不賴神靈相
그 어떻게 맛있는 음식으로 어머니 마음 위로하였으리오	爭得調羹慰母思

30. 자화가 어머니를 지키다[343] 子華守母(9a)

【본문】

사마지(司馬芝)[344]는 자가 자화(子華)이며, 하내군 온현(溫縣) 사람이다. 젊어서 서생으로 있을 적에 형주(荊州)에 일어난 전란[345]을 피하려다 노양산(魯陽山)에서 도적들을 맞닥뜨렸다. 같이 가던 자들은 모두 노약자들을 버리고 도망갔는데, 사마지만 굳게 앉아 늙은 어머니를 지켰다. 도적들이 당도하여 칼날을 사마지에게 들이대자 그가 머리를 조아리며 이렇게 말했다. "어머니가 늙으셨으니, (어머니의 생사는) 오직 그대들에게 달려 있습니다." 그러자 도적들이 "이 사람은 효자이니 죽이는 것은 의롭지 못하다."라고 하여 마침내 해를 면할 수 있었다. 수레에 어머니를 싣고 남쪽 지방으로 가서 10여 년 간 살았는데 몸소 밭을 갈며 절의를 지켰다.

司馬芝, 字子華, 河內溫人也. 少爲書生, 避亂荊州, 於魯陽山遇賊. 同行者皆棄老弱走, 芝獨坐守老母. 賊至, 以刃臨芝, 芝叩頭曰: "母老, 唯在諸君!" 賊曰: "此孝子也, 殺之不義." 遂得免害. 以車載母, 居南方十餘年,

---

343 자화가 어머니를 지키다: 『한』, 『언』, 『효』에 수록되지 않았다. 이 편은 『삼국지(三國志)』 위지(魏志) 권12 「사마지전(司馬芝傳)」에서 인용한 것이다. 유사한 내용이 『통지』, 『책부원구』 등에도 수록되어 있다.

344 사마지: 삼국 위(魏)나라 때의 효자이다. 위나라 문제(文帝), 명제(明帝) 때 하남윤(河南尹) 등 지방관을 역임하며 선정을 베풀었고 관직은 대사농(大司農)에 이르렀다.

345 전란: 조조(曹操)와 손권(孫權) 등이 형주를 장악하기 위해 벌인 전투를 가리킨다.

躬耕守節.

【논단】

아아! 나라가 혼란스러울 때[346]에는 뭇 도적들이 벌떼처럼 일어나니, 그들은 오직 살육을 서슴지 않는 것을 능사로 여긴다. 그리하여 백성들은 환란을 피해 도망가니 부자끼리도 서로 돌아보지 않고 부부도 서로 보호하지 않는다. 사마지는 홀로 늙은 어머니를 지키며 차마 버리고 떠나지 못했다. 비록 시퍼런 칼날이 몸에 닿아도 감히 자기 목숨을 아까워하지 않았으니, (어머니를 구하려는) 그의 말은 간절하고도 절실하여 다른 사람을 감동시키기에 충분했다. 덕분에 도적들이 차마 해치지 않아 두 모자가 모두 목숨을 보전할 수 있었으니, 누가 도적은 효성으로써 감동시킬 수 없다고 말하였는가? 고을에 급한 일이 있어도 오히려 구원해 주는 법인데, 하물며 늙어 수척하고 피곤한 어머니를 어찌 마음 편히 방치해 두고 떠날 수 있겠는가? 이것이 사마지가 어머니를 지키다 죽을망정 혼자만 피하지 않은 까닭이다. 그런데 그때 병란을 피한답시고 노약자와 골육을 버리고 구차히 살기를 바라던 자들은 어쩌면 그리도 어질지 못한가!

於乎! 草昧之際, 群盜蜂起, 唯逞殺戮以爲能. 而民之逃難奔竄, 父子不相顧, 夫妻不相保. 司馬芝, 乃能獨守老母, 不忍棄去. 雖白刃臨身, 不敢

---

346 나라가 혼란스러울 때: 원문의 '초매(草昧)'는 천지가 개벽하여 아직 어두운 상태로, 건국 초기를 비유하는 표현으로 쓰인다. 전하여 혼란스럽고 어두운 시기를 가리킨다.

愛死, 而辭氣懇款, 有足以感動人者. 由是賊不忍害, 使其母子俱全, 孰謂盜賊不可以孝感歟? 夫里閈有急, 尙相救援, 況母老羸憊, 其肯委而去之乎? 此芝所以守母寧死而不避也. 彼同時避兵, 有棄老弱捐骨肉以苟生者, 其爲不仁甚矣! 詩曰:

【찬시】

마을에 도적이 침략하자 동분서주 도망가니	寇鄕奔竄各西東
골육이 헤어져도 살아날 방도 없을 제	骨肉分馳計已窮
그 누가 자화처럼 어머니께 효를 다하여	誰似子華能孝母
난리 통에 두 목숨을 온전히 보전하였겠나	全軀相保亂離中

또

창황히 도적 마주하여 서글픈 마음 호소해도	倉惶對賊愬哀情
시퍼런 칼날을 휘두르면 생사가 나뉠 텐데	白刃揮臨分殞生
다행히 흉적들도 효자를 어여삐 여겨	幸得兇殘憐孝子
목숨 살려준 덕에 즐거이 밭 갈며 살 수 있었다오	復教全活樂躬耕

31. 육적이 유자를 남기다[347] 陸績遺橘(10a)

【본문】

육적(陸績, 188~219)[348]은 자가 공기(公紀)이며, 오군(吳郡)[349] 사람이다. 그의 아버지 육강(陸康, 126~195)[350]은 후한 말엽에 여강태수를 지냈는데, 육적이 6세였을 때 (아버지를 따라) 구강(九江)에 가서 원술(袁術, 155~199)[351]을 알현하였다. 원술이 유자를 내놓자 육적이 세 개를 품 안에 넣고 떠나면서 하직 인사를 드리다가 땅에 떨어뜨렸다. 원술이 "육랑은 손님으로 찾아왔으면서 유자를 가슴에 품고 간다는 말인가?"라고 묻자, 육적이 무릎 꿇고 이렇게 답했다. "돌아가서 어머니께 드리려고 한 것입니다." 원술이 그를 매우 기특하게 여겼다.

陸績, 字公紀,[352] 吳郡人也.[353] 父康, 漢末爲廬江太守, 績年六歲, 於九

347 육적이 유자를 남기다: 『한』, 『효』에는 「육적이 유자를 품다[陸績懷橘]」라는 제목으로 수록되어 있다. 『언』에는 수록되지 않았다. 이 편은 『삼국지』 오지(吳志) 권12 「육적전(陸績傳)」에서 인용한 것이다. 유사한 내용이 『통지』, 『몽구』, 『책부원구』, 『태평어람』 등에도 수록되어 있다.

348 육적: 중국의 24효자 중 한 명이다. 후한 말엽에 손권(孫權)의 휘하에서 벼슬을 하였다. 『주역』을 정밀하게 연구하여 주석을 달았으며, 관직은 울림태수(鬱林太守), 편장군(偏將軍) 등에 이르렀다.

349 오군: 중국 강소성 소주(蘇州)에 속한 지명이다.

350 육강: 자 계녕(季寧). 어려서부터 효성과 우애를 다하였으며 몸가짐이 신중하였다. 지방관으로서 선정을 펼쳤다. 『오지』 「육적전」 주석 참고.

351 원술: 자 공로(公路). 후한 말엽에 패권을 다투던 무인이다. 손권과 합세하여 동탁을 격파한 뒤, 손책의 옥새를 빼앗아 황제를 자칭하였으나 유비에게 패배하여 죽었다.

352 字公紀: 『한』 없음.

353 也: 『한』 없음.

江見袁術. 術出橘, 績懷三枚去, 拜辭墮地. 術謂曰: "陸郎作賓客, 而懷橘乎?" 績跪而答曰: "欲歸遺母." 術大奇之.

【논단】

사람이 자기 부모를 사랑하는 마음은 어린아이라 하더라도 없을 수 없는 것[354]이다. 생각건대, 부모를 사랑하는 효성은 잠시도 소홀해지는 때가 없으니, 비록 작은 음식일지라도 역시 그것으로 봉양할 것을 생각하며 잊지 못하는 것이다. 육적은 10세도 채 되지 않은 나이에 유자를 가슴에 품고 어머니에게 가져다드리려 하였다. 유자처럼 미미한 물건도 오히려 가져다드리고 싶어 하니, 좋은 물건을 보면 어떻게 했을지 미루어 알 수 있다. 어린아이일 때도 오히려 이렇게 하는데 그가 성인이 되면 어찌 그저 신체만 봉양하는 데 그칠 뿐이겠는가? 부모의 마음을 편안하게 할 수 있다면 최선을 다하지 않는 바가 없을 것이다. 옛날에 영고숙이 어머니께 고깃국을 남겨다 드리자 군자들이 그를 지극한 효자라고 칭찬하였다.[355] 육적은 아마도 그에 버금가지 않겠는가!

夫人之愛其親者, 雖孩提之童, 莫不有是心也. 惟其愛親之誠, 無時而或間,[356] 則雖一味之甘, 亦思所以奉之, 而不忘矣. 陸績, 年未成童, 懷橘以

---

354 사람이……없는 것: 『맹자』 「진심 상」 제15장, "아무리 어리더라도 자기 부모를 사랑할 줄 모르는 아이는 없다.[孩提之童, 無不知愛其親也.]"라는 구절을 인용한 것이다.
355 영고숙이……칭찬하였다: 『효순사실』 권1 「6. 영고숙이 국을 남기다[考叔遺羹]」 참조.
356 間: 비다, 떨어지다.

遺其母. 橘, 微物也, 尙思所以遺之, 其大者, 從可知矣. 幼稚之年, 尙能若是, 則其成人, 豈特口體之養而已哉? 凡可以順其心者, 蓋無所不極其至矣. 昔, 潁考叔懷肉遺母, 君子謂其純孝. 績蓋其流亞歟! 詩曰:

【찬시】

어린 나이로 구강에서 빈객이 되어	九江爲客未成童
조용히 앉아 유자를 품었다가	懷橘從容向坐中
땅에 떨어뜨리고는 어머니 드리겠다 하니	墮地却言將遺母
그 효행 무궁하게 전해지게 되었네	能令孝行播無窮

또

부모를 사랑하는 효심 어릴 때부터 드러나니	愛親已見幼年時
장성하면 마음 기쁘게 해드릴 것을 절로 알 수 있다오	長大承歡自可知
훌륭한 행적이 영고숙과 나란히 전해지니	潁谷封人[357]堪並美
백세토록 사람들이 그 맑은 향기[358]를 사모한다오	淸芬百世使人思

357 潁谷封人: 논단에 인용된 영고숙을 가리킨다.
358 맑은 향기: 원문의 '청분(淸芬)'은 인물의 고결한 덕행이나 지조 등을 비유한 표현이다.

32. 이밀이 할머니를 끝까지 봉양하다[359] 李密終養(11a)

【본문】

이밀(李密, 224~287)[360]은 자가 영백(令伯)이며, 건위군(犍爲郡) 무양(武陽)[361] 사람이다. 아버지가 일찍 돌아가시자 어머니 하 씨(何氏)가 개가하였다. 이밀은 당시 나이가 겨우 몇 세에 불과했기에 그리움이 점점 깊어져 끝내 병이 되니, 할머니 유 씨(劉氏)가 몸소 사랑으로 길러 주었고, 이밀도 효성과 신중함으로 할머니를 잘 모셨다고 이름났다. 유 씨가 병들자 눈물 흘리며 할머니 곁에 비스듬히 누워 걱정스레 살피고[362] 옷도 벗지 못한 채 병간호하였으며, 음식이나 탕약은 반드시 먼저 맛본 뒤에 드렸다. 진 무제(晉武帝) 태시(泰始)[363] 초에 그를 태자선마로 삼고자 불렀다. 그러나 이밀은 할머니의 나이가 많고 달리 봉양할 사람이 없다는 이유로 사양하며

---

359 이밀이 할머니를 끝까지 봉양하다: 『한』, 『언』, 『효』에 수록되지 않았다. 이 편은 『진서(晉書)』 권88 효우열전(孝友列傳) 「이밀전(李密傳)」에서 발췌 인용한 것이다. 유사한 내용이 『통지』, 『책부원구』 등에도 수록되어 있다. '종양(終養)'은 돌아가시는 날까지 봉양한다는 말로, 이밀이 올린 「진정표(陳情表)」 말미에 "신 이밀은 올해 44세요, 조모 유 씨는 96세입니다. 신이 폐하께 충절을 다할 날은 길고, 조모께 보답할 날은 짧다는 것입니다. 까마귀의 사사로운 정으로 조모를 끝까지 봉양할 수 있게 해주시기를 바라나이다.[臣密, 今年四十有四; 祖母劉, 今年九十有六. 是臣盡節於陛下之日長, 報劉之日短也. 烏鳥私情, 願乞終養.]"라고 한 데서 따온 것이다.

360 이밀: 진(晉)나라의 학자이며, '이건(李虔)'이라고도 한다. 할머니에 대한 효심이 깊었으며 경서에 해박하였다.

361 무양: 중국 사천성과 귀주성(貴州省), 운남성(雲南省) 접경의 지명이다.

362 할머니 곁에……살피고: 원문의 '측식(側息)'은 사지를 펴 똑바로 눕지 못하고 몸을 비스듬히 하여 조그맣게 숨 쉬는 것으로, 두렵거나 불안한 모습을 형용한 것이다.

363 태시: 서진(西晉) 초대 황제 무제 사마염(司馬炎, 236~290, 재위 265~290)이 촉한을 평정한 뒤에 만든 연호로, 265년부터 274년까지 쓰였다.

「진정표(陳情表)」를 올렸는데, 말뜻이 정성스럽고도 간절하였다. 무제가 읽어보고는 "그가 유명한 것이 헛소문이 아니었구나!"라며 초빙을 보류하였다가, 유 씨가 별세하고 상복을 벗은 뒤 다시 선마 벼슬을 주며 불렀다. 관직은 한중태수에 이르렀다.

李密, 字令伯, 犍爲武陽人也. 父早亡, 母何氏改醮. 密時年數歲, 感戀彌至, 遂以成疾, 祖母劉氏, 躬自撫養, 密奉事以孝謹聞. 劉氏有疾, 則涕泣側息, 未嘗解衣, 飲膳湯藥, 必先嘗後進. 晉武帝泰始初, 徵爲太子洗馬. 密以祖母年高, 無人奉養, 乃上表陳情, 詞旨誠切. 武帝覽之曰: "士之有名, 不虛然哉!" 乃停召, 暨劉終, 服闋, 復以洗馬徵. 仕至漢中太守.

【논단】

옛사람 중 아름다운 명성이 후세에 전해지면서도 전혀 줄어들지 않는 분들은 대부분 훌륭한 덕행이 당대에 이미 널리 드러난 경우가 많다. 하물며 모든 행실의 으뜸인 효도를 다한 경우에는 오죽하겠는가? 이밀에 대해 살펴보면, 태어난 지 6개월 만에 아버지를 여의고 4세에 어머니가 개가[364]하니, 믿고 의지할 부모[365]를 모두 잃은 것이다. 당시 할머니가 그를

364 태어난 지……개가: 「진정표」 서두에 "신은 기구한 운명으로 일찍이 가련해 할 만한 흉한 일을 당하였습니다. 태어난 지 6개월 만에 아버지가 세상을 등지시고, 4세에 외조부가 수절하겠다는 어머니의 뜻을 빼앗았습니다.[臣以險釁, 夙遭愍凶. 生孩六月, 慈父見背, 行年四歲, 舅奪母志.]"라는 표현이 나온다.

365 믿고 의지할 부모: 원문의 '호시(怙恃)'는 부모를 가리킨다. 『시경』 소아 「육아(蓼莪)」, "아버지 아니시면 누구를 의지하고, 어머니 아니시면 누구를 믿을까?[無父何怙, 無母何恃?]"라는 데서 유래한 표현이다. '怙'는 아버지, '恃'는 어머니의 대칭이다.

사랑으로 길러 주신 수고가 없었다면 어떻게 그가 성인[366]이 될 수 있었겠는가? 그러나 이밀은 어렸을 때 부모를 그리워하다 병에 걸렸고, 장성해서는 효성과 신중함으로 할머니를 잘 모셨다고 이름났다. 고을에서 거듭 천거하여[367] 초빙하는 조서가 내려왔는데, 할머니가 돌아가실 때까지 봉양하겠다는 간절한 마음으로 사양하였다. 그가 올린 「진정표」에 담긴 지극한 효심은 성대히 움켜쥘 수 있을 듯 생생하여 그것을 읽는 후대 사람 중에 그를 위해 눈물을 흘리지 않는 자가 없을 지경인데, 당시 군주를 감동시켜 끝내 자신의 뜻을 완수할 수 있었던 것은 당연하다. 아아! 이밀의 지극한 효행이 예나 지금이나 환히 빛나며 사람들의 눈과 귀에 선명하게 남아 있는 것이 이와 같으니, 사람들이 그를 본받을 줄 몰라서야 되겠는가!

古之人, 有令名傳於後世而不衰者, 皆由乎德行之懿, 有以宣著於當世也. 況於孝道, 又百行之冠冕者乎? 觀李密, 生六月而喪父, 四歲而母改適, 所怙恃者, 皆失之矣. 當時非有祖母撫養之勤, 抑何能至於成立哉? 然密以嬰孩, 因戀父母而成疾, 比其壯也, 事祖母以孝謹聞. 州郡交辟, 詔書下徵, 乃惓惓以終養爲辭. 其陳情一表, 純孝之忱, 藹然可挹, 至使後之人讀之, 莫不爲之流涕者, 宜乎當時能感動其主, 俾得以畢其志焉. 嗟乎! 密之至行, 照燿古今, 灼灼在人耳目者, 有如此, 人其可不知所取法哉! 詩曰:

366 성인: 원문의 '성립(成立)'은 성인으로 자라남을 가리킨다. 「진정표」에 "조모 유 씨가 고아가 된 신을 가엽게 여겨 몸소 어루만져 길러주셨습니다. 신은 어려서 병이 많아 9세가 되어도 걷지 못하였으며, 외롭고 고달프게 살다 성인이 되었습니다.[祖母劉, 閔臣孤弱, 躬親撫養. 臣少多疾病, 九歲不行, 零丁孤苦, 至于成立.]"라는 표현이 나온다.

367 거듭 천거하여: 원문의 '교벽(交辟)'은 거듭 초빙한다는 뜻이다.

【찬시】

믿고 의지할 부모 다 없어도 할머니 계시어	怙恃俱無祖母存
고아 된 손자를 고생으로 길러 주셨으니	辛勤撫養只孤孫
알아야 하리! 지극한 효심 도타워	要知純孝心尤篤
까마귀처럼 길이 반포지은 할 마음 품었음을	烏鳥長懷返哺恩[368]

또

할머니의 깊은 은혜를 갚게 해 달라 청하니	祖母恩深乞養[369]時
하늘과 땅이 실로 굽어보시어	皇天后土實臨之[370]
「진정표」가 고금에 전해지니	陳情一表傳今古
꽃다운 그 이름 온 세상에 알려졌네	留得芳名世共知

---

368 烏鳥長懷返哺恩: 까마귀는 자신을 키워준 어미새가 늙으면 먹이를 물어다 은혜를 갚는다는 '반포지효(反哺之孝)'의 고사를 차용한 것으로, 「진정표」 말미에도 할머니를 향한 자신의 효심을 '오조사정(烏鳥私情)'이라고 표현한 바 있다.

369 乞養: 고향에 계신 부모를 봉양하기 위해 사직을 청한다는 뜻이다. 전하여 부모를 봉양하기 위해 지방 관직을 청함을 가리키기도 한다.

370 皇天后土實臨之: 「진정표」 말미에 "신이 겪은 어려움은 그저 촉 땅의 인사들과 두 고을의 주목(州牧)들이 보고 분명히 알고 있을 뿐만 아니라, 황천과 후토가 실로 함께 보시는 바입니다.[臣之辛苦, 非獨蜀之人士, 及二州牧伯所見明知, 皇天后土實所共鑑.]"라는 표현이 보인다.

33. 왕상이 얼음을 가르다[371] 王祥剖冰(12b)

【본문】

왕상(王祥, 184~268)[372]은 자가 휴징(休徵)이며, 낭야군(琅邪郡) 임기 사람으로, 성품이 매우 효성스러웠다. 일찍 어머니를 여의었는데, 계모 주 씨(朱氏)가 자애롭지 못하여 자주 모함하니 그로 인해 아버지의 사랑도 잃었다. 아버지가 늘 소똥[373]을 치우라고 시켰는데 왕상은 그럴수록 더욱 공손히 순종하였다. 부모가 병들자 허리띠도 풀지 못한 채 병간호하며 탕약은 반드시 직접 맛보았다. 계모가 일찍이 싱싱한 물고기를 먹고 싶어 했는데, 때가 한겨울이라 물이 꽁꽁 얼어붙었다. 왕상이 옷을 벗고는 얼음을 깨어 물고기를 잡으려 하였는데 얼음이 갑자기 저절로 녹아 잉어 두 마리가 튀어 오르기에 주워 가지고 돌아왔다. 계모가 다시 참새구이를 먹고 싶어 하니, 참새 수십 마리가 장막으로 날아 들어오므로 잡아다 어머니께 드리니, 마을 사람들이 몹시 놀라 감탄하며 왕상의 효성에 대한 감응의 소치라고 여겼다. 어느 날 붉은 자두가 열매를 맺자 계모가 과일나무를 지키라고 명하니, 비바람이 칠 때마다 왕상은 나무를 끌어안고 울

---

371 왕상이 얼음을 가르다: 『한』, 『언』에 같은 제목으로 수록되어 있다. 『효』에는 「왕상이 얼음에서 물고기를 얻다[王祥氷魚]」라는 제목으로 수록되어 있다. 이 편은 『진서』 권33 「왕상전(王祥傳)」에서 발췌 인용한 것이다. 유사한 내용이 『수신기』, 『통지』, 『몽구』 및 『소학』 선행 「실명륜」 제11장, 『책부원구』, 『태평어람』 등에도 수록되어 있다.

372 왕상: 진나라의 정치인으로, 중국의 24효자 중 한 명이다. 후한 말엽에 은거하다 진 무제 때 벼슬하여 관직이 태보(太保)에 이르렀으며 수릉공(睢陵公)에 봉해졌다.

373 소똥: 원문의 '우하(牛下)'는 소의 배설물을 가리킨다.

었다.[374] 그의 독실하고도 지극한 효심이 이와 같았다. 한나라 말엽에 난리가 일어나니, 어머니를 부축하고 아우들을 이끌며 이리저리 피난 다니다 여강에 은둔[375]하였다. 계모가 돌아가시자 상을 치르면서 너무 슬퍼하다 몸을 훼손시키니, 지팡이를 짚고서야 겨우 일어설 수 있었다. 훗날 진나라 조정에서 벼슬하여 관직이 삼공[376]에 이르렀다.

王祥, 字休徵,[377] 琅邪臨沂[378]人, 性至孝.[379] 蚤喪母, 繼母朱氏不慈, 數譖之, 由是失愛於父. 每使掃除牛下, 祥愈恭謹. 父母有疾, 衣不解帶, 湯藥必親嘗. 母嘗欲生魚, 時天寒氷凍. 祥解衣, 將剖氷求之, 氷忽自解, 雙鯉躍出, 持之而歸.[380] 母又思黃雀炙, 復有黃雀數十, 飛入其幕, 取以供母, 鄕里驚歎, 以爲孝感所致.[381] 有丹柰結實, 母命守之, 每風雨, 祥[382]輒抱樹而泣. 其篤孝純至如此. 漢末遭亂, 扶母携弟, 豐避地廬江.[383] 母歿, 居喪毁瘁, 杖而後起. 後仕於朝, 官至三公.

---

374 나무를 끌어안고 울었다: 『소학집주』의 주석에 따르면 그가 운 이유는 자두 열매가 상하여 부모의 마음에 거슬리게 될 것을 염려[恐傷柰實, 有咈親之心也]하였기 때문이다.

375 은둔: 원문의 '피지(避地)'는 세상을 피하여 은거한다는 뜻이다.

376 삼공: 주나라 때 태자를 보좌하던 가장 높은 관직인 태사(太師), 태부(太傅), 태보(太保)를 가리킨다. 왕상은 태보에 이르렀다.

377 字休徵: 『한』, 『언』 없음.

378 臨沂: 『한』, 『언』 없음.

379 性至孝: 『한』, 『언』 없음.

380 持之而歸: 『한』, 『언』 없음.

381 取以供母……以爲孝感所致: 『한』, 『언』 없음.

382 祥: 『한』, 『언』 없음.

383 其篤孝純至如此……豐避地廬江: 『한』, 『언』 없음.

【논단】

자식이 부모를 섬길 때는 일의 난이도를 막론하고 모두 마땅히 해야 한다. 마땅히 해야 할 것을 하는 것이기 때문에 부모의 마음에 공손히 따르는 일이라면 최선을 다하지 않는 경우가 없다. 왕상으로 말할 것 같으면, 계모가 그에게 시킨 일들은 참으로 혹독하고 자애롭지 못했다고 할 수 있으며 매우 어렵다고 할 만한 일이었다. 그러나 왕상은 매사에 공손히 순종하며 시키는 일을 하면서도 어려워 할 줄 몰랐으니, 어째서인가? 부모를 사랑하는 지극한 효성으로 마땅히 그것을 해야 한다는 것만 알았을 뿐, 일체의 이해관계 때문에 마음이 동요되지 않았기 때문이다. 이것이 왕상의 효행이 천지를 감동시켜 특별한 감응을 얻은 까닭이다. 게다가 자신도 높은 관직에 이르고 명성이 후세에 전해졌으니 그 어찌 공연히 그렇게 된 것이겠는가? 부모에게 공손히 순종하며 효도할 줄 모르고 도리어 부모에게 원망을 돌리는 요즘 세상의 사람들이 왕상을 보면 아마도 매우 부끄러울 것이다. 이것이 바로 왕상의 효행이 만대에 칭송받게 된 이유로다!

人子之事其親, 事無難易, 皆其所當爲也. 以爲當爲而爲之, 則所以承順志意者, 無所不用其極焉. 若王祥, 繼母之使之也, 可謂酷暴不慈矣, 事可謂難矣. 而祥則一一恭謹而爲之, 有不知其爲難者, 何也? 蓋其愛親之至, 惟知爲其所當爲而已, 一切利害, 不以動其心. 此其所以能感動天地, 而獲殊異之應. 及其身致通顯, 名流後世, 夫豈徒然哉? 世之人不知承順之道, 而反歸怨於其親者, 視王祥, 蓋亦深可愧矣. 此祥之孝, 所以爲萬世之稱道也歟! 詩曰:

【찬시】

왕상의 진실한 효성은 참으로 흠모할 만하니	王祥誠孝眞堪羨
부모에게 공손히 순종하는 마음 변치 않았네	承順親顔志不回
얼음이 갈라지며 잉어 한 쌍이 튀어 올랐을 뿐 아니라	不獨剖氷雙鯉出
참새가 스스로 날아드는 광경도 보았다오	還看黃雀自飛來

또

고을 사람들이 깊은 효심에 경탄하니	鄕里驚嗟孝感深
하늘도 보응하여 독실한 마음 드러내셨네	皇天報應表純心
늙어서도 거듭 삼공의 높은 지위까지 오르니	白頭重作三公貴
올바른 품행을 세상에서 더욱 흠모했다오	行誼尤爲世所欽

34. 왕부가 시를 더 못 읽다[384] 王裒廢詩(15b)

【본문】

왕부(王裒, ?~311)[385]는 자가 위원(偉元)이며, 성양군(城陽郡) 영릉(營陵)[386] 사람이다. 아버지 왕의(王儀)는 위나라 안동장군 사마소(司馬昭, 211~265)[387]의 사마[388]였다. 동관(東關)에서의 패전[389]에 대해 사마소가 군사들에게 "이번 일은 누가 책임져야 하겠는가?"라고 묻자, 왕의가 "책임은 원수께 있습니다."라고 대답하니, 사마소가 화를 내며 "사마는 나에게 패전의 죄를 미루는가!"라 하고는 마침내 그를 끌어내어 참수하였다. 왕부는 아버지가 비명횡사한 것을 애통해하여, 이때부터 은거하며 학생들을 가르쳤다. 조정 안팎에서 누차 불렀지만[390] 모두 벼슬에 나아가지 않고, 평생 (아버지의 원수가 있는) 서쪽을 향해 앉지 않음으로써 진나라의 신하 노릇을 하지

---

384 왕부가 시를 더 못 읽다: 『한』, 『언』에 같은 제목으로 수록되어 있다. 『효』에 「왕부가 측백나무를 붙들고 울다[王裒泣栢]」라는 제목으로 비슷한 내용이 수록되어 있다. 이 편은 『진서』 권88 효우열전 「왕부전(王裒傳)」에서 발췌 인용한 것이다. 유사한 내용이 『수신기』, 『통지』, 『몽구』 및 『소학』 선행 「실명륜」 제12장, 『책부원구』, 『태평어람』 등에도 수록되어 있다.

385 왕부: 위(魏)나라의 학자이다. 사마소(司馬昭)에게 직간을 하다 억울하게 죽임당한 아버지를 추모하는 의미에서 진나라 조정에서는 벼슬하지 않고 은거하면서 제자를 양성하였다. 중국의 24효자 중 한 명이다.

386 영릉: 중국 산동성 임기 및 일조(日照) 일대의 지명이다.

387 사마소: 진 무제 사마염의 아버지이다. 위나라 때 대장군이 되어 실권을 장악하여 국정을 전횡하였고, 아들 사마염이 위나라를 평정하고 진나라를 세운 뒤 문제(文帝)로 추존되었다.

388 사마: 벼슬 이름이다.

389 동관에서의 패전: 위나라 가평(嘉平) 4년(252)에 오(吳)나라 장수 제갈각(諸葛恪)이 동흥(東興)에서 위나라 군대를 패퇴시킨 일을 가리킨다. '동관'은 제갈각이 세운 관문이다. 『소학집주』 참고.

390 조정……불렀지만: 원문의 '삼징칠벽(三徵七辟)'은 군주가 세 차례 조서를 내리고, 고을 관아에서 일곱 번 천거한다는 뜻이다.

않겠다는 뜻을 보였다.[391] 아버지의 무덤 곁에 여막을 치고 살면서 아침저녁으로 무덤에 가서 절하고 무릎 꿇고는 측백나무를 부여잡고 슬피 통곡하니, 그의 눈물이 나무에 스며들어 말라 죽고 말았다. 왕부의 어머니는 평소 천둥소리를 무서워하였는데, 어머니가 돌아가신 뒤 천둥이 칠 때면 늘 무덤에 가서 "부가 여기에 있습니다."라고 하였다. 훗날 『시경』을 읽다가 "슬프고 슬프도다, 우리 부모님! 나를 낳아 기르느라 얼마나 애쓰셨나."[392]라는 구절에 이르면 세 번을 거듭 읽고 눈물 흘리지 않은 적이 없으니, 그에게 수업을 듣는 제자들도 모두 「육아」편만은 읽지 않고 넘어갔다.

王裒, 字偉元, 城陽營陵人也.[393] 父儀, 爲魏安東將軍司馬昭司馬. 東關之敗, 昭問於衆曰:[394] "近日之事,[395] 誰任其咎?" 儀對曰: "責在元帥." 昭怒曰: "司馬[396]欲委罪於孤[397]邪!" 遂[398]引出斬之. 裒痛父非命, 於是[399]隱居教授. 三徵七辟, 皆不就, 終身未嘗西向而坐, 以示不臣於晉也.[400] 廬於墓側, 旦夕常至墓所拜跽, 攀柏[401]悲號, 涕淚著樹, 樹爲之枯. 母性畏雷, 母沒,[402]

391 평생……보였다: 왕부는 성양에 살고 있었고 진나라는 성양보다 서쪽인 낙양을 수도로 삼았기에 이렇게 표현한 것이다.

392 슬프고 슬프도다……얼마나 애쓰셨나: 『시경』 「육아」의 한 구절로, 부모가 돌아가시어 낳고 길러주신 노고에 미처 보답하지 못함을 슬퍼하는 자식의 마음을 읊은 것이다.

393 城陽營陵人也: 『한』, 『언』 城陽人.

394 昭問於衆曰: 『한』, 『언』 昭問曰.

395 近日之事: 『한』, 『언』 없음.

396 司馬: 『한』, 『언』 없음.

397 孤: 사마소가 자신을 칭한 것이다.

398 遂: 『한』, 『언』 없음.

399 於是: 『한』, 『언』 없음.

400 也: 『한』, 『언』 없음.

401 柏: 『효』에는 '栢'으로 되어 있다.

402 沒: 『한』, 『언』 歿.

每雷輒到墓曰: "袁在此." 及[403]讀詩, 至"哀哀父母, 生我劬勞." 未嘗不三復流涕, 門人受業者, 並廢蓼莪篇.

【논단】

부모의 은혜는 하늘처럼 한량없으니,[404] 자식이 부모를 그리워하는 마음을 평생토록 잊지 못함은 지극한 효심을 지닌 인사가 아니라면 할 수 없는 것이다. 왕부는 아버지가 비명횡사하심을 애통해하여 여막에서 통곡하였으니 그 눈물이 스며든 나무가 말라 죽었다. 어머니가 천둥소리를 무서워하는 성격인지라, 천둥 치는 소리가 들리면 바로 어머니의 무덤으로 달려갔다. 『시경』「육아」편을 읽을 때면 반드시 세 번 반복하여 읽고는 눈물 흘렸으니, 애통한 마음을 저절로 주체할 수 없었기 때문이다. 그래서 제자들도 모두 이 시는 넘어가고 강독하지 않았다. 만일 지극한 효심이 아니라면, 정성스럽고도 독실하게 사람과 신명을 감격하게 하는 일을 그처럼 할 수 있었겠는가! 아아! 옛사람들은 부모에 대해, 살아 계실 때 극진히 봉양하였을 뿐 아니라 돌아가신 뒤에도 이처럼 사모하는 마음을 다하였다. 요즘 세상의 자식 된 자들이 왕부의 이런 모습을 보고도 어찌 척연히[405] 느끼는 바가 있지 않겠는가?

---

403 及: 『한』, 『언』 없음.

404 하늘처럼 한량없으니: 원문의 '호천망극(昊天罔極)'은 『시경』「육아」, "아버지 나를 낳으시고, 어머니 나를 기르시니……은혜 갚으려 해도 하늘처럼 한량없네.[父兮生我, 母兮鞠我.……欲報之德, 昊天罔極.]"라는 구절에서 인용한 것이다. 낳고 길러주신 부모의 은혜가 깊고도 넓어 보답하려 해도 미처 다 갚을 수 없다는 뜻이다.

405 척연히: 경계하여 무엇인가를 깨달은 모양.

夫父母之恩, 昊天罔極, 人子思慕之心, 終身不忘, 自非純孝之士, 有不能也. 王裒痛父之死非命也, 廬墓號哭, 淚所沾濡樹爲枯死. 以其母之性畏雷也, 聞雷之震, 輒至母墓. 及讀蓼莪詩, 必三復流涕, 蓋其哀痛有不能自已者. 至使門人, 皆廢是詩不講焉. 非其純孝之心, 至誠至篤, 感于人神, 疇[406]克爾耶! 於乎! 古之人於其父母, 不惟生致其養, 於其歿, 而致其思乃如是. 凡世之爲人子者, 觀此寧不惕然而有所感哉? 詩曰:

【찬시】

왕부 같은 효행은 예로부터 없었으니	王裒爲孝自來無
무덤에서 눈물 뿌려 측백나무 말라 죽었다오	淚灑泉臺[407]柏盡枯
아버지가 비명에 돌아가심을 유독 슬퍼하여	父死獨傷非正命
평생토록 벼슬 않고 은거하였다네	終身不仕只閒居

또

어머니가 천둥소리 무서워하셨기에	怕聽雷聲母性然
천둥이 칠 때마다 무덤을 감싸 안았네	每因雷動繞墳前
「육아」 시는 읽기도 전에 눈물부터 흐르니	蓼莪未誦先流涕
결국 제자들도 이 시는 읽지 않았다오	遂使門人廢此篇

406 疇: 누구(=誰).
407 泉臺: 무덤, 저승.

35. 하방이 역병을 만나다[408] 夏方遭癘(15b)

【본문】

하방(夏方)[409]은 자가 문정(文正)이며, 회계군 영흥(永興)[410] 사람이다. 집안에 역병이 돌아 부모, 백부와 숙부, 사촌이나 조카[411] 등 죽은 자가 13명이나 되었다. 하방은 당시 14세였는데, 밤이면 통곡하며 슬퍼하였으니 그 소리를 듣는 마을 사람들조차 콧날이 시큰할 정도였고, 낮이면 흙을 져 날라 무덤을 만드니 이렇게 17년 만에 완성하였다. 무덤 옆에 여막을 치고 살면서 소나무와 측백나무를 심으니 울창하게 우거졌고, 까마귀와 맹수들도 길들어 그 곁으로 찾아와 목을 포개어 함께 노닐며 둥지를 가리지 않고 머물렀으니, 사람들이 그의 효성에 대한 감응의 소치라고 여겼다. 오나라 때 인의도위에 제수되었다가 누차 승진하여 오관중랑장에 이르렀다. 향년 87세로 집에서 죽었다.

夏方, 字文正, 會稽永興人. 家遭疫癘, 父母伯叔群從死者, 十有三人.

---

408 하방이 역병을 만나다: 『한』, 『언』, 『효』에 수록되지 않았다. 이 편은 『진서』 권88 효우열전 「하방전(夏方傳)」에서 발췌 인용한 것이다. 유사한 내용이 『통지』, 『책부원구』 등에도 수록되어 있다.

409 하방: 진나라의 효자이다. 조회에 갈 때 수레를 타지 않았고, 잘못을 저지른 백성을 꾸짖기보다는 눈물을 흘려 감화시킬 정도로 인품이 훌륭하였다. 『진서』 「하방전」, "朝會未嘗乘車, 行必讓路. 吳平, 除高山令. 百姓有罪應加捶撻者, 方向之涕泣而不加罪, 大小莫敢犯焉."

410 영흥: 중국 강소성 소주(蘇州) 일대의 지명이다.

411 사촌이나 조카: 원문의 '군종(群從)'은 사촌형제나 조카를 가리킨다.

方時年十四, 夜則號泣悲慟, 閭里聞者, 爲之酸鼻,[412] 晝則負土營墳, 十有七年而畢. 廬於墓側, 種樹松柏, 鬱然暢茂, 烏鳥猛獸, 馴擾其旁, 宛[413]頸同遊, 不擇巢以棲, 人以爲孝感所致.[414] 吳時, 拜仁義都尉, 累遷五官中郎將. 年八十七, 卒於家.

【논단】

아아! 모든 행실의 으뜸으로 효보다 더 중요한 것이 없다. 사람이 효도함에 부모가 살아 계실 때에는 안색을 살피며[415] 공손히 봉양하고, 돌아가셨을 때에는 애통한 그리움을 극진히 해야 한다. 이처럼 극진히 효도하면 천지와 귀신을 감동시키고 금석도 꿰뚫을 수 있으니, 하물며 짐승들에게는 어떠하겠는가? 하방이 나약한 어린아이일 때 집안에 줄초상이 났는데, 슬피 통곡하며 마음과 힘을 다해 17년간의 노고를 쌓아 나가 비로소 장례를 완수하였다. 그의 마음이 참으로 가련하였으니, 설령 감정이 없는 물건이라 할지라도 오히려 감동할 정도인데 혈기가 있는 부류인 짐승들은 오죽하겠는가? 아아! 요즘 세상에 자식으로서 부모를 섬기는 자들은 살아 계실 때 안색을 살피며 극진히 봉양하고 돌아가셨을 때 슬픔을 다하는 일을 어렵게 여기는데, 하물며 그것을 잘하지 못하는 자들은 오죽

---

412 閭里聞者, 爲之酸鼻: 『진서』, 『통지』, 『책부원구』 등에는 나오지 않는 표현이다. 『설부(說郛)』, 『태평어람』에는 해당 구절이 "烏鳥聚集, 猛獸乳其側"으로 되어 있다.

413 宛: 모여들다, 모으다.

414 宛頸同遊, 不擇巢以棲, 人以爲孝感所致: 『진서』, 『통지』, 『책부원구』 등에는 나오지 않는 표현이다.

415 안색을 살피며: 원문의 '색양(色養)'은 기쁜 얼굴로 부모를 봉양하거나, 부모의 안색을 살피며 그 마음을 거스르지 않고 봉양하는 것을 가리킨다. 『논어』「위정」 참고.

하겠는가? 부모에 대해서도 그러한데, 백부와 숙부, 사촌이나 조카에 대해서는 오죽하겠는가? 바로 명교의 죄인일 뿐이다. 하방이 한 일로 말할 것 같으면 진실로 남들이 잘하기 어려운 것을 능히 해낸 것이니, 하늘로부터 타고난 지극한 본성은 또래 중에 가장 뛰어났다고 할 수 있다. 그러니 지난날의 일에 대해 표창하여 후대 사람들에게 권면의 뜻을 보인 것이 마땅하다. 자식 된 자들이여, 열심히 노력하지 않아서야 되겠는가!

於乎! 冠冕百行, 莫大於孝. 人之爲孝, 生盡色養, 終極哀思. 是孝之至, 足以動天地, 感鬼神, 貫金石, 況於鳥獸乎?[416] 夏方以孱焉之童, 遭家連喪, 乃能悲哀號痛, 竭志盡力, 積十七年之勤勞, 始畢其事. 其情之可矜, 雖無情之物, 猶能感動, 而況於有血氣之類者乎? 於乎! 世之爲人子而事其親者, 生能致養, 死能盡哀, 則以爲難矣, 矧有不能者乎? 於其親尙爾, 況於諸父群從乎? 是名敎之罪人耳. 若夏方之所爲, 誠能行人之所罕能者, 其至性天成, 卓絶倫輩. 宜表異於旣往而示勸於後世也. 爲人子者, 可不勉哉! 詩曰:

【찬시】

효자는 당시 성인이 아니었는데도	當年孝子未成人

---

416 生盡色養……況於鳥獸乎: 비슷한 표현이 『위서(魏書)』 효감열전(孝感列傳) 서문에 보인다. "살아 계실 때 안색을 잘 살피며 봉양하는 방도를 다하고, 돌아가셨을 때 애통해하는 마음으로 장례를 극진히 해야 한다. 정성이 물고기에게 닿고 짐승들도 감통하는 일은 통상적인 이치로는 논할 수 없는 것으로, 매우 드물게 일어난다.[且生盡色養之天, 終極哀思之地. 若乃誠達泉魚, 感通鳥獸, 事匪常論, 斯蓋希矣.]"

집안에 환란이 이어져 친척들을 잃자 家難相仍喪所親
몸소 흙을 져 날라 열세 개 무덤 만들고는 一十三墳躬負土
밤새도록 슬피 울며 이웃을 감동시켰네 悲號徹夜動比隣

또

날짐승 길짐승 모두 순하게 길들고 飛禽走獸總安馴
푸르디푸른 소나무, 측백나무가 무덤을 울창히 둘렀네 松柏蒼蒼茂繞墳
모두 평소에 행한 수많은 효성을 칭송하니 盡道平生多孝行
오관낭장의 명성이 지금까지 전해지네 五官郎將至今聞

36. 맹종이 대숲에서 울다[417] 孟宗泣竹(16a)

【본문】

맹종(孟宗)[418]은 자가 공무(恭武)이며, 성품이 매우 효성스러웠다. 어머니

417 맹종이 대숲에서 울다: 『한』, 『언』에 같은 제목으로 수록되어 있다. 『효』에는 「맹종이 겨울에 죽순을 얻다[孟宗冬筍]」라는 제목으로 비슷한 내용이 수록되어 있다. 이 편은 『태평어람』 권963 「죽부(竹部)」에서 인용한 것으로 보인다.

418 맹종: 오나라의 문인으로 훗날 '인(仁)'으로 개명하였다. 중국의 24효자 중 한 명이다. 왕상과 함께 지극한 효성으로써 불가능을 가능하게 한 일화의 주인공으로 병칭되어, 이들의 효행을 합쳐 '설순빙리(雪筍冰鯉)'라고도 한다.

는 연로하고 병이 깊었는데, 겨울이 왔어도 죽순을 먹고 싶어 하였다. 땅이 얼어붙어 죽순이 나올 수 없는 날씨였기에 맹종이 대숲에 들어가 슬피 우니, 잠시 뒤 땅에서 죽순 몇 줄기가 돋아나왔다. 맹종이 이를 캐어 돌아와 국을 끓여 어머니께 드렸는데 국을 다 마시자 병이 나으니, 사람들이 모두 지극한 효성에 감응한 것이라고 하였다.

孟宗, 字恭武,[419] 性至孝. 母年老病篤, 冬節將至, 思筍食. 時地凍無筍, 宗入竹林哀泣, 有頃, 地上出筍數莖. 持歸作羹供母, 食畢病愈, 人皆以爲至孝所感.

【논단】

『효경』에 "효도하고 공경하는 마음이 지극하면 신명에게 통한다."[420] 라는 말이 있다. 맹종의 효행을 살펴보면, 그것은 진실한 마음에서 나온 것으로 털끝만 한 거짓도 없었다. 그러므로 천지를 감동시킬 수 있었던 것이니, 한겨울에 얼음이 꽁꽁 얼어붙은 날씨에도 홀연 죽순이 돋아나와 어머니의 국을 만들어 드림으로써 죽순을 먹고 싶어 하던 소원을 이루어 드릴 수 있었다. 국을 다 먹자 병도 나았는데 진실로 간절하고 지극한 효심으로 말미암아 하늘이 신이한 일로써 드러낸 것이다. 만일 진실한 효

---

419 字恭武: 『한』, 『언』 없음.

420 효도하고……통한다: 『효경』 「응감(應感)」, "공자께서 이렇게 말씀하셨다. ……'효도하고 공경하는 마음이 지극하면 신명에게 통하여 온 세상에 빛나 미치지 않는 곳이 없다.'[子曰:……'孝悌之至, 通于神明, 光於四海, 亡所不曁.']"라고 한 구절에서 인용한 것이다.

성이 아니었다면 아무리 땅을 파서 죽순을 구하려 하고 숲을 헤쳐 찾으려 한들 얻을 수 없었을 것이니, 장차 무엇으로써 이미 위독해진 어머니의 병을 낫게 할 수 있었겠는가? 이처럼 맹종의 효성이 지극하여 그에 대한 감응도 깊었다[421]고 할 만하다.

傳曰: “孝悌之至, 通于神明.” 觀孟宗之孝, 出乎誠心, 非有一毫之僞也. 故能感動天地, 於寒冬凝沍之時, 而忽然生筍, 以供其母之饌, 以遂其欲. 食畢病愈, 良由其孝念懇至, 天故有以表其異也. 借使其心之不誠, 雖鑿地而求之, 披林而索之, 且不可得, 將何以能愈親疾於旣篤之時乎? 此孟宗, 可謂誠之至感之深也. 詩曰:

【찬시】

당시에 오나라 효자로 맹종을 일컬으니	孝行當年說孟宗
한겨울이 닥쳤는데도 어머니가 죽순을 찾으시어	慈親思筍逼寒冬
대숲에 눈물 뿌리며 구슬피 울부짖으니	竹林灑淚哀號處
순식간에 죽순 몇 줄기가 땅에서 돋아났다지	數筍須臾出地中

또

421 효성이 지극하여……감응도 깊었다: 원문의 ‘誠之至, 感之深也’는 『논어』 「술이」 제13장에 대한 범조우(范祖禹)의 주석을 인용한 것으로 보인다. “그러므로 배우는 석 달 동안 고기 맛을 잊었다는 말로 찬미하니, 정성이 지극하여 감동이 깊은 것이다.[故學之三月, 不知肉味, 而歎美之如此, 誠之至, 感之深也.]”

죽순을 드시고 어머니가 쾌차하니　　母因食笋病全蘇
하늘의 이치가 밝고도 밝단 말은 진정 거짓 아니었네　　天理昭昭信不誣
오직 이 가슴에 효심만 지녔으니　　惟以此心存孝念
그윽한 세계에서 귀신이 절로 도운 것이리　　幽冥自有鬼神扶

37. 유곤이 몸소 농사짓다[422]　　庾袞躬稼(16b)

【본문】

유곤(庾衮)[423]은 자가 숙포(叔褒)이며, 영천군 언릉(鄢陵)[424] 사람이다. 어렸을 때부터 근검을 실천하였고 배우기에 전념하여 묻기를 좋아하였으며 부모를 효로써 잘 섬기는 것으로 일컬어졌다. 진 무제(晉武帝) 함녕(咸寧)[425] 연간에 역병이 크게 돌아 두 형이 모두 죽고 셋째 형 유비(庾毗)도 병에 걸려 위독하였다. 역병이 한창 창궐하자 부모와 아우들은 모두 밖으로 피접을 나갔는데 유곤이 홀로 남으며 떠나지 않았다. 부형들이 떠나기를 억

---

422 유곤이 몸소 농사짓다: 『한』, 『언』에 수록되지 않았다. 『효』에 「유곤이 병을 간호하다[庾袞護病]」라는 제목으로 비슷한 내용이 수록되어 있다. 『이륜행실도』(1518년 간)에 「유곤이 병간호하다[庾袞守病]」라는 제목으로 비슷한 내용이 수록되어 있다. 이 편은 『진서』 권88 효우열전 「유곤전(庾衮傳)」에서 발췌 인용한 것이다. 유사한 내용이 『수신기』, 『통지』, 『태평어람』 및 『소학』 선행 「실명륜」 제36장 등에도 수록되어 있다.

423 유곤: 진 무제 때의 효자이다. 진 명제의 후비인 명목황후(明穆皇后)의 큰아버지이다. 성품이 매우 효성스러워 세상에서 '유이행(庾異行)'이라고 칭송하였다.

424 언릉: 중국 하남성 허창(許昌)에 속한 지명이다.

425 함녕: 진 무제의 두 번째 연호로, 275년부터 280년까지 쓰였다.

지로 권하자 "저는 본래 병을 두려워하지 않습니다."라 대답하고는, 마침내 직접 형을 부축하며 밤낮으로 잠도 자지 않은 채 병간호하였다. 그리고 틈틈이[426] 죽은 형들의 관을 어루만지며 통곡[427]해 마지않으니, 이렇게 100여 일이 되자 역병의 기세가 누그러졌다. 그제야 집안사람들이 돌아와 보니 유비의 병은 다 나았고 유곤도 아무 탈이 없었다. 마을 어른들이 모두 "참으로 남다르구나! 이 아이여! 남들이 지킬 수 없는 것을 지키고 남들이 할 수 없는 것을 해냈구나! 날씨가 추워진 뒤에야 소나무와 측백나무가 늦게 시드는 줄 알 듯,[428] 비로소 역병도 (효성과 우애가 지극한 사람은) 능히 전염시키지 못하는 줄을 알았도다."라고 하였다. 당초, 유곤의 숙부들은 모두 대단히 부귀하였는데 유곤의 아버지만 가난하고 검약하게 사는 것을 견지하였다. 유곤도 몸소 농사지으며 부모에게 드릴 먹거리를 마련하였는데, 일하는 것이 매우 부지런하고 정성스러웠다. 아버지가 돌아가시자 광주리를 만들어 팔아 어머니를 봉양하였는데 어머니가 그의 부지런함을 보고는 (미안하여) "나는 먹고 싶은 것이 없다."라고 하였다. 유곤이 "어머니께서 드시는 것을 달가워하지 않으시니 제가 앞으로 어떻게 살아야겠습니까?"라고 대답하자 어머니가 감동하여 마음이 편해졌다. 유곤의 전처 순 씨(荀氏)와 후처 악 씨(樂氏)는 둘 다 대대로 벼슬하는 집안 사람인데, 유곤에게 시집온 뒤 화려한 습속을 모두 버리고 가지고 온 재산을 흩어 가난한 생활을 편안하게 여기면서, 마치 빈객을 대하듯 서로를 공경하였다. 어머니가 돌아가시자 상을 치르는 동안 무덤 곁에서 살았다.

---

426 틈틈이: 원문의 '기간(其間)'은 '틈[空隙]'이라는 뜻이다. 『소학집주』 참고.
427 통곡: 원문의 '애림(哀臨)'은 죽은 자를 위해 통곡하여 슬픔을 표하는 것[擧哀]을 가리킨다.
428 날씨가……알 듯: 『논어』 「자한(子罕)」 제27장을 인용한 것으로, 어려운 상황이 되어서야 군자의 굳은 지조나 곧은 인품이 제대로 드러남을 비유한 것이다.

당시 큰 기근이 들었는데, 쌀가루조차 넣지 않은 멀건 명아주국[429]이나마 마시도록 제자들이 올리면 유곤은 매번 "이미 먹었다."라고 하니 아무도 감히 진상하지 못했다. 훗날, 어떤 사람이 어머니 무덤가의 측백나무를 베었는데 누가 그런 것인지를 알 수 없었다. 이에 마을 사람들을 무덤가로 불러 모아 자책하면서 머리를 땅에 찧고 눈물을 흘리고는 조상들께 "제가 덕을 제대로 닦지 못하여 선조들께서 계신 곳의 나무를 지키지 못했으니, 저의 죄입니다."라며 사죄하였다. 마을 어른들도 모두 그를 위해 눈물을 흘리니 이후로는 사람들이 묘역을 범하지 못했다.

庾袞, 字叔褒, 潁川鄢陵人. 少履勤儉, 篤學好問, 事親以孝稱. 晉武帝咸寧中, 大疫, 二兄俱亡, 次兄毗復殆. 癘氣方熾, 父母諸弟, 皆出處于外, 袞獨留不去. 諸父兄强之, 乃曰: "袞性不畏病." 遂親自扶持, 晝夜不眠. 其間復撫柩, 哀臨不輟, 如此者十有餘旬, 疫勢旣歇. 家人乃返, 毗病得瘥, 袞亦無恙. 父老咸曰: "異哉! 此子! 守人所不能守, 行人所不能行! 歲寒然後, 知松柏之後凋, 始知疫癘之不能相染也." 初, 袞諸父並貴盛, 惟父獨守貧約. 袞躬親稼穡, 以給供養, 而執事勤恪. 父亡, 作筥賣以供母, 母見其勤曰: "我無所食." 對曰: "母食不甘, 袞將何居?" 母感而安之. 袞前妻荀氏, 繼室樂氏, 皆宦族富室, 及適袞, 俱棄華麗, 散資財, 共安貧苦, 相敬如賓. 母終, 服喪居于墓側. 歲大飢, 藜羹不糝, 門人有欲進飮者. 而袞每曰: "已食." 莫敢爲設. 後, 或有斬其墓柏, 莫知其誰. 乃召集隣人于墓, 而自責焉,

---

429 쌀가루조차……명아주국: 원문의 '여갱불삼(藜羹不糝)'은 나물죽에 쌀가루를 넣어 끓이지 않았다는 뜻으로, 거칠고 멀건 음식을 가리킨다. 『장자』「양왕(讓王)」, "공자가 진(陳)과 채(蔡) 사이에서 곤궁하여 7일 동안 밥을 지어 먹지 못하고 명아주국에 쌀가루도 들어 있지 않은 음식을 먹었다.[孔子窮於陳蔡之間, 七日不火食, 藜羹不糝.]"라는 표현이 보인다.

因叩頭涕泣, 謝祖禰曰: “德之不修, 不能庇先人之樹, 袞之罪也.” 父老咸亦爲之垂泣, 自後人莫之犯.

【논단】

흔히 효성과 우애는 인륜의 근본이자 교화의 근원이라고들 한다. 대개 부모는 낳아서 길러주신 은혜가 있고 형제는 동기간의 의리가 있기 때문이다. 그러므로 자식이자 아우 된 자는 자신들이 해야 할 직분에 더욱 최선을 다해야 한다. 유곤으로 말할 것 같으면, 역병이 한창 창궐하던 때 두 형을 이미 잃고 다음 형도 위독하였는데도 능히 밤낮으로 병간호하는 것만 머리에 가득할 뿐 차마 버리고 떠나지 않았다. 그 덕분에 죽은 사람은 묻힐 곳을 얻고 병든 사람은 그에 힘입어 회복할 수 있었으니, 골육간의 정의를 돈독히 하였다고 할 만하다. 그가 몸소 농사지어 아버지를 모시고 광주리를 팔아 어머니를 모신 일을 살펴보면, 일하는 것은 부지런하고도 정성스러웠고 어머니께 맛있는 음식을 올리기를 거르지 않았다. 이러한 교화가 처자식에게 미치고 마을 사람들을 감동시켰으니 역시 지극한 효성과 우애의 소치이다. 역사서에서 “유곤은 삶과 죽음이 그의 지조를 바꾸지 못했고, 역병이 그의 마음을 어지럽히지 않았으니 참으로 옛사람의 풍격이 있다.”[430]라고 한 것이 어찌 과장된 칭송이겠는가!

430 유곤은……풍격이 있다: 『진서』 권88 효우열전 발미의 역사 평론에서 인용한 것이다. “史臣曰:……庾叔褒, 不匱表於執勤, 則裕存乎敬業, 幽顯不易其操, 疫癘不駭其心, 急病讓夷之規, 有古人之風烈矣.”

嘗謂孝友, 人倫之本, 風化之原. 蓋以父母鞠育之恩, 兄弟同氣之義. 故爲人子弟者, 尤所當盡其職焉. 若庾衮, 當疫癘方熾之時, 二兄旣喪, 次兄復危, 而能晝夜眷戀, 不忍舍去. 使死者, 得有所托; 病者, 賴以復安, 可謂篤於骨肉之誼矣. 觀其躬稼以事父, 賣筥以事母, 執事恪勤, 甘旨不匱. 化及妻子, 感動鄕人, 亦其孝友之實所致. 史稱: "衮幽顯不易其操, 疫癘不駭其心, 有古人之風烈." 其虛美哉! 詩曰:

【찬시】

몸소 농사지어 부모를 섬겼으니	躬耕稼穡事雙親
맛있는 음식 올리면서 가난은 걱정하지 않았네	甘旨能供不患貧
홀로 무덤 앞에서 서리와 이슬에 느꺼워	獨對松楸[431]感霜露[432]
제자들의 멀건 명아주국조차 물리쳤다오	藜羹不糝却門人

또

역병이 창궐하여 병든 형이 위독한데	疫癘方興兄病危
옮을까 걱정 않고 홀로 병간호하니	不憂相染獨扶持
추워진 뒤에야 송백이 눈서리에 끄떡 않음을	歲寒松柏淩霜雪

431 松楸: 묘역에 많이 심는 소나무와 가래나무이다. 전하여 (부모님의) 무덤을 가리킨다.

432 感霜露: 『예기』「제의」, "서리와 이슬이 내리면 군자가 이것을 밟고 반드시 슬픈 마음이 들게 마련이니, 이는 추워서 그런 것이 아니다.[霜露旣降, 君子履之, 必有悽愴之心, 非其寒之謂也.]"라고 한 데서 인용한 것으로, 계절이 변하여 돌아가신 부모를 그리는 서글픈 감회가 더욱 일어난다는 뜻이다.

집안 어른들이 비로소 알게 되었도다 自有當年父老知

38. 성언이 굼벵이를 보고 울다[433] 盛彥泣螬(18b)

【본문】

성언(盛彥)[434]은 자가 옹자(翁子)이며, 광릉(廣陵)[435] 사람이다. 어머니 왕씨(王氏)가 병 때문에 실명하였으니, 성언이 이에 대해 언급할 때마다 눈물 흘리지 않은 적이 없었다. 몸소 곁에서 모시며 어머니의 식사는 반드시 직접 입에 떠 넣어 드렸다. 그런데 어머니가 병을 오래 앓으면서 화가 많아져 시녀에게 자주 매질하였다. 시녀가 이에 앙심을 품고 성언이 잠시 외출한 틈을 타서 굼벵이를 잡아다 왕 씨에게 구워 먹였다. 어머니는 그것을 맛있게 먹기는 하였지만, 내심 이상한 것이라 여겨 몰래 남겨두었다가 아들에게 보여주었다. 성언이 그것을 보고는 어머니를 끌어안고 통곡하다 거의 혼절하였다. 그러자 어머니의 시야가 환하게 트이더니, 이로부터 마침내 병이 다 나았다. 그 후 성언은 관직이 중서시랑에 이르렀다.

433 성언이 굼벵이를 보고 울다: 『한』에 같은 제목으로 수록되어 있다. 『언』, 『효』에는 수록되지 않았다. 이 편은 『진서』 권88 효우열전 「성언전(盛彥傳)」에서 발췌 인용한 것이다. 유사한 내용이 『수신기』, 『통지』, 『몽구』, 『책부원구』 등에도 수록되어 있다.

434 성언: 진나라의 효자로 자세한 정보는 전하지 않는다.

435 광릉: 중국 강소성 양주(揚州) 및 안휘성 천장(天長) 일대의 지명이다.

盛彦, 字翁子,[436] 廣陵人也.[437] 母王氏, 因疾失明, 彦每語及, 未嘗不流涕. 躬自侍養, 母食必自哺之. 母既疾久多怒, 婢使[438]數見捶撻. 婢忿恨, 伺彦蹔行, 取蠐螬炙飼之. 母食以爲美, 然疑是異物, 密藏以示彦. 彦見之, 抱母慟哭幾絕. 母目豁然卽開, 從此遂愈. 其後, 彦仕至中書侍郎.

【논단】

부모가 병을 앓으면 자식은 걱정하면서 마땅히 마음을 다해 온갖 정성을 다 바쳐야 한다. 병간호를 오래 하다 보면 게을러지는 경우가 간혹 있지만 성언은 그렇지 않았다. 어머니가 병 때문에 실명하였기에 식사할 때마다 반드시 직접 떠먹여 드리며 아침저녁으로 곁을 떠나지 않았다. 하루는 우연히 외출하였는데, 어머니가 자신을 때린 것에 원한을 품은 시녀가 어머니에게 굼벵이를 먹였다. 성언이 굼벵이를 보고는 어머니를 끌어안고 통곡하다 거의 기절하였는데, 어머니의 눈이 마침내 다 나아버렸다. 아! 굼벵이는 더러운 벌레이니 먹을 만한 음식은 아니다. 그런데도 시녀가 이를 먹인 것은 성언의 어머니를 해하려는 의도였을 것이다. 그러나 어머니가 그것을 먹었을 때 맛이 좋다고 여겼고 마침내 두 눈이 선명하게 다시 빛을 찾았으니 그 이유는 무엇인가? 바로 성언의 지극한 효심이 천지와 신명을 감격시켰기 때문이다. 이러한 사람이 관직이 높아지고 후대에 명성이 전해지는 것은 당연한 일이다. 아아! 요즘 세상의 자식들 중 성언

---

436 字翁子: 『한』 없음.
437 也: 『한』 없음.
438 婢使: 시녀.

같은 사람이 있다면 역시 효자라고 할 만하다.

夫父母有疾, 人子憂之, 宜無所不用其心. 然久而至於懈怠者, 時或有之, 若盛彦則不然. 因其母以疾喪明, 而食必自哺, 朝夕未嘗去其側. 一旦偶出, 婢忿其母之咎己也, 而啖[439]以蠐螬. 彦見之, 抱持慟絶, 而目遂愈. 噫! 蠐螬穢惡之蟲耳, 非所宜食. 而其婢竊以啖之, 其心蓋將以毒其母也. 及母食之, 而味且美, 遂使兩目瞭然復明, 其故何哉? 蓋由彦至孝之心, 感于天地, 格于神明之所致耳. 是宜官居通顯, 名聞後世. 嗚呼! 世之人子如盛彦, 亦可謂孝矣. 詩曰:

【찬시】

어머니의 두 눈동자 먼 지 오래	慈母雙瞳久已盲
순수한 효성으로 아침저녁 밥 먹여드렸다오	晨昏哺食出純誠
굼벵이는 분명 눈 뜨게 하는 약 아니건만	蠐螬不是明眸物
효성에 대한 감응이 눈을 다시 뜨게 하였네	孝感因令目再明

또

성언은 본래 효심과 공경함이 깊었으니	盛彦由來孝敬隆
자연히 그 일념이 하늘과 통하였네	自然一念與天通

439 啖: 먹이다.

어찌 어미의 병만 낫게 하였을 뿐이리오?	豈惟母疾能全愈
당시에 벼슬까지 높아졌다오	更得當時爵位崇

39. 유은이 꿈에 곡식을 받다[440] 劉殷夢粟(19b)

【본문】

유은(劉殷, ?~312)[441]은 자가 장성(長盛)이며, 신흥(新興)[442] 사람이다. 7세에 아버지를 여의었는데 너무 슬퍼하다 몸을 훼손시켜서 상을 치르는 것이 예법에 정한 것보다 지나칠 정도였다. 한겨울에 증조할머니 왕 씨(王氏)[443]가 미나리를 먹고 싶어 하였지만 (차마) 말하지 않고 제대로 식사하지 못한 지 열흘이나 되었다. 유은이 이상하게 여겨 여쭈니, 왕 씨가 이유를 말했다. 당시 9세였던 유은이 늪으로 들어가서는 이렇게 통곡했다. "저의 잘못[444]이 깊고도 무거워 어린 나이에 아버지를 여의었습니다.[445] 할

440 유은이 꿈에 곡식을 받다: 『한』에 같은 제목으로 수록되어 있다. 『언』에는 수록되지 않았다. 『효』에는 「유은에게 하늘이 미나리를 내리다[劉殷天芹]」라는 제목으로 비슷한 내용이 수록되어 있다. 이 편은 『진서』 권88 효우열전 「유은전(劉殷傳)」에서 발췌 인용한 것이다. 유사한 내용이 『수신기』, 『통지』, 『책부원구』, 『태평어람』 등에도 수록되어 있다.

441 유은: 진나라의 정치인이다. 효성이 지극하여 오래도록 벼슬하지 않고 어머니와 증조할머니를 섬겼다. 약관의 나이에 경사(經史)에 박통하였고 문장에도 능하였다. 전조(前趙) 제3대 임금 유총(劉聰)의 치세에 벼슬하여 관직이 태보에 이르렀다. 유은의 두 딸은 유총의 후비였다.

442 신흥: 중국 호북성(湖北省)에 속한 지명으로 보인다.

443 증조할머니 왕 씨: 『효』에는 어머니라고 되어 있다.

444 잘못: 원문의 '죄흔(罪釁)'은 과오, 악행이라는 뜻이다.

445 아버지를 여의었습니다: 원문의 '정간(丁艱)'은 집안에 환란을 만나는 것으로 주로 부모상을 당

머니[446]가 계시는데, 열흘이나 봉양조차 하지 못했습니다. 저는 자손으로서 할머니께서 드시고 싶어 하는 것도 구해드리지 못하는 처지입니다. 천지신명이시여! 가엽게 여겨주소서." 그 울음소리가 한나절이나 끊이지 않았다. 그때 갑자기 어떤 사람이 "울음을 그치거라."라고 하는 소리가 들렸다. 유은이 통곡을 그치고 눈물을 훔치며 땅을 내려다보니 문득 미나리가 자라나 있기에 열 말[447] 남짓 캐어 돌아왔다. 아무리 먹어도 줄어들지 않다가 어느 때에 이르자 미나리가 다 소진되었다. 또 밤중에 어떤 사람이 꿈에 나타나 "서쪽 울타리 밑에 곡식이 있을 것이다."라고 하기에, 일어나 그곳을 파보니 곡식이 열다섯 종이나 있었고 그릇에 "7년간 먹을 곡식 백 섬[448]을 효자 유은에게 내리노라."라는 글씨가 새겨져 있었다. 이로부터 그것을 먹은 지 7년이 지나서야 다 떨어졌다. 아내 장 씨(張氏)[449]도 성품이 온유하고 순종적이었는데, 왕 씨를 효성으로 섬긴 것으로 이름났다. 왕 씨가 세상을 떠나자, 유은 부부는 너무 슬퍼하다 몸을 훼손시켜서 거의 죽을 뻔하였다. 훗날 흰 비둘기 두 마리가 마당의 나무에 둥지를 트니,[450] 이때부터 명예가 더욱 드러났다. 진나라 태부 양준(楊駿)이 그의 효행을 조정에 알리니, 황제가 담당 관리에게 조칙을 내려 옷과 음식을 제공하고 부역과 조세를 감면하게 하였으며, 비단 200필과 곡식 500섬을 하

함을 가리킨다.

446 할머니: 원문의 '왕모(王母)'는 할머니라는 뜻이다.

447 열 말: 원문의 '곡(斛)'은 부피를 계산하는 단위로 10말[十斗]이 1곡이다.

448 백 섬: 원문의 '석(石)'은 부피를 계산하는 단위로 10말[十斗]이 1석이다.

449 아내 장 씨: 병주(并州)의 호족(豪族) 장선자(張宣子)의 딸이다. 유은의 비범한 능력과 효성을 알아본 장선자가 딸을 그에게 시집보내면서, 유은이 지극한 효성과 재주로 인해 반드시 세상에 크게 이름날 인물이므로 잘 보필할 것을 주문했다. 『진서』「유은전」 참고.

450 흰 비둘기……둥지를 트니: 『진서』에 자세한 기사가 전한다. 왕 씨의 영구가 아직 빈소에 있을 때 이웃집에서 난 불이 옮겨붙으려 하였다. 유은 부부가 영구를 두드리며 통곡[叩殯號哭]하자 불이 유은의 집은 지나치고 이웃집만 태웠다고 한다. 이와 같은 효성에 대한 감응으로 흰 비둘기 두 마리가 날아든 것이다.

사하였다. 혜제(惠帝) 영녕(永寧)[451] 초에 신흥태수에 제수되었다.

劉殷, 字長盛,[452] 新興人也.[453] 七歲喪父, 哀毁過禮. 曾祖母王氏, 盛冬思菫而不言, 食不飽者一旬矣. 殷怪而問之, 王言其故.[454] 殷年九歲, 乃於澤中慟哭曰: "殷罪釁深重, 幼丁艱罰. 王母在堂, 無旬月之養. 殷爲人子, 而所思無獲. 皇天后土! 願垂哀愍." 聲不絕者半日. 於是忽若有人云: "止." 殷止聲收淚, 視地, 便有菫生焉, 因得斛餘而歸.[455] 食而不減, 至時, 菫生乃盡. 又嘗夜夢人謂之曰:[456] "西籬下有粟." 寤而掘之, 得粟十五鍾, 銘曰: '七年粟百石, 以賜孝子劉殷.' 自是食之七歲方盡.[457] 妻張氏, 性亦婉順, 事王氏以孝聞.[458] 及[459]王氏卒, 殷夫婦哀毁, 幾至滅性. 後[460]有二白鳩, 巢其[461]庭樹, 自是名譽彌顯.[462] 晉[463]太傅楊駿, 表其[464]行於朝, 勅有司供其[465]衣食, 蠲其[466]徭賦, 賜帛二百匹, 穀五百斛. 惠帝永寧初, 拜新興太守.[467]

---

451 영녕: 서진 제2대 황제 혜제 사마충(司馬衷, 259~307, 재위 290~307)의 연호로, 301년부터 302년까지 쓰였다. 혜제는 무제의 둘째 아들이다. 혼암한 성격이라 즉위한 뒤에 흉년과 반란이 거듭되어 민심이 이반하였다. 『진서』 「혜제본기(孝惠帝紀)」 참고.

452 字長盛: 『한』 없음.

453 也: 『한』 없음.

454 盛冬思菫而不言……王言其故: 『한』 盛冬思菫.

455 乃於澤中慟哭曰……因得斛餘而歸: 『한』 於澤中慟哭半日, 忽視地, 便有菫生, 得斛餘而歸.

456 又嘗夜夢人謂之曰: 『한』 又夢人謂曰.

457 銘曰……自是食之七歲方盡: 『한』 없음.

458 事王氏以孝聞: 『한』 없음.

459 及: 『한』 없음.

460 後: 『한』 없음.

461 其: 『한』 없음.

462 自是名譽彌顯: 『한』 없음.

463 晉: 『한』 없음.

464 其: 『한』 없음.

465 其: 『한』 없음.

466 其: 『한』 없음.

467 惠帝永寧初, 拜新興太守: 『한』 없음. 말미에 "『이십사효도』에 따르면 유은의 어머니가 미나리를 먹고 싶어 한 것이다.[二十四孝圖云: 殷母思菫.]"라는 주석이 달려 있다.

【논단】

천지와 귀신을 감동시킬 수 있는 것은 오직 효뿐이다. 유은이 한창 어린 나이에 의지할 아버지를 여의었는데, 타고난 성품이 지극히 효성스러워 증조할머니를 잘 섬겼다. 증조할머니가 미나리를 먹고 싶어 하는데도 구해드리지 못하자 하늘을 우러러 통곡하며 허물을 자기에게 돌려 자책하니 한겨울임에도 미나리가 돋아나 유은이 그것을 캐다 공양할 거리를 마련해 둘 수 있었다. 또 꿈에서 곡식을 얻었는데 과연 땅을 파보니 정말로 그것이 있었고, 그릇에 새겨진 말에 그의 덕이 선명히 드러나 있었다. 만일 효성이 천지와 귀신을 감동시키기에 충분하지 않았다면, 어찌 이러한 일이 일어났겠는가? 유은 부부의 효성이 극진하여 그 후 흰 비둘기가 찾아와 둥지를 트는 상서로운 일이 일어났으니, 효성에 대한 지극한 감응이 시종일관 어쩌면 이리도 성대한가! 요즘 세상의 자손 된 자들은 자기 부모를 잘 섬기는 것을 어렵게 여기고, 조부모를 잘 섬기는 것은 더 어렵게 여기는데, 증조부모를 잘 섬기는 것은 더더욱 어렵다고 하지 않겠는가? 유은은 그 어려운 일을 잘 해냈다고 말할 수 있으니, 하늘이 효심에 보답하여 마침내 부귀영화를 보장해 주고 높은 관직에 이르게 된 것은 당연하도다!

夫動天地感鬼神, 惟孝而已. 方劉殷以童稚之年, 喪其所怙, 而天性純孝, 善事其曾祖母. 及其思菫不得, 則仰天慟哭, 引咎躬責, 盛冬而菫生焉, 殷得以備供養. 又夢有粟, 果掘得之, 銘辭昭彰以著其德. 自非其孝, 足以動天地, 感鬼神, 則焉能致此哉? 殷夫婦盡孝, 厥後, 又致白鳩來巢之祥, 其始終孝感之至, 何其盛歟! 凡世之爲人子孫者, 能事其父母, 則以爲難矣; 能事其祖父母者, 尤以爲難, 能事其曾祖父母者, 不尤難乎? 殷可謂難也已, 天報孝心, 終必榮貴, 其位居通顯也, 宜哉! 詩曰:

【찬시】

겨우 7세에 아버지 잃고 애통해하더니	父歿能哀甫七齡
증조할머니 섬기는 마음도 보통을 뛰어넘었네	事曾祖母更踰情
한겨울에 미나리 드시고자 하나 어디에서 구하리오	盛冬思菫何由得
통곡하며 하늘에 기도하니 미나리 즉시 돋았다지	慟哭祈天菫卽生

또

극진한 효심 덕에 푸른 하늘이 감동하니	由來篤孝動蒼旻
꿈속에서 본 곡식을 실제로도 얻었다네	夢粟還令得粟眞
마당 나무의 흰 비둘기도 분명히 감응한 것이니	庭樹白鳩昭感應
천지신명은 효자를 저버리지 않는다오	皇天不負孝心人

40. 왕연에게 물고기가 튀어 오르다[468] 王延躍魚(20a)

【본문】

왕연(王延, ?~318)[469]은 자가 연원(延元)이며, 서하(西河)[470] 사람이다. 9세에 어머니를 여의고 삼 년간 피눈물을 흘리며[471] 상을 치르다 거의 죽을 뻔하였다. 어머니가 돌아가신 달이 되면 한 달간 슬피 울었다. 계모 복 씨(卜氏)가 그를 포악하게 대하여 항상 부들풀 껍데기나 썩은 삼의 자투리를 넣어 왕연의 옷을 해 입혔다. 고모가 소식을 듣고 사실인지 물으니, 왕연은 알면서도 말하지 않은 채 계모를 더욱 공손히 섬겼다. 어느 엄동설한에 복 씨가 싱싱한 물고기가 먹고 싶다며 왕연에게 구해 오게 하였으나 빈손으로 돌아오니 피가 나도록 매질하였다. 그러자 왕연이 분수(汾水)에 가서 얼음[472]을 두드리며 통곡하니, 홀연 길이가 다섯 자나 되는 물고기 한 마리가 얼음 위로 튀어 올랐다. 왕연이 그것을 가져다 복 씨에게 올리

---

468 왕연에게 물고기가 튀어 오르다: 『한』, 『언』에 같은 제목으로 수록되어 있다. 『효』에는 수록되지 않았다. 이 편은 『진서』 권88 효우열전 「왕연전(王延傳)」에서 인용한 것이다. 유사한 내용이 『수신기』, 『통지』, 『가범』, 『책부원구』, 『태평어람』 및 『소학』 선행 「실명륜」 제13장 등에도 수록되어 있다.

469 왕연: 진나라의 효자이다. 진중한 성품의 소유자로 집이 가난하여 낮에는 날품을 팔고 밤에는 책을 암송하여 대의를 두루 깨우쳤다. 관의 천거를 받았으나 부모 봉양을 이유로 사양하였다. 혼란한 시기에 은거하다가, 60세에 전조(前趙) 유총(劉聰)의 정권에 나아가 벼슬이 상서좌승(尙書左丞)에 이르렀다. 유총이 죽은 뒤 한천왕(漢天王)이라 자호한 근준(靳準)의 모반에 가담하지 않자 그에게 살해되었다. 『진서』 「왕연전」 참고.

470 서하: 중국 산서성 분양(汾陽) 일대의 지명이다.

471 삼 년간……흘리며: 원문의 '읍혈삼년(泣血三年)'은 『예기』 「단궁 상」, "고자고가 부모의 상을 치를 때 삼 년간 피눈물을 흘렸다.[高子皐之執親之喪也, 泣血三年]"라고 한 데서 인용한 것이다.

472 얼음: 원문의 '능(凌)'은 얼음을 가리킨다.

니, 어머니가 며칠 동안 먹어도 없어지지 않았다. 이에 그녀가 마음으로 깨우쳐 왕연을 자기 소생처럼 사랑으로 길러주었다. 왕연은 부모를 섬길 적에 (불편함은 없는지) 안색을 잘 살피며 봉양하였으니, 여름에는 베갯머리에서 시원하게 부채질해 드리고, 겨울에는 체온으로 이부자리를 따뜻하게 데웠다. 한겨울의 심한 추위에 성한 옷을 입지 못하여도 부모에게는 맛있는 음식으로 극진히 봉양하였다. 부모가 돌아가신 뒤에 무덤 곁에 여막을 치고 살았다.

王延, 字延元,[473] 西河人也.[474] 九歲喪母, 泣血三年, 幾至滅性. 每至忌月, 則悲啼三旬. 繼母卜氏, 遇之無道, 恒以蒲穰及敗麻頭與延貯衣. 其姑聞而問之,[475] 延知而不言, 事母彌謹.[476] 卜氏嘗盛冬思生魚, 使延求而不獲, 杖之流血. 延尋汾水叩凌而哭, 忽有一魚長五尺, 踊出氷上. 取以進, 母食之, 積日不盡. 於是心悟, 撫延如己生. 延事親色養, 夏則扇枕席, 冬則以身溫被. 隆冬盛寒, 身無全衣, 而親極滋味. 父母終後,[477] 廬於墓側.

【논단】

효란 타고난 본심에 담긴 순한 덕이요, 모든 사람의 마음에 본래부터 있는 것이다. 왕연은 예닐곱 살의 어린 나이로 상을 치를 때 너무 슬

473 字延元: 『한』, 『언』 없음.
474 也: 『한』, 『언』 없음.
475 其姑聞而問之: 『한』, 『언』 없음.
476 事母彌謹: 『한』, 『언』 없음.
477 後: 『한』, 『언』 없음.

퍼하다 몸을 훼손시켰으니 이 점은 성인보다 낫다. 계모를 공손히 섬기면서 효도를 극진히 하였으니, 자연스러운 천성에서 나온 순정한 효심이 어찌 신명에게 통하지 않고 천지를 감동시키지 못하리오? 이것이 바로 그가 끝내 쉽게 구하기 어려운 물건을 얻어 계모의 마음을 뉘우치게 하고 마침내 높은 벼슬에 올라 영화로워지는 보답을 얻을 수 있었던 까닭이다. 이름이 역사서[478]에 기록되고, 아름다운 행적이 천추에 전해지니 누가 이것을 우연이라고 하겠는가? 아아! 어머니가 비록 자애롭지 않더라도 자식은 불효해서는 안 되니, 왕연 같은 자는 참으로 자식 된 도리를 극진히 하였다고 할 만하다. 『맹자』에 "부모의 뜻에 따를 수 없다면 제대로 된 자식이 될 수 없다."[479]라고 하였다. 왕연은 참으로 효성스러우면서도 부모의 뜻에 잘 따랐도다!

夫孝, 乃本心之順德, 人心之所固有. 王延以髫齔之年, 居喪哀毁, 過於成人. 承事繼母, 克盡其道, 孝心純至, 出於自然, 安有不通乎神明而感動天地? 此其所以卒能致難得之物, 以悟其繼母之心, 而終獲顯榮之報也. 名書信史, 流芳千祀, 孰謂其偶然哉? 嗚呼! 母雖有不慈, 而子不可以不孝. 如延者, 可謂能盡其道矣. 傳曰: "不順乎親, 不可以爲子." 延其孝且順歟! 詩曰:

---

478 역사서: 원문의 '신사(信史)'는 진실하게 사적을 기록하여 거짓이나 꾸밈이 없는 『춘추』 같은 역사서를 가리킨다.

479 부모의……될 수 없다: 『맹자』 「이루 상」 제28장, "순임금이 그러하였으니, 부모의 마음에 들 수 없으면 제대로 된 사람이 될 수 없고, 부모의 뜻에 따를 수 없다면 제대로 된 자식이 될 수 없다고 여겼다.[惟舜爲然, 不得乎親, 不可以爲人; 不順乎親, 不可以爲子.]"라는 구절을 인용한 것이다.

【찬시】

어릴 때부터 도타웠던 효성　　孝道能敦在稚年
한 점 선량한 마음은 타고난 본심에서 비롯된 것이었네　　良心一點出天然
삼 년간 피눈물 흘리니 참으로 애처로운데　　三年泣血應堪憫
제삿달 내내 슬피 우니 더욱 가련하도다　　忌月悲啼更可憐

또

계모의 성품이 자애롭지 않았거늘　　繼母相看性不慈
마음에 지닌 효성이 조금도 쇠해지지 않았다지　　心存孝敬未曾衰
분수 가에서 슬피 울자 물고기 튀어 오르니　　汾濱哀哭魚隨躍
이 마음을 천지신명께서 알아주신 것이라네　　此意皇天后土知

41. 허자가 짐승을 묻어 주다[480] 許孜埋獸(21a)

【본문】

허자(許孜)[481]는 자가 계의(季義)이며, 동양군(東陽郡) 오녕(吳寧)[482] 사람이다. 효성과 우애를 겸비하고 겸손하였으며, 명민하여 배우기를 좋아했다. 20세에 예장태수인 회계 사람 공충(孔沖)[483]을 스승으로 섬기며 『시경』·『서경』·『예기』·『주역』·『효경』·『논어』 등을 배웠고, 학업을 마친 뒤 고향으로 돌아갔다. 공충이 예장(豫章)에 있다가 죽으니, 허자가 부음을 듣고 슬픔을 가눌 길 없어 짐을 지고 급히 달려가서 (공충의 고향인) 회계로 상여를 보냈다. 거친 음식만 먹고 직접 일 처리를 하며 스승의 삼년상을 치렀다. 얼마 뒤 허자의 부모가 모두 별세하였는데, 슬픔으로 비쩍 말라 뼈만 앙상하니[484] 지팡이를 짚고서야 겨우 일어설 수 있었다. 고을 동쪽 산

---

480 허자가 짐승을 묻어 주다: 『한』, 『언』에 같은 제목으로 수록되어 있다. 『효』에는 「허자가 흙을 져 나르다[許孜負土]」라는 제목으로 비슷한 내용이 수록되어 있다. 이 편은 『진서』 권88 효우열전 「허자전(許孜傳)」에서 발췌 인용한 것이다. 유사한 내용이 『통지』, 『책부원구』, 『태평어람』 등에도 수록되어 있다.

481 허자: 진나라의 효자이다. 허자가 부모의 무덤 곁에 집을 짓고 살자 매와 꿩이 그의 집 대들보와 처마에 둥지를 틀고, 사슴과 맹수가 마당에 들어와 서로 잡아먹지 않고 어울려 살기도 하였다.[鷹雉棲其梁簷, 鹿與猛獸擾其庭圃, 交頸同遊, 不相搏噬.] 혜제 원강(元康) 연간에 효렴으로 천거되었으나 나아가지 않고 평생 포의로 지냈다. 아들 허생(許生)도 효행으로 이름났으니, 아버지의 모습을 그림으로 그려두고 아침저녁으로 절했다고 한다. 『진서』 「허자전」 참고.

482 오녕: 중국 절강성 동양시(東陽市) 일대의 지명이다.

483 공충: 진나라의 관리로, 회계군 산음현(山陰縣) 출신이며 공자의 24대손이다. 단양태수(丹陽太守), 대상서(大尙書) 등을 역임하였다.

484 슬픔으로……앙상하니: 원문의 '시훼골립(柴毁骨立)'은 상을 당한 사람이 지나치게 슬퍼하여 뼈가 드러날 정도로 몸이 바짝 야윈 모습이 마치 지푸라기 같다고 한 데서 유래한 표현으로, '시립(柴立)'이라고도 한다.

에 무덤을 만들면서 직접 흙을 져 나르고 마을 사람들의 도움은 받지 않았다.[485] 한 번 슬피 통곡할 때마다 새와 짐승이 날아들었다. 허자는 홀로 묘소를 지키며[486] 5~6리에 걸쳐 소나무와 측백나무를 줄지어 심었다. 어느 날 웬 사슴이 심어둔 소나무를 치받아 상하게 하니 허자가 슬피 탄식하며 "사슴이 유독 내 마음을 몰라주는구나!"라고 하였다. 이튿날, 갑자기 그 사슴이 맹수에게 물려 죽어 치받은 나무 아래에 놓여있는 모습을 보고는 허자가 매우 안쓰러워하며[487] 사슴을 위해 부모의 무덤 옆에 묻어주니, 그 뒤로 나무가 더욱 무성해져 그늘을 드리웠고 들이받는 짐승도 없었다. 20여 년이 흘러 허자는 부모의 무덤 곁에 집을 짓고 아침저녁으로 정성을 다 바치며[488] 돌아가신 부모를 마치 살아 계신 듯이 섬겼다. 향년 80세로 집에서 죽으니, 고을 사람들이 그가 살던 마을을 효순리(孝順里)라고 불렀다.

許孜, 字季義,[489] 東陽吳寧人也.[490] 孝弟恭讓, 敏而好學.[491] 年二十, 師事豫章太守會稽[492]孔沖, 受詩'書'禮'易, 及孝經'論語, 學竟,[493] 還鄕里. 沖

---

485 마을 사람들의……않았다: 마을 사람들이 비쩍 마른 허자를 안쓰럽게 여겨 힘들게 도와주러 오니, 낮에는 차마 거절할 수 없어 도움을 받았지만 밤이 되면 마을 사람들이 날라 준 흙을 없애고[或湣孜羸憊, 苦求來助, 孜晝助不逆, 夜便除之] 직접 부모의 무덤을 조성하였다. 『진서』「허자전」 참고.

486 홀로 묘소를 지키며: 허자는 부모의 무덤을 다 만든 뒤 아내를 내치고 무덤 곁에서 살았다. 『진서』「허자전」 참고.

487 안쓰러워하며: 사슴을 물어 죽인 맹수도 허자 눈앞에서 스스로 머리를 박아 죽으니 허자가 더욱 탄식하며 묻어 주었다고 한다.[猛獸卽於孜前自撲而死, 孜益歎息, 又取埋之.] 『진서』「허자전」 참고.

488 정성을 다 바치며: 원문의 '증증(烝烝)'은 효성이 도탑고 지극한 모양이다.

489 字季義: 『한』, 『언』 없음.

490 東陽吳寧人也: 『한』, 『언』 東陽人.

491 孝弟恭讓, 敏而好學: 『한』, 『언』 없음.

492 會稽: 『한』, 『언』 없음.

493 受詩書禮易及孝經論語, 學竟: 『한』, 『언』 受學.

在郡喪亡,[494] 孜聞問盡哀, 負擔奔赴, 送喪還會稽. 蔬食執役,[495] 制服三年. 俄而二親沒,[496] 柴毀骨立, 杖而能起. 建墓於縣之東山, 躬自負土, 不受鄉人之助. 每一悲號, 鳥獸翔集. 孜獨守墓所, 列植松柏亘五六里. 時[497]有鹿犯所種松, 孜悲歎曰: "鹿獨不念我乎!" 明日, 忽見[498]鹿爲猛獸所殺, 致於所犯松下, 孜悵惋不已, 乃爲作冢, 埋於隧側,[499] 自後, 樹木滋茂而無犯者. 積二十餘年,[500] 孜乃立宅墓次, 烝烝朝夕,[501] 事亡如存. 年八十餘, 卒于家,[502] 邑人號其居爲孝順里.

【논단】

사람이 사람다울 수 있는 것은 부모가 낳아 주시고 스승이 가르쳐 주셨기 때문이다. 그러므로 부모의 은혜와 스승의 의리에 반드시 보답하는 것은 사람 된 도리로 마땅히 해야 할 일이다. 그러나 허자처럼 그 도리에 모두 최선을 다하는 경우는 역시 드물다. 그가 부모의 장례를 치른 것을 보면, 직접 흙을 져 날라 무덤을 만들었고 슬피 통곡하는 소리가 새와 짐승을 감동시켰으며, 돌아가신 부모를 마치 살아 계신 듯이 섬기기를 평생토록 한결같이 하였다. 스승이 돌아가셨을 때는 거친 음식을 먹고

494 沖在郡喪亡: 『한』, 『언』 沖亡.
495 聞問盡哀……蔬食執役: 『한』, 『언』 없음.
496 沒: 『한』, 『언』 歿.
497 時: 『한』, 『언』 없음.
498 忽見: 『한』, 『언』 없음.
499 孜悵惋不已, 乃爲作冢, 埋於隧側: 『한』, 『언』 孜埋隧側.
500 而無犯者, 積二十餘年: 『한』, 『언』 없음.
501 烝烝朝夕: 『한』, 『언』 없음.
502 年八十餘, 卒于家: 『한』, 『언』 없음.

직접 일 처리를 하며 삼년상을 치렀으니, 이는 모두 남들은 잘하기 어려운 일이다. 요즘 세상의 불효하고 불의한 자들은 부모가 살아 계심에도 아침저녁으로 문안 인사 드리는 예를 생략하니, 하물며 돌아가신 뒤에 슬퍼하고 그리워하는 마음을 먹으려 들겠는가? 스승이 살아 계심에도 제자의 역할을 제대로 하지 못하는데, 하물며 돌아가신 뒤에 추모하고 그리워하는 의리가 생기겠는가? 그들이 허자를 보면 어찌 부끄러운 마음이 들지 않겠는가! 그러므로 허자의 효행을 드러내어 세속 사람들을 권면하는 것으로 삼는다.

夫人之所以爲人者, 親生之而師敎之也. 故親之恩必酬, 而師之義必報, 此人道之所當爲者也. 然有能兼盡其道, 如許孜者, 蓋亦鮮焉. 觀其服親之喪, 躬負土以營墓, 悲號之聲, 感於鳥獸, 事亡如存, 終身如一. 爲師之喪, 蔬食執役, 制服三年, 此皆人之所鮮能者. 世有不孝不義之人, 父母在, 而晨昏定省之禮, 尙復闕然. 況死而欲其有哀慕之心乎; 師在, 且不能盡爲弟子之職, 況死而欲其有追思之義乎? 其視許孜, 寧不有忸於心哉! 故表孜之行, 以爲俗人之勸也. 詩曰:

【찬시】

효로 부모 섬기고 의리로 스승 모시나니	孝事雙親義事師
이런 효심을 하늘만은 알아주시네	此心應只有天知
부지런히 무덤 만들고 자주 슬피 우니	辛勤營墓頻哀慟
새와 짐승도 모여들어 함께 슬퍼하였다오	鳥獸徊翔亦愴悲

또

무덤가 소나무 측백나무 울창해졌는데	墓前松柏已蒼蒼
무지한 사슴이 들이받아 상하게 한 뒤	鹿本無知遂觸傷
하루아침에 목숨 잃고 나무 아래 버려지니	一旦戕生[503]依樹下
귀신이 응당 그의 효심을 빛내려 함이로다	鬼神應使孝心彰

42. 범선이 어려서부터 효도하다[504] 范宣幼孝(23b)

【본문】

범선(范宣)[505]은 자가 선자(宣子)이며, 진류(陳留)[506] 사람이다. 10세에 『시경』과 『서경』을 외웠다. 어느 날 칼에 손을 베였는데 손을 받쳐 들고 얼굴빛을 바꾸니 사람들이 "아프냐?"하고 물었다. 범선은 "별로 아프지 않습니다. 그저 부모님께 받은 온전한 몸을 상하게 하였으니 살아갈 수 없을

---

503 戕生: 생명을 해치다.

504 범선이 어려서부터 효도하다: 『한』, 『언』, 『효』에 수록되지 않았다. 이 편은 『진서』 권91 유림열전(儒林列傳) 「범선전(范宣傳)」에서 발췌 인용한 것이다. 유사한 내용이 『통지』, 『책부원구』, 『태평어람』 등에도 수록되어 있다.

505 범선: 진나라의 효자이다. 조정에서 여러 차례 벼슬로 초빙했지만 나아가지 않았다. 집이 가난하니 그를 높이 평가한 관리들이 음식을 보내주고 집을 고쳐주려 하였지만 모두 거절하였다. 각종 서적에 두루 통달하였으며, 특히 삼례(三禮: 예기, 의례, 주례)에 정통하였다. 『예역논란(禮易論難)』을 저술하였다. 향년 54세로 죽었다.

506 진류: 중국 하남성 개봉 일대의 지명이다.

따름입니다."라고 대답하니, 집안사람들이 그가 어리지만 남다르다고 여겼다. 은거하면서 학문을 쌓아 각종 서적에 두루 통달하였다. 집이 너무 가난하여 직접 농사지어 부모를 봉양하였다. 부모가 돌아가시자 흙을 져 날라 무덤을 만들고 그 곁에 여막을 치고 살았다.

范宣, 字宣子, 陳留人. 年十歲, 能誦詩書. 嘗以刀傷手, 奉手改容, 人問: "痛耶?" 答曰: "不足爲痛, 但受全之體而致毁傷, 不可處耳." 家人以其年幼而異焉. 隱居積學, 博綜群書. 家至貧儉, 躬耕養親. 親沒, 負土成墳, 廬於墓側.

【논단】

몸과 머리털과 피부는 부모로부터 받은 것이다. 부모가 온전히 낳아 주셨으니, 자식도 온전히 돌아가야만 효라고 할 수 있다.[507] 만일 혹 몸을 상하게 되면 어찌 부모를 공경하는 도리를 다했다고 하겠는가? 범선은 어린아이임에도 벌써 손을 다친 것이 온전히 돌아가는 의를 잃게 된 것임을 알았기에, 마음속에 부끄러움을 안고 더는 살아갈 수 없다고 여겼다. 타고난 본성에서 나온 지극한 효심이 아니라면 그럴 수 있겠는가? 그는 은거하면서 독실히 공부하고 몸소 농사지으며 부모의 뜻을 잘 봉양했다. 또한 부모가 돌아가시자 흙을 져 날라 무덤을 만들고 그 곁에 여

507 부모가 온전히……할 수 있다: 『예기』「제의」, "父母全而生之, 子全而歸之, 可謂孝矣."라는 문장을 인용한 것이다.

막을 치고 살았으니, 부모를 차마 돌아가신 예로 대하지 못하는 효자[508]가 아니었다면 할 수 없지 않았겠는가? 과거에 악정자춘이 마루에서 내려오다 발을 다치자 근심하는 기색이 있었으니 이는 증자의 가르침 덕분이었다.[509] 범선은 비록 성현께 직접 가르침을 받지는 못하였지만, 증자가 죽기 전 부모님께 받은 손발이 온전한지 열어 보이던 뜻에 비추어 스스로 부끄러워할 줄 알았으니, 다른 사람들보다 매우 뛰어난 자로다!

身體髮膚, 受之父母. 父母全而生之, 子全而歸之, 乃可爲孝. 苟或至於毁傷, 豈敬親之道哉? 范宣以幼稚之年, 已能知傷手失歸全之義, 中心負愧, 不可以處. 非出於天性之純孝者能之乎? 隱居篤學, 躬耕養志. 親沒, 負土成墳, 廬於墓側, 非不忍死其親者不能也? 夫樂正子春, 下堂傷足, 而有憂色, 以其有曾子之敎也. 宣非有聖賢啓發之益, 而能有愧於曾子啓手啓足之義, 其過於人者, 豈不遠乎! 詩曰:

【찬시】

어린 나이에 힘써 공부하며 옛 성현 사모하니	幼年務學慕前賢[510]
손가락에 작은 상처 나도 서글퍼하였네	一手微傷意愴然

508 차마 돌아가신……못하는 효자: 『서경』「요전(堯典)」 제8장에 대한 주희의 주석에 "옛날에 군자는 외출하면 반드시 아버지의 사당에 고하고, 돌아와서도 사당에 고하였으니, 효자의 마음에 차마 모를 돌아가신 예로 대하지 못하기에 외출하고 돌아오면 살아계실 때처럼 뵙고 인사드리는 것이다.[古者, 君將出必告于祖禰, 歸又至其廟而告之, 孝子不忍死其親, 出告反面之義也.]"라는 표현이 보인다.

509 악정자춘이……덕분이었다: 『효순사실』 권1 「12.악정자춘이 발을 다치다[子春傷足]」 참조.

510 前賢: 증자를 가리킨다.

증삼에 비기려다 끝내 부끄러움 품은 까닭은　　欲比曾參終負愧
부모가 물려주신 몸 온전히 할 수 없게 된 탓이라오　　只因遺體未能全

또

은거하며 몸소 농사짓는 즐거움 끝이 없는데　　躬耕隱處樂無窮
부모의 뜻을 받들어 모시며 풍년을 기뻐하네　　養志庭闈[511]喜歲豊
다행히도 장례를 잘 치렀지만　　幸得送終襄大事
여막에 이는 슬픈 바람 소리 차마 들을 수 없네　　忍聞廬墓起悲風

43. 변진이 전란에 달려가다[512]　　卞眕赴難(24b)

【본문】

변진(卞眕)[513]은 제음군(濟陰郡) 원구(寃句)[514] 사람이다. 진 성제(晉成帝)

511　庭闈: 부모가 거처하는 곳.
512　변진이 전란에 달려가다: 『한』, 『언』, 『효』에 수록되지 않았다. 다만 『삼강행실충신도(三綱行實忠臣圖)』에 「변 씨 가문의 충효[卞門忠孝]」라는 제목으로 비슷한 일화가 수록되어 있다. 이 편은 『진서』 권70 「변호전(卞壼傳)」에서 발췌 인용한 것으로 보인다. 유사한 내용이 『통지』, 『책부원구』, 『태평어람』, 『자치통감』 등에도 수록되어 있다.
513　변진: 진나라의 효자로, 젊은 나이에 전사하는 바람에 자세한 정보가 전하지 않는다.
514　원구: 중국 산동성 하택시(荷澤市) 일대의 지명이다.

함화(咸和)[515] 3년(328)에 소준(蘇峻, 294~328)[516]이 반란을 일으켜 대궐을 습격하였다. 변진의 아버지 변호(卞壼, 281~328)[517]는 당시 상서령이었는데, 영군장군의 벼슬을 더하여 소준의 군대와 거듭 싸우다 전사하였다. 변진과 변우(卞盱) 형제는 아버지가 전사한 것을 알고 함께 적진으로 뛰어들었다가 동시에 해를 당하였다. 어머니 배 씨(裵氏)가 두 아들의 시신을 어루만지면서, "아비는 충신이 되었고 너희는 효자가 되었으니, 무엇을 한하랴?"라고 통곡하였다. 징사[518] 적탕(翟湯)[519]이 이 소식을 듣고는 "아비는 군주를 위해 죽고 자식은 아비를 위해 죽었으니, 충효의 도리가 이 한 가문에 모였도다."라며 찬미하였다. 소준의 반란이 평정된 뒤, 변진은 산기시랑에, 변우는 봉거도위에 추증되었다.

卞眕, 濟陰寃句人. 晉成帝咸和三年, 蘇峻稱兵犯闕. 眕父壼爲尙書令, 加領軍將軍, 與峻連戰死之. 眕及弟盱, 見父沒, 相隨赴賊, 同時見害. 眕母裵氏, 撫二子屍, 哭曰: "父爲忠臣, 汝爲孝子, 夫何恨乎?" 徵事翟湯聞之歎曰: "父死於君, 子死於父, 忠孝之道, 萃于一門." 峻平, 贈眕散騎侍郞, 盱奉車都尉.

---

515 함화: 동진(東晉)의 제3대 황제인 성제 사마연(司馬衍, 321~342, 재위 325~342)의 연호 중 하나로, 326년부터 334년까지 쓰였다.

516 소준: 성제 때의 무인으로, 반란을 일으켰다가 도간(陶侃)에게 평정되었다.

517 변호: 성제 때의 명신으로, 성제가 어린 나이에 즉위하여 태후가 수렴청정할 때 유량(庾亮)과 함께 정사를 보필하였다. 변호의 여섯 형제가 모두 태보(台輔)의 반열에 올랐기에 사람들이 '변 씨 육룡(卞氏六龍)'이라고 불렀다. 소준의 반란을 진압하는 과정에서 전사하였고, 두 아들도 함께 전사하였기에 사람들이 '변 씨 가문의 충효[卞門忠孝]'라 칭송하였다.

518 징사: 학행이 뛰어나 조정에서 초빙한 재야의 선비 등을 가리킨다.

519 적탕: 진나라의 은자로, 자가 도심(道深)이며 심양(尋陽) 사람이다. 『진서』 권94 은일열전(隱逸列傳) 「적탕전(翟湯傳)」 참고.

【논단】

덕 중에 충효보다 더 큰 것은 없고, 일 중에 살신성인보다 더 어려운 것은 없다. 신체란 부모가 남겨준 것이므로 아끼지 않을 수 없지만, 오직 군주와 아버지가 어려움에 처했을 때만은 목숨을 버릴 수 있으니, 이것이 충성과 효성을 실천하는 것이기 때문이다. 이런 상황에 오히려 자기 목숨만 아끼면 신하와 자식 된 자의 도리가 아니다. 변호가 군주를 위한 일을 하다 전사하자, 아들 변진과 변우가 함께 그곳으로 달려가 죽었다. 변호가 자신의 임무를 수행하다 죽은 것은 마땅한 일이지만, 변진과 변우 형제는 왜 유독 목숨을 아끼지 않았던가? 진실로 아버지가 이미 전사하였는데 자신들만 온전히 살아갈 수 없었기에 반드시 목숨을 버리고 달려간 것이니, 어찌 시퍼런 칼날이 두려워할 만한 것임을 따졌겠는가? 진실한 효심이 추동하여 그렇게 하게 한 것이다. 이에 아버지는 앞서 죽고 자식은 뒤따라 죽었으니, 아버지는 군주를 위해 자기 목숨을 희생하여 신하 된 자로서 부끄러움이 없고, 자식은 아버지를 위해 자기 목숨을 버려 또한 자식 된 자로서 부끄러움이 없도다. 충효의 도가 온전히 갖추어져 뛰어나니, 추증의 은총으로 밝게 드러내어 끝없는 영예를 드리우게 된 것은 당연하다. 아아! 숭상할 만하도다!

德莫大於忠孝, 而事莫難於殺身. 蓋身者, 父母之遺體, 不可以不愛焉, 唯於君父之難, 則死之, 此所以爲忠與孝也. 於此而猶愛其身, 則非爲臣子之道矣. 卞壼之沒於王事也, 其子眕盱, 皆死焉. 壼死於其職宜矣, 眕盱獨不愛其生哉? 誠以父旣殞沒, 而已不可以自全也, 故必捐生以赴之, 夫豈知白刃之足畏哉? 誠孝之激使然也. 於是父死於前, 子死於後, 父爲君以殺身, 旣無愧於爲臣; 子爲父而殞命, 復不愧於爲子. 忠孝之道, 兼全具美, 宜其顯膺寵贈, 以垂譽於無窮也. 於乎! 其可尙也已! 詩曰:

【찬시】

이 생명은 본디 군주와 아비에 의뢰한 것이니	此生本自賴君親
어려울 때 어찌 한목숨 아끼리오	臨難如何可愛身
비록 칼날 아래 몸은 가루가 되었으나	縱使糜軀鋒刃下
높은 풍모 덕에 떳떳한 윤리가 도타워졌다오	高風猶得重彝倫

또

아비가 한 번 죽어 군주께 보은하니	父將一死報君恩
두 아들 어찌 전란 중에 제 목숨만 보전하리오	二子臨戎忍自存
강개한 마음으로 달려가 같은 날 죽으니	慷慨相隨同日盡
천년의 충효로 아름다운 가문을 표창하네	千年忠孝表淸門

孝順事實卷三

44. 하기가 불을 끄다[520] 何琦息火(1a)

【본문】

하기(何琦)[521]는 자가 만륜(萬倫)이며, 여강군(廬江郡) 첨현(灊縣)[522] 사람이다. 아버지 하부(何阜)는 회남내사를 역임하였다. 하기가 14세에 아버지를 여의니, 너무 슬퍼하다 몸을 훼손시켜서 상을 치르는 것이 예법에 정한 것보다 지나칠 정도였다. 성품이 침착하고도 총명하였으며, 학식과 도량이 있었고, 옛것을 좋아하며 박학하였다. 선성군(宣城郡) 양곡현(陽穀縣)[523]에 살면서 어머니를 부지런히[524] 섬겼으니, 아침저녁으로 (불편한 것은 없는지) 안색을 잘 살피며 봉양하고 항상 맛있고 신선한 음식을 충분히 드리지 못할

---

520 하기가 불을 끄다: 『한』, 『언』, 『효』에 수록되지 않았다. 이 편은 『진서』 권88 효우열전 「하기전(何琦傳)」에서 발췌 인용한 것이다. 유사한 내용이 『통지』, 『책부원구』 등에도 수록되어 있다.

521 하기: 진나라의 학자로, 효행과 학식을 겸비하였다. 효렴으로 천거되어 낭중에 제수되었지만, 어머니가 돌아가신 뒤 사직하였다. 은거하면서 서적을 보거나 거문고를 즐기며 검소하게 살았다.[耽翫典籍, 以琴書自娛, 不營産業, 節儉寡欲, 豐約與鄕鄰共之.] 『삼국평론(三國評論)』 등 백여 편의 저술을 남겼다. 향년 82세로 죽었다. 『진서』 「하기전」 참고.

522 첨현: 중국 안휘성에 속한 지명이다.

523 양곡현: 중국 안휘성 선성시(宣城市) 부근의 지명이다.

524 부지런히: 원문의 '자자(孜孜)'는 부지런한 모양, 전심하는 모양이다.

까 걱정하였다. 마침 선성군 주부에 의해 효렴으로 천거되어 낭중에 제수되었다가 선성군 경현현령으로 선임되었다. 사도 왕도(王導)라는 자가 그를 참군으로 삼으려 하였지만 부임하지 않았다. 모친상을 당하자, 상을 치르면서 피눈물을 흘려 지팡이를 짚고서야 겨우 일어날 수 있었다. 어머니의 영구가 아직 빈소에 있을 때 이웃집에 난 불이 들이닥쳐 화염과 연기가 이미 뒤섞였는데, 집에 노복들도 없어 도저히 영구를 모시고 빠져나갈 방법이 없었다. 엉금엉금 기어가 관을 어루만지면서 통곡하자 얼마 뒤 바람이 그치고 불이 꺼지니, 집 한 칸만이 겨우 소실되는 것을 면했다. 그의 정성이 하늘을 감동시킨 것이 이와 같았다. 상복을 벗은 뒤 울분이 북받쳐 올라 “내가 세상에 나가 벼슬한 이유는 박봉이나마 실질적 이익을 얻어 사사로이 부모님을 공양하기 위해서였다. 그러나 하루아침에 믿고 의지할 부모를 잃은 외로운 신세[525]가 되었으니, 어찌 다시 나같이 노둔한 자질로 청명한 조정을 더럽히리오?”라며 탄식하였다. 이에 은거[526]할 뜻을 기르며 세상 사람들과 교제하지 않았고, 누차 불렀지만 나아가지 않았다. 이로 말미암아 군자들이 모두 그의 덕을 우러러보아 그에게 복종하지 않는 사람이 없었다.

何琦, 字萬倫, 廬江灊人也. 父阜, 淮南內史. 琦年十四喪父, 哀毁過禮. 性沉敏, 有識度, 好古博學. 居于宣城陽穀縣, 事母孜孜, 朝夕色養, 常患甘鮮不贍. 乃爲郡主簿察孝廉, 除郎中, 以選補宣城涇縣令. 司徒王導, 引爲參軍, 不就. 及丁母憂, 居喪泣血, 杖而後起. 停柩在殯, 爲隣火所逼, 烟焰

---

525 외로운 신세: 원문의 ‘경연(煢然)’은 외롭게 홀로 된 모양이다.

526 은거: 원문의 ‘형문(衡門)’은 나무를 가로질러 만든 보잘것없는 문이라는 뜻으로 검소하게 살아가는 은자의 삶을 비유한 것이다.

已交, 家乏僮使, 計無所出. 乃匍匐撫棺號哭, 俄而風止火息, 堂屋一間免燒. 其精誠所感如此. 服闋, 乃慨然歎曰: "所以出身而仕者, 實利微祿, 私展供養. 一旦煢然無復怙恃, 豈可復以朽鈍之質, 塵瀆淸朝哉?" 於是, 養志衡門, 不交人事, 累徵召不起. 由是, 君子仰德, 莫能屈也.

【논단】

아아! 효도란 위대하도다! 효로써 천지와 귀신을 감격시킬 수 있고, 입신하여 명예를 드날릴 수도 있으니 자식 된 자들이 어찌 효도를 실천하지 않을 수 있겠는가? 하기로 말할 것 같으면, 어려서 아버지를 여의었는데 너무 슬퍼하다 몸을 훼손시켜서 상을 치르는 것이 예법에 정한 것보다 지나칠 정도였다. 자라서 어머니를 섬길 때는 안색을 잘 살피면서 봉양하여 뜻을 어긴 적이 없었다. 어머니가 돌아가셨는데 영구가 아직 빈소에 있을 때 화재가 일어났다.[527] 한창 불길이 치솟아 들이닥칠 때, 연기와 화염의 기세는 인력으로는 멈출 수 없는 것이었다. 관을 어루만지면서 통곡하고 자기 목숨은 돌아보지 않자 마침내 바람이 그치고 불이 꺼져 어머니의 영구가 온전할 수 있었으니, 바로 한결같은 효성이 하늘을 감동시켰기 때문에 이러한 보응이 있었던 것이다. 군자들은 당시에 그의 덕을 흠모하였고, 역사서에 유구하게 그의 아름다운 명성이 전해지는 것은 지극한 효도의 소치이다. 요즘 세상의 사람들도 부모를 섬기면서 능히 자신의 효성

527 화재가 일어났다: 원문의 '회록(回祿)'은 불을 주관하는 전설 속의 신[火神]으로, 전하여 화재라는 뜻으로 쓰인다.

을 다 바칠 수 있다면, 어찌 천지와 귀신의 보우함이 있지 않겠는가?

嗟夫! 孝之爲道, 大矣! 可以動天地, 可以感鬼神, 可以立身顯名, 爲人子者, 烏可以不行孝哉? 若何琦, 幼而喪父, 哀毁過禮. 長事母, 色養不違. 母喪, 停柩而遭回祿之災. 方其火逼之際, 煙焰之勢, 人莫能止. 撫棺號哭, 不顧己身, 遂使風止火息, 親柩得完. 是由一念之孝感動, 故其報應如此. 君子仰德於當時, 靑史流芳於悠久, 是孝道之所致也. 世之人事親能盡其孝者, 則天地鬼神, 豈有不祐之哉? 詩曰:

【찬시】

어려서부터 효성이 도타와	孝道能敦自幼孩
예를 다해 상 치르며 몹시도 슬퍼하였네	居喪盡禮更悲哀
고당에 계신 어머니께 맛난 음식 드리며	高堂慈母供甘旨
극진히 봉양하는 그 모습 노래자 같구나	色養應知似老萊[528]

또

이웃에서 불이 나 화염이 치솟으니	隣遭回祿起炎烟
어머니 관을 어루만지며 슬피 우는 모습 가련하다	撫柩悲號更可憐
어찌 생각이나 했으리오? 하늘이 효성에 감동하여	豈意天公感誠孝

528 老萊: 『효순사실』 권1 「11. 노래자가 색동옷을 입다[老萊斑衣]」 참조.

바람 멎고 불이 꺼져 관을 지킬 수 있었을 줄을　　　風停火息柩能全

45. 손법종이 아버지의 유해를 찾다[529]　　　法宗求骸(2a)

【본문】

손법종(孫法宗)[530]은 일명 종지(宗之)이고, 오흥(吳興)[531] 사람이다. 진 안제(晉安帝)[532] 때 아버지가 손은(孫恩, ?~402)[533]을 따라 바다에 들어갔다 돌아가셨기에 유해를 수습할 길이 없었고, 어머니도 결국 굶어 죽었다. 손법종은 어린 나이에 고아가 되어 이리저리 떠돌다 16세가 되어서야 겨우 고향으로 돌아올 수 있었다. 혈혈단신으로 온갖 고생을 하였으니 서리 내린 길에서 노숙하면서도,[534] 관곽(棺槨)을 장만하고 봉분을 만들어 어머니를 장사지내니, 검소하면서도 예법에 맞았다. 그러나 아버지의 유골을 수습

529 손법종이 아버지의 유해를 찾다: 『한』에 같은 제목으로 수록되어 있다. 『언』, 『효』에는 수록되지 않았다. 이 편은 『남사(南史)』 권73 효의열전 상(孝義列傳上) 「손법종전(孫法宗傳)」에서 발췌 인용한 것이다. 유사한 내용이 『통지』, 『책부원구』, 『태평어람』 등에도 수록되어 있다.

530 손법종: 진나라의 효자이다. 남조(南朝) 송(宋)나라 효무제(孝武帝) 때 문학종사(文學從事)로 천거되었지만 나아가지 않고 은거하였다.

531 오흥: 중국 절강성 호주시(湖州市) 일대의 지명이다.

532 진 안제: 동진 제10대 황제 사마덕종(司馬德宗, 382~418, 재위 396~418)이다. 효무제의 뒤를 이어 즉위하였는데, 어려서부터 노둔하였다. 반란을 일으킨 유유(劉裕)에게 시해되었다.

533 손은: 자 영수(靈秀). 안제의 신하이다. 숙부 손태(孫泰)가 피살되자 반란을 일으키고 정동장군(征東將軍)이라 자칭하며, 자신을 따르는 반란군을 장생인(長生人)이라고 불렀다. 402년, 임해군(臨海郡)을 재차 공격하던 중 임해태수 신경(辛景)에게 격퇴되자 바다에 몸을 던져 자살하였다. 『진서』 권100 「손은전(孫恩傳)」 참고.

534 서리 내린……노숙하면서도: 원문의 '상행초숙(霜行草宿)'은 서리가 내린 새벽에 다니고 초야에서 노숙한다는 뜻으로 노고를 겪는 상황을 형용한 것이다.

하지 못했기에, 바다에 들어가 찾고자 하였다. 어떤 사람이 "부모의 유해가 맞는지 식별하려면 친자식을 찔러 핏방울을 해골에 떨어뜨려 피가 스며들면 바로 그것이 부모의 유골이다."라고 하였다. 이에 바다를 따라 내려가며 바싹 마른 뼈를 볼 때마다 칼로 찔러 피를 내어 떨구기를 십여 년간 하였지만 끝내 스며드는 것이 없었다. 몸에는 온전한 피부가 없고 혈맥도 바싹 말라버렸지만, 결국 찾지 못한 채 돌아왔다. 손법종은 마침내 평생토록 상복을 입고 어머니 무덤 근처에서 살았는데, 산새와 들짐승들도 잘 길들어져 그를 따랐다. 또 머리에 부스럼이 나자 어떤 비범한 사람이 밤중에 찾아와 치료할 방도를 일러주며 약을 달여 바르고 있게 하자 병이 대번에 나았다.[535]

孫法宗, 一名宗之,[536] 吳興人. 晉[537]安帝時, 父灤隨孫恩入海被害,[538] 遺骸莫收, 母復餓死. 法宗幼孤流迸, 年十六, 方還鄉里. 單身勤苦,[539] 霜行草宿, 營辦棺槨, 造立冢墓, 葬母, 儉而有禮. 以父骨不得, 將入海求之. 或云: "欲識父母遺骸, 所生子刺血瀝骨, 漬入者是也." 乃沿海, 見枯骨則刺血瀝之, 經十餘年, 無有漬入者. 體無完膚, 血脈枯竭, 終不得而還. 遂衰絰終身, 嘗居母墓所, 山禽野獸, 皆悉馴附. 又嘗患頭瘡, 有異人夜至, 授以方, 令煮藥傅之, 立愈.

---

535 비범한 사람……나았다: 『남사』에는 손법종이 그물에 걸린 사슴을 보면 늘 놓아주었는데, 훗날 그가 병에 걸리자 사슴이 여인의 모습으로 찾아와 내려와 감사를 표하며 소똥을 쪄서 붙이면 머리에 난 부스럼에 효험이 있음을 알려주었다고 되어 있다.

536 一名宗之: 『한』 없음.

537 晉: 『한』 없음.

538 父灤隨孫恩入海被害: '서(灤)'는 바닷가이다. 『남사』를 비롯한 거의 모든 출전에 '父隨孫恩入海灤被害'라고 되어 있다. 이에 『남사』의 원문에 의거하여 원문을 바로잡아 번역하였다.

539 單身勤苦: 『한』 없음.

【논단】

어린 나이에 타향을 떠돌고 부모가 난리 통에 돌아가시어 제대로 안장되지 못하였다는 것을 자라난 뒤에 알게 된다면, 그 애통함과 괴로움이 어떠하겠는가? 손법종은 아버지가 바닷가에서 손은에게 피살되었고 어머니도 기근 때문에 굶어 죽었다. 손법종이 고향으로 돌아온 뒤 어머니를 장사 지내기 위해 온갖 고생을 다 겪고 나서야 비로소 큰일을 마칠 수 있었다. 그러나 아버지는 바닷가에서 돌아가시어 유해가 어디에 있는지 알 수조차 없고, 시신을 찾아 고향으로 모셔 와 장사 지내고자 한들 해골이 뒤엉킨 채 널려있어 어느 것이 아버지의 유해인지를 분별할 수 없었다. 이에 어떤 사람이 한 말을 받아들여, 바다를 따라 두루 돌아다니며 마른 유골을 찾으면 칼로 찔러 피를 내어 떨구어 보았지만 끝내 찾을 수 없었으니, 종천(終天)[540]의 아픔이 어느 때에나 다할 것인가! 결국 돌아와서 평생토록 상복을 입고 어머니의 무덤 곁에 여막을 치고 사니, 산새와 들짐승들도 길들고 비범한 사람이 병을 낫게 해주는 일이 뒤따랐다. 그의 효행이 하늘을 감동시킨 것이 아니라면 어찌 이런 일이 일어날 수 있었겠나?

夫幼稚之童, 流離異郡, 而父母死於亂世, 俱不得所, 及長而有知, 其慟苦何如耶? 孫法宗, 父溢隨孫恩被害, 母復死於饑饉. 法宗旣歸鄕里, 卽營葬其母, 勤苦勞悴, 甫克襄事. 以父死海濱, 莫知其所, 欲求歸葬, 而骸骨

540 종천: '비통함이 오래간다'는 뜻으로, 부모의 초상을 가리킨다.

枕藉,[541] 弗復可辨. 乃取或人之語, 沿海遍求枯骨, 刺血瀝之, 而終不得, 終天之痛, 何時而已耶! 遂至衰絰終身, 廬母墓旁, 而致禽獸之馴附, 異人之愈疾. 非其孝行感通, 曷克臻此? 詩曰:

【찬시】

난리 통에 돌아와 어머니 안장하였건만	亂後歸來葬母塋
아버지 유골은 수습하지 못하니 너무 가슴 아팠네	未收父骨更傷情
해골에 피를 떨구어도 끝내 스며들지 않으니	遺骸血漬終難入
바닷물을 다 부은들 이 한이 풀리리오	海水堪塡恨不平

또

평생 어머니 무덤 곁에서 상복 입고 사니	終身衰絰母墳邊
들짐승과 산새도 함께 서글퍼하네	野獸山禽共慘然
우연히 부스럼 앓자 귀신이 치료해주니	偶患頭瘡神與治
효행은 하늘도 감동시킴을 정녕 알아야 할 터	須知孝行感皇天

541 枕藉: 이리저리 뒤섞이다.

46. 구걸에게 어머니의 혼령이 감응하다[542] 丘傑感靈(3b)

【본문】

구걸(丘傑)[543]은 자가 위치(偉跱)이며, 오흥군(吳興郡) 오정(烏程)[544] 사람이다. 14세에 어머니를 여의었는데, 익힌 나물은 맛이 있기 때문에 입으로 맛보지 않았다. 한 해 남짓 지나자, 홀연 꿈에 어머니가 나타나서는 "어미가 죽은 것은 그저 나뉘어 이별한 것일 뿐인데, 어찌 이리 고초[545]를 겪고 있느냐? 네가 생나물만 먹어서 두꺼비[蝦蟇] 독에 중독되었느니라. 빈소의 상[546] 앞에 환약 세 알이 있을 것이니 가져다 복용하거라."라고 하였다. 구걸이 깜짝 놀라며 깨어 찾아보니 과연 사발이 있었고, 그 안에 약이 있기에 복용하니, 몸에서 작은 올챙이[科斗]가 몇 되가 쏟아졌다. 이후 구씨 가문에서 대대로 이 사발을 보존하였다.

丘傑, 字偉跱, 吳興烏程人也. 年十四, 遭母喪, 以熟菜有味, 不嘗於口. 歲餘, 忽夢見母曰: "死止是分別耳, 何乃荼苦如此? 汝噉生菜, 遇蝦蟇毒.

---

542 구걸에게 어머니의 혼령이 감응하다: 『한』, 『언』, 『효』에 수록되지 않았다. 이 편은 『남사』 권73 효의열전 상 「구걸전(丘傑傳)」에서 인용한 것이다. 유사한 내용이 『통지』, 『책부원구』, 『태평어람』 등에도 수록되어 있다.

543 구걸: 남조 송나라의 효자로, 자세한 행적은 전하지 않는다.

544 오정: 중국 절강성 호주시 일대의 지명이다.

545 고초: 원문의 '도고(荼苦)'는 고초, 어려움 등의 뜻이다.

546 빈소의 상: 원문의 '영상(靈牀)'은 대렴(大斂)을 마친 뒤 입관(入棺)하기 전까지 시신을 안치해 둔 곳, 혹은 신주를 모셔둔 궤연(几筵)을 가리키는데, 이 글에서는 후자인 듯하다.

靈牀前有三丸藥, 可取服之." 傑驚起, 果得甌, 甌中有藥, 服之, 下科斗數升. 丘氏世保此甌.

【논단】

효가 하늘에 닿으면 하늘의 도가 응하고, 땅에 닿으면 땅의 도가 따르는 법이니, 효도가 귀신과 사람의 일에 감통해 온 지 오래다. 게다가 어머니와 자식은 친밀한 사이로서 정신이 서로 통하니 오죽하겠는가? 감동하여 마침내 응답하는 것이 당연하니, 구걸을 예로 들어 그러한 일을 충분히 징험할 수 있다. 구걸이 모친상을 치를 때 맛이 나는 음식은 입에 넣지 않았으니 익힌 나물조차도 먹지 않았다. 먹은 것이라곤 고작 생나물뿐이었다. 그로 인해 중독되어도 알지 못하자, 어머니가 아득한 저승에서 응답하여 그에게 해독할 수 있는 약을 주었다. 꿈에서 깨어나 과연 그 약을 얻었으니, 그 진실한 효심의 지극함이 어떠한 경지였겠는가? 아아! 자식이 효도로써 감동시키고 어미가 자애로써 응답하니 비록 생사와 존망의 차이라 하더라도 이처럼 조금도 어긋나지 않는데, 하물며 부모가 살아 계신 경우라면 오죽하겠는가? 그러한즉 자식 된 자들은 효도에 힘쓰지 않아서는 안 될 것이다.

夫孝至於天, 則天道應之, 孝至於地, 則地道順焉, 孝道足以感通於幽明也, 尙矣. 而況於母子之親, 精神相爲流通者哉? 宜其感而遂應也, 若丘傑者, 其事蓋有足徵矣. 傑居母喪, 嗞味不入於口, 雖熟菜亦不食. 所啖者, 生菜而已. 至於中毒, 有不自知, 而其母應之於冥冥之中, 與之藥以去其毒.

夢覺而果得焉, 其誠孝之至, 爲何如哉? 於乎! 子以孝感, 母以慈應, 雖死生存亡之間, 而不爽毫髮如此, 又況於親之存乎? 然則爲人子者, 不可不勉於孝矣. 詩曰:

【찬시】

삼 년간 피눈물 흘리며 어머니 장례 치름에	三年泣血執親喪
익힌 나물은 맛이 좋아도 차마 먹지 못했네	熟菜雖甘不忍嘗
생나물만 씹으며 중독되는 줄 어찌 알았으랴마는	生噉詎知潛遇毒
효성에 감응 나타나 마침내 건강해졌다오	孝誠有感遂安康

또

사발 속 환약은 너무나 신통한 일	甌中丸藥最通神
아득한 저승에서 어진 어머니가 나타나셨네	冥漠[547]之中見母仁
독은 없어지고 사발은 아직 남아있으니	毒物已除甌尙在
효성의 감응이 실로 자신으로 말미암는 것임을 알아야 할 터	須知孝感實由身

547 冥漠: 텅 비다, 어슴푸레하다, 고요하다.

47. 반종이 아버지를 구하다[548] 潘綜救父(4b)

【본문】

반종(潘綜)[549]은 오흥군 오정 사람이다. 손은이 난을 일으켜 간악한 역당들이 마을을 공격하여 파괴하니, 반종이 아버지 반표(潘驃)와 함께 도적을 피해 달아났지만, 반표가 연로하여 걸음이 더뎠다. 도적들이 갈수록 반표 가까이 닥쳐오자 그가 아들에게 말했다. "나는 갈 수가 없구나. 너는 뛰어가면 벗어날 수 있을 것이니, 다행히 둘 다 죽지는 않기를 바란다." 반표가 힘에 부쳐 땅에 앉으니 반종이 도적들을 향해 머리를 조아리며 말했다. "아버지가 연로하시니 목숨만은 살려 주기를 바라나이다." 도적들이 다가오자 반표도 이렇게 부탁하였다. "아이는 젊어 스스로 도망갈 수 있었는데 지금 나 때문에 가지 못한 것입니다. 나는 목숨이 아깝지 않으니, 이 아이만은 살려주십시오." (말을 마치기 무섭게) 도적들이 반표를 칼로 베려 하자 반종이 아버지를 품으로 감싸 안았다. 적들이 반종의 얼굴과 머리를 베니 네 군데에 창상을 입고 기절하였다. 그러자 한 도적이 옆에서 나와 무리에게 말했다. "이 아이는 목숨을 내던져 아버지를 구하니 죽여서야 되겠는가? 효자를 죽이면 상서롭지 못할 것이다." 도적들이

---

548 반종이 아버지를 구하다: 『한』, 『언』에 같은 제목으로 수록되어 있다. 『효』에는 수록되지 않았다. 이 편은 『남사』 권73 효의열전 상 「반종전(潘綜傳)」에서 인용한 것이다. 유사한 내용이 『통지』, 『가범』, 『책부원구』, 『태평어람』 등에도 수록되어 있다.

549 반종: 남조 송나라의 효자이다. 남다른 행적으로 천거되어 좌호영사(左戶令史), 수창현령(遂昌縣令) 등에 제수되었다.

결국 공격을 그치니 부자가 함께 죽음을 면할 수 있었다. 송 문제(宋文帝) 원가(元嘉)[550] 4년(427)에 담당 관리가 주청하여 그가 살던 마을 이름을 순효리(純孝里)로 바꾸고 삼 대의 조세를 감면해 주었다.[551]

潘綜, 吳興烏程人也.[552] 孫恩之亂, 祆黨攻破村邑, 綜與父驃, 共走避賊, 驃年老行遲. 賊轉逼驃, 驃語綜曰: "我不能去. 汝走可脫, 幸勿俱死." 驃困乏坐地, 綜迎賊叩頭曰: "父年老, 乞賜生命." 賊至, 驃亦請曰: "兒年少, 自[553]能走, 今[554]爲我不去. 我不惜死, 乞活此兒." 賊因斫驃, 綜抱父於腹下. 賊斫綜頭面, 凡四創, 綜已悶絶. 有一賊從旁來[555], 語其[556]衆曰: "此兒以死救父, 何可殺之?[557] 殺孝子不祥." 賊乃止, 父子並得免. 宋文帝[558]元嘉四年, 有司奏改其里爲純孝里,[559] 蠲租布三世.

【논단】

부자지간의 친밀함은 타고난 본성에서 나온 것이지 애써 억지로 한

550 원가: 남조 송나라 제3대 황제 문제 유의륭(劉義隆, 407~453, 재위 424~453)의 연호로, 424년부터 453년까지 쓰였다. 문제는 훗날 반란을 일으킨 아들 유소(劉劭)에게 시해되었다.
551 조세를 감면해 주었다: 원문의 '견조포(蠲租布)'는 효자, 충신, 군인 등 특정한 대상에게 부역이나 조세를 감면해 주는 일을 가리킨다. '복호(復戶)'라 하기도 한다.
552 吳興烏程人也: 『한』, 『언』 吳興人.
553 自: 『한』, 『언』 없음.
554 今: 『한』, 『언』 없음.
555 從旁來: 『한』, 『언』 來.
556 其: 『한』, 『언』 없음.
557 何可殺之: 『한』, 『언』 없음.
558 宋文帝: 『한』, 『언』 없음.
559 里: 『한』, 『언』 없음.

뒤에야 그럴 수 있는 것이 아니다. 반종과 아버지 반표는 불행히도 난리 통에 반도들을 만났다. 아버지는 죽기로써 아들을 살렸고 아들도 죽기로써 아버지를 살렸으니, 비록 몸에 창상은 입었으나 다행히 모두 죽음을 면할 수 있었다. 아아! 도적이란 잔인하고 사나워 공격하고 죽이는 짓을 제멋대로 자행하는 것을 통쾌하게 여길 줄만 알 뿐이니, 그 누가 도망하여 숨지 않고 감히 그 칼끝에 맞서겠는가? 그러나 반종은 차마 아버지를 죽게 하고 자기 혼자만 살아남을 수 없어, 마침내 몸으로 아버지를 감싸 둘 다 죽음을 면하였다. 만일 이것이 지극한 효심이 아니었다면 도적들을 감동시킬 수 있었겠는가? 요즘 세상은 평상시 부모를 모실 때조차 사랑하고 공경할 줄 모르는데, 하물며 위급한 환란이 닥쳤을 때 능히 자기 목숨을 버리며 부모를 구하려 할 자가 있겠는가? 반종은 자식 된 자들에게 부끄러움이 없을 것이로다!

父子之親, 出於天性, 非有所勉强而後能也. 潘綜與其父驃, 不幸遭亂遇賊. 父旣以死求活其子, 子亦以死求活其父, 雖身被傷殘, 而幸皆免於死焉. 嗚呼! 盜賊兇殘悍暴, 惟知攻殺以快其心, 孰不竄徒避匿, 而敢犯其鋒哉? 若綜不忍使父亡而己獨存, 乃以身衛父, 而俱得免. 此非其純孝之心, 有以感動之乎? 世有事親於平居之時, 尙不知愛敬, 矧當患禍危急, 而能舍生以救之哉? 若綜者, 庶可以無愧於爲人之子矣! 詩曰:

【찬시】

반란을 견딜 수 없어 피난하니	避難何堪喪亂[560]餘
창칼이 온 마을을 쑥대밭으로 만들었네	干戈擾擾遍村墟
옆에 있던 도적이 풀어주지 않았다면	不逢旁寇能開釋
부자는 도적의 소굴에서 죽고 말았을걸	父子當時死盜區

또

난리 끝에 다시 태평한 시절 만나	亂離重遇太平年
삼 대의 세금을 모두 감면받았네	三世公租已盡蠲
들으니 오흥 땅에 옛 행적 남아있고	聞道吳興存舊業
순효리라는 이름 지금까지 전해진다지	里名純孝至今傳

560 喪亂: 전쟁, 전염병, 천재지변 따위로 많은 사람이 죽는 재앙.

48. 왕팽의 효성에 샘물이 솟아나다[561] 王彭泉湧(5b)

【본문】

왕팽(王彭)[562]은 우이군(盱眙郡) 직독(直瀆)[563] 사람이다. 어려서 어머니를 여의었는데, 송 문제 원가 초(424)에 아버지마저 여의었다. 그러나 집이 가난하고 재력이 부족하여 장례를 치를 길이 없었다. 왕팽 형제가 낮에는 날품을 팔고 밤에는 통곡하며 우니, 마을 사람들이 함께 애통해하여 각자 힘을 보태어 벽돌 만드는 것을 도왔다. 벽돌을 만들려면 물이 필요했지만, 가뭄이 들어 우물을 수십 길이나 파 내려가도 샘물이 나오지 않았다. 묏자리가 회수(淮水)와 5리 정도 떨어져 있었기에 물동이를 지고 멀리서 길어오다, 너무 피곤한 나머지 끝까지 마칠 수 없었다.[564] 왕팽이 하늘을 부르짖으며 여러 날 혼자 하소연하였는데, 어느 날 짙은 안개가 꼈다가 흩어지자, 가마 앞에 돌연 샘물이 솟아났다. 그를 돕던 마을 사람들이 모두 신기해하며 감탄했다. 장례를 마치자 샘물이 다시 말랐다. 원가 9년(432), 태수 유백룡(劉伯龍)이 그 일을 조정에 상주하자 마을 이름을 통령리(通靈里)로 바꾸고 삼 대의 조세를 감면해 주었다.

---

561 왕팽의 효성에 샘물이 솟아나다: 『한』에 같은 제목으로 수록되어 있다. 『언』, 『효』에는 수록되지 않았다. 이 편은 『남사』 권73 효의열전 상 「왕팽전(王彭傳)」에서 인용한 것이다. 유사한 내용이 『통지』, 『책부원구』, 『태평어람』 등에도 수록되어 있다.

562 왕팽: 남조 송나라의 효자이다. 자세한 행적은 전하지 않는다.

563 직독: 중국 강소성 우이(盱眙) 일대의 지명이다.

564 끝까지 마칠 수 없었다: 원문의 '부주(不周)'는 도착하지 못하다, 적합하지 않다, 완성하지 못하다 등의 뜻이다.

王彭, 盱眙直瀆人也.[565] 少喪母, 宋文帝[566]元嘉初, 父喪.[567] 家貧力弱, 無以營葬. 兄弟二人, 晝則傭力, 夜則號泣, 鄕里並哀之, 乃各出力助之作磚. 磚須水而天旱, 穿井數十丈, 泉不出. 墓處去淮五里, 荷擔遠汲, 困而不周. 彭號天自訴者累日, 一旦大霧, 霧歇, 磚竈前, 泉水涌出. 鄕隣助之者, 並嗟神異. 葬畢, 水復竭. 元嘉九年, 太守劉伯龍, 上其事, 改其里爲通靈里,[568] 蠲租布三世.

【논단】

자식이 부모가 살아 계실 때 봉양하고 돌아가셨을 때 상례를 치름에, 마음과 힘을 다하고 수고로움도 꺼리지 않으며 당연히 해야 할 일에 최선을 다하면, 장차 반드시 감격하는 바가 있으니, 하늘과 인간이 서로 믿으면 이루지 못할 일이 없는 법이다. 왕팽 형제가 부모를 여의었을 때, 집은 가난하고 재력이 부족하여 날품을 팔아 장례 치를 비용을 마련하였으니, 어려운 상황이었다고 할 만하다. 이들이 슬피 통곡하며 마음 아파하자 마을 사람들이 기꺼이 그들을 위해 힘을 보탰다. 마침 벽돌을 만들 때 필요한 물이 없던 상황에 샘물이 솟아났으니, 이 어찌 인력만으로 이룰 수 있는 일이겠는가? 천지신명의 도움 아닌 것이 없다. 장례를 마치자 솟아나던 물이 마른 것을 보아도 효성에 감응한 것임을 잘 알 수 있다. 얼

565 直瀆人也: 『한』 없음.
566 宋文帝: 『한』 없음.
567 父喪: 『한』 父又喪.
568 通靈里: 『한』 通靈.

마 뒤 군수가 이 일을 상주하자 조정에서 조세를 감면해 주고, 또 마을 이름을 바꾸어 표지(表識)로 삼았다. 이러한 사례를 보면, 후세에 부모의 장례를 치르는 자가 어찌 가난을 핑계로 자신의 도리를 다하지 않을 수 있겠는가?

人之於親, 養生送死, 能竭盡心力, 不憚勞勤, 盡其所當爲, 將必有所感格, 天人交孚, 而事無不成矣. 王彭兄弟, 遭親之喪, 家貧力弱, 爲傭以營葬事, 可謂難矣. 至於哀號感慟, 鄕人樂爲之助. 政[569]當乏水作塼, 而泉涌出, 此豈人力之所可致哉? 莫非天地神明之相佑也. 觀其葬竟而水竭, 則其孝誠之所感可知矣. 旣而郡守上其事, 朝廷蠲其租, 且更其里名, 以表識焉. 觀乎此, 則後之葬其親者, 奚可以貧乏而不盡其道乎? 詩曰:

【찬시】

왕 씨 형제가 부모를 여의었을 때	王氏當時喪二親
무덤 만들려 해도 너무 가난하였네	欲營窀穸苦家貧
지극한 효심에 하늘이 밝게 이르시니	孝心切至蒙昭格
신이 도운 듯 땅에서 신령한 샘물 솟아났다오	地湧靈泉若有神

또

569 政: '正'과 통하는 글자이다.

샘물이 이리저리 흘러 효성을 드날리니	泉水交流表孝誠
영예로운 이름 조정에까지 닿아	聲華由此達朝廷
당시에 은택을 입었을 뿐 아니라	不惟當日承恩澤
천고토록 역사서에 아름다운 명성 전해지네	千載青編播令名

49. 곽원평이 날품을 팔다[570] 原平傭作(7a)

【본문】

곽원평(郭原平)[571]은 자가 장공(長恭)이며, 회계군 영흥 사람이다. 지극한 품행을 타고났으며, 반드시 자기 힘으로 부모를 봉양하려 늘 남에게 날품을 팔았다. 주인이 밥을 차려주었는데, 곽원평은 집이 가난해 부모님께 맛있는 음식을 해드리지 못했다고 생각하여 오직 소금밥만 먹었을 뿐이다. 만약 집에 먹을 것이 다 떨어지면 종일 배고픔을 참으면서 의리상 혼자만 배불리 먹지 않았다. 날이 저물어 작업 마치기를 기다렸다가 품삯을

---

570 곽원평이 날품을 팔다: 『한』, 『언』, 『효』에 수록되지 않았다. 다만, 『효』에 곽원평의 아버지 곽세통(郭世通)의 효행이 「곽세통이 길이 사모하다[世通永慕]」라는 제목으로 수록되어 있다. 이 편은 『남사』 권73 효의열전 상 「곽세통전(郭世通傳)」에 부록 되어 있는 「아들 곽원평전[子原平傳]」에서 발췌 인용한 것이다. 유사한 내용이 『통지』, 『가범』, 『책부원구』, 『태평어람』 등에도 수록되어 있다.

571 곽원평: 남조 송나라의 효자이다. 아버지 곽세통과 함께 대를 이은 효자라고 일컬어졌다. 문제가 곽세평의 효행을 듣고 정려문을 내리며 조세를 감면해 주었는데, 훗날 문제가 붕어하자 곽원평이 5일간 통곡하며 황제의 은혜에 보답하지 못하였음을 애석해 하였다. 아버지처럼 평생 벼슬하지 않고 오이를 심으며 살아갔다. 『남사』 참고.

받아[572] 집으로 돌아오는 길에 쌀을 팔아온 뒤에야 끼니를 때웠다. 아버지[573]가 중병에 걸려 일 년 넘게 앓자 곽원평은 옷도 벗지 않고 간한 음식은 먹지 않으며 누워 잔 적도 없을 정도로 병간호하였다. 아버지가 돌아가시자 통곡하며 발을 동동 구르다가[574] 애통한 나머지 기절하여 며칠 만에 겨우 소생하였다. 묘소의 구덩이를 파는 것도 상사(喪事)라 여겨 다른 사람의 힘을 빌리지 않았다. 그러나 자신이 아무리 일을 잘하더라도 무덤을 만드는 방법은 몰랐기에, 고을에 무덤을 잘 만드는 사람을 찾아가 힘을 보태어 돕는 일을 오래 하자 마침내 숙련되었다. 또한 자신을 머슴으로 팔아 모든 장례 비용을 마련하니, 무덤을 만드는 일이 검소하면서도 예법에 맞았다. 배워서 익힌 것은 없지만 마음에서 우러나와 절로 그렇게 한 것이다. 장례를 마친 뒤 자신을 산 고용주를 찾아가 일 처리를 게을리하지 않았으니, 품삯으로 어머니를 봉양하고도 남음이 있어 돈을 모아 직접 속량(贖良)하였다. 무덤을 잘 만들게 된 뒤, 그를 찾는 사람이 집 앞에 가득했는데 곽원평은 반드시 가난한 사람을 우선하여 만들어 주었다. 부친상을 마친 뒤에도 다시는 고기를 먹지 않았다. 또 직접 사당을 세운 뒤 명절이 되면 늘 애달프게 그리워하면서 음식을 끊었다. 어머니가 돌아가시자, 지나치게 슬퍼하다 몸이 수척해져 겨우 상례를 마칠 수 있었다.[575] 묘소 앞에 수십 묘 가량의 밭이 있었는데 농사철이 될 때마다 일꾼들이

---

572 품삯을 받아: 원문의 '수치(受直)'는 보수를 받는다는 뜻이다.

573 아버지: 남조 송나라의 효자 곽세통이다. 곽세통은 14세에 아버지를 여읜 뒤, 날품을 팔아서 계모를 극진히 공양하였고 계모가 죽자 직접 흙을 날라 봉분을 만들며 애통해하였다. 정직함과 효성으로 이름나 효렴으로 천거되었지만 나아가지 않았다. 문제가 이를 가상하게 여겨 정려문을 하사하고 조세를 감면해 주었으며, 그가 살던 마을 이름을 독풍리(獨楓里)에서 효행리(孝行里)로 바꾸었다. 『남사』 권73 「곽세통전」 참고.

574 통곡하며……구르다가: 원문의 '곡용(哭踊)'은 상례의 절차로, 상주가 슬피 울며 가슴을 치고 발을 구르는 행위이다.

575 상례를 마칠 수 있었다: 원문의 '면상(免喪)'은 상기(喪期)를 채워 상복을 벗는다는 뜻이다.

항상 웃통을 벗고 일하였다. 곽원평은 부모의 묘소를 욕보이고 싶지 않아, 있는 재산을 털어 값을 더 후히 쳐 그 밭을 샀다. 농사철이면 늘 옷을 단정히 갖추어 입고 눈물을 떨구며 직접 밭을 일구었으니, 당시 사람들이 모두 그의 효행을 칭송하였다.

郭原平, 字長恭, 會稽永興人也. 稟至行, 養親必以己力, 每爲人傭作. 主人設食, 原平自以家貧, 父母不辦有肴味, 唯飡鹽飯而已. 若家或無食, 則忍飢終日, 義不獨飽. 須日暮作畢, 受直歸家, 易米然後擧爨. 父篤疾彌年, 原平衣不解帶, 口不嘗鹽味, 未嘗睡臥. 父亡, 哭踊慟絶, 數日方蘇. 以爲塋壙凶功, 不欲假人. 己雖巧, 而不解作墓, 乃訪邑中有營墓者, 出力助之, 久乃閑練. 又自賣以供衆費, 窀穸之事, 儉而當禮. 性無術學, 因心自然. 葬畢, 詣所買主, 執役無懈, 傭賃養母有餘, 聚以自贖. 旣善構家, 求者盈門, 原平必先貧者. 父喪旣終, 不復食肉. 又自起祠堂, 每至歲節, 常哀思絶飮食. 及母終, 毁瘠彌甚, 僅乃免喪. 墓前有田數十畝, 每至農月, 耕者恒裸袒. 原平不欲使人慢其墳墓, 乃竭資增直以買其田. 農月輒束帶垂泣, 躬自耕墾, 時人皆稱其孝行.

【논단】

살아 계실 때 (부모를) 잘 섬기고 돌아가신 뒤에 상제례(喪祭禮) 치르는 일은 어진 사람과 효자가 감히 소홀히 할 수 없는 것이다. 비록 가난하여 곤경에 처했을 때라도 최선을 다하는 자들은 모두 힘써 그렇게 하니, 어찌 노고나 수고로움을 따지겠는가? 곽원평은 집이 가난하여 날품을 팔아 부모를 봉양하였다. 맛있는 음식을 차려 드릴 수 없었기에 진수성찬이 있어도 차마 혼자 먹지 못하였고, 집에 종종 먹을 것이 떨어졌기에 차라리 굶주릴지언정 차마 혼자 배불리 먹지 않았다. 부모가 병을 앓자 근심하고, 돌아가시자 슬픔을 다하였다.[576] 무덤을 만드는 것도 자력으로 힘써 하였으며, 사당을 세워 절기마다 그리워하는 효자의 마음을 보였다. 남들이 부모의 묘소를 욕보이게 하고 싶지 않아 땅을 사서 직접 밭을 갈았으니, 이는 인정의 지극함이요 의리의 극진함이다. 비록 평소에 배운 것이 없더라도 그가 실천한 것은 모두 예법에 맞았다. 이는 타고난 자질이 아름다운 것이니,[577] 어찌 평범한 자들에 비할 수 있겠는가? 당시에 칭송을 받고 후대에 명성이 전해지는 것은 참으로 마땅하도다!

夫生事葬祭之禮, 仁人孝子所不敢忽也. 雖處貧窶困頓之中, 凡可以致其力者, 皆力爲之, 寧計其勞苦勤劬哉? 郭元平, 家貧傭力以養父母. 以甘旨之不能備也, 故遇肴羞, 不忍獨食; 以其家之或無食也, 故寧飢餓, 不忍獨飽. 親有疾而致其憂, 旣沒而致其哀. 與夫構墳冢, 務出己力, 建祠堂, 時展孝思. 至不欲人慢其先壟, 乃買田以自耕, 則情之至而義之盡矣. 雖曰素無學術, 然其所爲有以合乎禮矣. 此其生質之美, 豈庸常之比哉? 是宜見稱當時, 而流傳後世也! 詩曰:

576 부모가 병을……슬픔을 다하였다: 원문의 '疾而致其憂, 旣沒而致其哀'는 『효경』 「기효행(紀孝行)」, "공자께서 말씀하셨다. '효자가 부모를 섬기는 것이란, 평소에는 공경을 다하고, 봉양하면서는 즐거움을 다하며, 병이 들면 걱정을 다하고, 돌아가시면 슬픔을 다하며, 제사 지낼 때는 엄숙함을 다해야 한다.'[子曰: '孝子之事親也, 居則致其敬, 養則致其樂, 疾則致其憂, 喪則致其哀, 祭則致其嚴.']"라는 구절을 활용한 것으로 보인다.

577 타고난……것이니: 『논어』 「공야장」 제27장에 대한 주희의 집주에 "성인처럼 진심을 다하고 신실할 수 있다면 타고난 자질이 아름다운 것이다.[忠信如聖人, 生質之美者也.]"라는 표현이 보인다.

【찬시】

가난하여 품삯으로 부모 봉양하니	家貧傭賃養雙親
힘을 다해 살림 일구며 갖은 고생 하였다오	竭力經營歷苦辛
부모님 반찬 갖추지 못하였는데 어찌 차마 홀로 식사하리오	親膳未充那忍食
지극한 효행이 참된 본성에서 나왔음을 알겠네	要知至行本天眞

또

부모님 무덤 만드는 수고를 직접 떠맡고	葬親營壙任勤劬
옷 갖추어 입고 몸소 밭을 갈며 피눈물 적시네	束帶躬耕血淚濡
원평이 품팔이꾼이었다고 함부로 말하지 말라	莫道原平傭力者
찬란한 효행이 역사서에 빛날 줄을 그 누가 알았으랴	光輝史冊孰能知

50. 가은이 관을 구해내다[578] 賈恩抹棺(8b)

【본문】

가은(賈恩)[579]은 회계군 제기 사람으로, 어려서부터 품행이 지극했다. 송 문제 원가 3년(426)에 어머니가 돌아가시자 상을 치르는 것이 예법에 정해진 것보다 지나칠 정도였다. 장례를 마치기 전, 이웃에 난 불이 빈소까지 번졌다. 가은과 아내 백 씨(栢氏)가 통곡하며 분주히 관을 내가려 하자 근처의 사람들이 달려와 도운 덕에 어머니의 관은 겨우 참사를 면했으나, 가은과 아내가 모두 불에 타 죽고 말았다. 담당 관리가 주청하여 마을 이름을 효의리(孝義里)로 바꾸고 삼 대의 조세를 감면해 주었다. 가은은 천수군 현친현 좌위로 추증되었다.

賈恩, 會稽諸暨人也, 少有至行. 宋文帝元嘉三年, 母亡, 居喪過禮. 未葬, 爲隣火所逼. 恩及妻栢氏號哭奔抹, 隣近赴助, 棺櫬得免, 恩及栢俱燒死. 有司奏改其里爲孝義里, 蠲租布三世. 贈恩天水郡顯親左尉.

---

578 가은이 관을 구해내다: 『한』, 『언』, 『효』에 수록되지 않았다. 이 편은 『남사』 권73 효의열전 상 「가은전(賈恩傳)」에서 인용한 것이다. 유사한 내용이 『통지』, 『가범』, 『태평어람』 등에도 수록되어 있다.

579 가은: 남조 송나라의 효자이며, 자세한 행적은 전하지 않는다.

【논단】

효자는 차마 부모를 돌아가신 것으로 여길 수 없기에,[580] 장례를 치를 때 반드시 최선을 다하는 법이다. 만일 부모의 시신이 수재나 화재를 피할 수 없는 상황이라면 어찌 자기 목숨을 아끼겠는가? 이것이 가은이 죽음을 무릅쓰고 어머니의 관을 온전히 지킨 까닭이다. 가은의 어머니가 별세하고 장례가 아직 끝나지 않았을 때 이웃집에서 화재를 조심하지 않았으니, 뜨거운 화염이 아무리 무섭다 한들 가은이 어찌 자기 몸을 돌볼 겨를이 있었겠는가? 아내와 함께 통곡하며 분주히 관을 내가려 하였으니 그 상황이 너무나도 애처로웠다. 그로 말미암아 이웃 사람들을 감동시켜 함께 달려와 도운 덕분에 관은 다행히 소실되지 않았지만, 가은과 아내가 모두 불에 타 죽고 말았으니 어쩌면 이리도 가혹한가! 아아! 가은의 마음은 다만 어머니를 애통해할 줄만 알 뿐 자기 목숨이 있는 줄은 몰랐다. 그러니 자신은 비록 죽었지만 그 마음만은 하늘에 부끄럽지 않고 사람들에게도 부끄럽지 않았음[581]을 신명께 맹세할 수 있다. 만일 관이 조금이라도 소실되어 어머니의 시신이 문득 불에 그을렸다면 어찌 자식이라는 이름으로 천지간에서 살아갈 수 있겠는가? 당시에 남다른 효성을 거듭 표창하여, 인심의 도리를 격려하여 권면한 것은 당연하도다!

孝子不忍死其親, 故於送終之禮, 必自盡焉. 使親之體魄, 不免於水火,

580 효자는 차마……없기에: 『서경』「요전」 제8장에 대한 주희의 집전을 인용한 것이다.
581 하늘에 부끄럽지 않고……부끄럽지 않았음: 『맹자』「진심 상」 제20장, “군자는 위로 하늘을 우러러 부끄러움이 없고, 땅을 굽어보아도 사람에게 부끄러움이 없는 것이 두 번째 낙이다.[仰不愧於天, 俯不怍於人, 二樂也.]”라는 구절에서 인용한 것이다.

則亦何愛其生哉? 此賈恩所以冒死以全親柩也. 恩母死未葬, 旁舍不戒于火, 雖烈焰可畏, 恩豈暇顧哉? 與妻號哭奔捄, 其情狀大有可哀者. 由是感動隣近, 共赴助之, 棺雖幸免, 恩與妻俱死於火, 何其酷哉! 嗟夫! 恩之心, 但知哀其母, 而不知有己也. 其身雖死, 而其心無媿於天, 不怍於人, 可以質於神明矣. 苟棺一失捄, 親之體魄, 奄爲煨燼, 又何名爲人子, 而立天地間乎? 當時重旌異之, 激勸人心之道, 當然矣! 詩曰:

【찬시】

이웃의 화마가 갑자기 화재를 일으키니	隣居回祿遽爲災
통곡하며 어머니의 관을 구하던 모습 너무나 애달팠네	哭捄親棺重可哀
이웃을 감동시켜 관은 불타지 않았건만	感動隣人棺幸免
가련타! 부부는 끝내 재가 되고 말았구나	可憐夫婦竟成灰

또

비통한 마음으로 그저 어머니 관을 구하려 하였을 뿐	痛心但欲捄親喪
불 속에 뛰어들며 어찌 두 목숨 죽을 것을 염려하였으랴	蹈火寧憂命兩亡
진정 효자 효부라 할 수 있으니	能孝眞成賢子婦
황천에서도 함께 부끄러움 없으리	相從無媿向泉鄉

51. 오규가 부모를 장사 지내다[582] 吳逵葬親(9b)

【본문】

오규(吳逵)[583]는 오정 사람으로, 성품이 매우 효성스럽고 우애 있었다. 어느 해에 기근이 들어 큰 역병이 돌자, 부모와 일가 중에 죽은 사람이 열세 명이나 되었다. 오규가 병이 위독하여 장사를 치르지 못하니 이웃 사람들이 (죽은 사람들을) 모두 거적으로 싸서 묻어 주었다. 오규가 다 나았을 때, 집에는 겨우 네 벽만 덩그러니 남았다. 그래서 낮에는 다른 사람에게 날품을 팔고, 밤에는 벽돌을 굽고 나무를 베며 부부가 함께 부지런히 고생하였다. 일 년이 지나자 일곱 개의 무덤이 만들어지고 열세 개의 관을 매장하니, 마을 사람들이 가상히 여겼다. 어느 날, 오규가 밤길을 가다 호랑이를 만났는데, 호랑이가 도리어 피하니 사람들이 효성과 의리에 감응한 것이라 여겼다. 태수 장숭(張崇)이 양과 기러기 등의 예물[584]로 그를 위로하고, 공조사에 보임하라고 명하였으나 오규가 사양하고 부임하지 않았다.

---

582 오규가 부모를 장사 지내다: 『한』, 『언』, 『효』에 수록되지 않았다. 이 편은 『진서』 권88 효우열전 「오규진(吳逵傳)」을 중심으로, 『남사』 권73 효의열전 상 「오규전」의 내용 등을 추가하여 편집한 것으로 보인다. 유사한 내용이 『통지』, 『책부원구』, 『태평어람』 등에도 수록되어 있다.

583 오규: 남조 진(晉)나라의 효자이며, 자세한 행적은 전하지 않는다.

584 양과 기러기 등의 예물: 작은 양과 기러기는 경대부(卿大夫)에 바치는 예물 혹은 은자를 초빙하는 예물이다.

吳逵, 烏程人, 性孝友. 値歲饑大疫, 父母曁一家死者, 十有三人. 逵病篤不能葬, 隣里咸以葦裹而埋之. 逵愈, 家徒四壁. 晝則傭賃於人, 夜則陶甎伐木, 夫妻勤苦. 朞月, 成七墳, 葬十三棺, 隣里嘉之. 逵嘗夜行, 道遇虎, 虎輒避之, 人以爲孝義所感. 太守張崇之勞以羔鴈之禮, 命補功曹史, 逵辭不就.

【논단】

옛날에 부모의 상을 치를 때에는 시신에 입히는 수의나 관과 함께 묻을 부장품 등을 반드시 성심껏 갖추어, 조금의 후회도 남기지 않았다.[585] 죽음이란 인간사의 변고로 효자가 부모를 섬기는 일이 끝나는 것[586]이니 이 일에 마음을 다하지 않을 수 있겠는가? 그러므로 맹자께서 부모가 돌아가신 뒤에 장례를 치르는 것이야말로 큰일에 해당한다[587]고 한 것이다. 만약 오규처럼 마음을 다하지 못하는 상황이라면, 안절부절못하며 스스

---

585 부모의 상을……않았다: 『예기』 「단궁 상」, "사람이 죽고 3일 만에 빈례(殯禮)를 행할 때 시신에 입히는 옷들은 반드시 정성스럽게 갖추어 나중에 후회하는 일이 없도록 해야 한다. 3개월이 지나 장사할 때 관곽과 함께 묻을 부장품도 반드시 정성스럽게 갖추어 나중에 후회하는 일이 없도록 해야 한다.[喪三日而殯, 凡附於身者, 必誠必信, 勿之有悔焉耳矣; 三月而葬, 凡附於棺者, 必誠必信, 勿之有悔焉耳矣.]"라고 한 데서 인용한 것이다. '부신(附身)'은 시신에 입히는 수의나 염에 쓰이는 이불 등이고, '부관(附棺)'은 고인이 생전에 아끼던 기물 등의 부장품이다.

586 효자가……끝나는 것: 『효경』 「상친(喪親)」 말미에 "부모가 살아 계실 때는 사랑과 공경하는 마음으로써 섬기고 돌아가시면 슬픔으로써 섬기니, 이렇게 하면 백성이 지켜야 할 도덕의 근본이 극진해지고, 생전과 사후의 예의가 다 갖추어지는 것이며, 효자가 부모를 섬기는 일이 끝나게 되는 것이다.[生事愛敬, 死事哀戚, 生民之本盡矣, 死生之義備矣, 孝子之事親終矣.]"라는 표현이 보인다.

587 부모가……해당한다: 『맹자』 「이루 하」 제13장, "부모가 살아 계실 때 봉양하는 것은 큰일에 해당한다고 할 수 없다. 오직 돌아가셨을 때 장례를 모시는 것이라야 큰일이라고 할 수 있다.[養生者, 不足以當大事. 惟送死, 可以當大事.]"라는 구절을 인용한 것이다.

로 편할 수 없는 것이 당연하다. 오규의 부모와 친척들이 기근과 역병으로 인해 모두 열세 명이나 죽었다. 이때 오규도 병세가 한창 위독하였기에 (그를 대신하여) 이웃에서 죽은 사람들을 거적으로 싸서 묻어 주었지만, 오규의 마음에는 진실로 최선을 다하지 못한 점이 있었으니 어찌 애통해 하면서 장례 치를 비용을 마련하지 않았겠는가? 이 때문에 낮에는 다른 사람에게 날품을 팔고, 밤에는 나무를 베고 벽돌을 구웠으니 일 년 만에 부모를 예법에 따라 장사 지낼 수 있었다. 그리고 효성과 사랑을 확장하여 다른 친척들의 상례도 다 치를 수 있었으니, 그의 마음 씀씀이 또한 힘들었을 것이다. 이것이 바로 최선을 다해 큰일을 치러 조금의 후회도 없는 경지라 할 수 있다. 아아! 오규의 부모와 친척들은 비록 불행하였지만 오규가 장사 지내는 데 이처럼 독실하였으니 효라고 하지 않을 수 있겠는가! 이에 양과 기러기 등의 예물이 그의 집에 보내지고, 사나운 호랑이가 길에서 피한 것이 어찌 우연이겠는가? 그러한즉 부모가 돌아가셨는데도 대충 장례[588]를 치르면서 무덤덤하게[589] 마음을 더하지 않는 사람들은 유독 어떤 마음인가! 그런 자들이 오규의 일을 보면 참으로 부끄러워해야 할 것이다!

古者, 治親之喪, 凡附於身附於棺者, 必誠必信, 不使少有悔焉. 蓋以死者, 人道之變, 孝子之事親終矣, 於此可不盡其情哉? 故孟子以送死爲大事. 有若吳逵之未能盡其情者, 宜其遑遑不自安也. 逵之父母及其親屬, 死於飢疫者十三喪. 方是時, 逵病方篤, 隣里爲槀葬之, 逵之情, 固有所未盡

588 대충 장례: 원문의 '고장(槀葬)'은 '초장(草葬)'과 비슷한 의미로 예를 갖추지 않고 매우 간략히 장례를 치르는 것이다.

589 무덤덤하게: 원문의 '막연(漠然)'은 관심 없는 모양, 냉담한 모양이다.

也, 夫安得不哀苦而經營之哉? 是以晝則傭賃於人, 夜則伐木陶甎, 朞年而遂禮葬其父母. 推其孝愛, 而他喪盡擧焉, 其用心亦苦矣. 此所謂能盡大事而無少悔焉者也. 於乎! 逵之父母骨肉, 雖不幸, 而逵篤於送死如此, 可不謂之孝乎! 於是羔鴈在門, 猛虎避道, 豈偶然哉? 然則人有親歿槀葬, 而漠然不加之意者, 夫獨何心! 觀逵之事, 誠可愧矣! 詩曰:

【찬시】

흉년에 역병 돌아 부모 돌아가시고	歲逢饑疫殞雙親
친척까지 죽어 나가니 더욱 슬펐네	骨肉淪亡更愴神
자신도 병에 걸려 목숨 끊어져 갔건만	況值病軀垂絶處
이웃의 도움 입어 가매장이나마 할 수 있었다오	因玆淺殯賴隣人

또

날품 팔면서 나무 베고 벽돌까지 구워가며	傭身伐木更陶甎
고생스럽게 장사 지냈건만 뜻은 단단하였지	營葬辛勤意自堅
사나운 호랑이가 피하고 양과 기러기 예물도 이르니	猛虎避途羔鴈至
효성에 감격함이 분명하도다	孝誠感格事昭然

52. 악이지에게 슬픈 생각이 들다[590] 頤之悲戀(11a)

【본문】

악이지(樂頤之)[591]는 자가 문덕(文德)이며, 남양군(南陽郡) 열양(涅陽)[592] 사람이다. 대대로 남군(南郡)에 살았는데 도성에서 참군 벼슬을 하게 되었다. 아버지가 영주(郢州)에 계시다 병으로 사망하였는데, 악이지가 갑자기 슬프고 그리운 마음이 들어 눈물을 흘리다 휴가를 청하여 돌아가는 길이었다. 도중에 과연 아버지가 돌아가셨다는 소식을 듣고, 맨발로[593] 목 놓아 통곡하며 상을 치르러 달려가서는 여러 날 동안 마실 것도 받아들이지 못했다.[594] 어느 날 병에 걸렸는데 어머니가 옆 방에 계셨지만 차마 병을 앓는다는 말씀을 드리지 못한 채 이를 꽉 깨물며 (통증을) 참다 이가 깨져 버렸으니, 어머니가 자기를 걱정할까 염려한 것이다. 이부랑 유고지(庾杲

---

590 악이지에게 슬픈 생각이 들다: 『한』, 『언』, 『효』에 수록되지 않았다. 이 편은 『남사』 권73 효의열전 상 「악이지전(樂頤之傳)」에서 인용한 것이다. 유사한 내용이 『통지』, 『책부원구』, 『태평어람』 등에도 수록되어 있다.

591 악이지: 남조 제(齊)나라의 효자이다. 어려서부터 언행이 온화하고 신중했다. 그의 효행을 높이 평가한 상주자사(湘州刺史) 왕승건(王僧虔)이 그를 주부(主簿)로 천거하였는데, 악이지는 함께 일하는 동료가 올바른 사람이 아니라고 여겨 부임하지 않았다. 훗날 벼슬이 영주(郢州)의 중종사(中從事)에 이르렀다. 악이지의 아우 예(預)도 효성으로 이름났다. 『남제서(南齊書)』, 『통지』, 『책부원구』 등에는 성명이 '악이(樂頤)'로, 『태평어람』에는 '종이(宗頤)'로 되어 있다. 이 책에서는 우선 원문을 따라 '악이지'로 번역하였다.

592 열양: 중국 하남성 남양시(南陽市) 일대의 지명이다.

593 맨발로: 원문의 '도선(徒跣)'은 신발을 벗는다는 뜻이다. 『예기』 「문상(問喪)」에 "부모가 막 돌아가시면, 관을 벗고 맨발을 하며 옷자락을 허리에 꽂는다.[親始死, 鷄斯徒跣, 扱上袵.]"라는 구절이 보인다.

594 여러 날……못했다: 『예기』 「문상」에 "(부모님이 막 돌아가시면 애통한 생각이 들어) 마실 것을 받아들이지 못하고 3일간 밥 짓는 불을 때지 않으므로, 이웃에서 죽을 쑤어와 먹고 마시게 한다.[水漿不入口 三日不擧火 故隣里爲之糜粥 以飮食之.]"라고 하였다.

之)[595]가 병문안 오자 악이지가 음식을 차려주었는데 그저 건어물과 나물뿐이었다. 유고지가 "내 이런 것을 먹을 수 없소."라고 하였다. 어머니가 그 소리를 듣고는 자신이 늘 먹던 음식과 고깃국 몇 가지를 내놓으니 유고지가 "경은 모계위(茅季偉)[596]보다 훌륭하지만, 나는 곽임종(郭林宗)[597]처럼 하지 못하니 부끄럽소."라고 하였다.

樂頤之, 字文德, 南陽涅陽人也. 世居南郡, 仕爲京府參軍. 父在郢病亡, 頤之忽悲戀涕泣, 因請假還. 中路果得父凶問, 便徒跣號咷奔赴, 水漿不入口數日. 嘗遇病, 與母隔壁, 忍病不言, 嚙被至碎, 恐母之憂已也. 吏部郎庾杲之嘗往候, 頤之爲設食, 唯枯魚菜葅. 杲之曰: "我不能食此." 母聞之, 自出常膳魚羹數種, 杲之曰: "卿過於茅季偉, 愧我非郭林宗也."

【논단】

자식이 부모에게 효도하는 것은 (부모를) 성심으로 생각하고 독실하게 사랑하며 극진히 봉양하는 것이다. 오직 성심으로 생각하므로 부모의 기쁨이나 근심이 자기도 모르게 마음으로 느껴지는 경우가 있는 것이요, 오

---

595 유고지: 남조 제나라의 정치인이다. 이부랑, 상서가부랑(尙書駕部郞)을 지냈는데도 청빈하여 먹는 음식이 부추 절임, 데친 부추, 생부추뿐이었다고 한다.

596 모계위: 후한 진류(陳留) 사람 모용(茅容)이다. 자 계위(季偉). 본래 농부였는데 어느 날 곽태(郭泰)가 들에서 비를 피하다 그의 공손한 행동을 가상히 여겨 집까지 따라가서 하룻밤을 함께 잤다. 아침에 밥상을 차려 내오면서 닭고기국은 어머니께 드리고 자신은 손님과 함께 나물 반찬만 먹었다. 곽태가 그의 진솔함을 더욱 훌륭하게 여기고 학문을 권유하여 마침내 큰 학자가 되었다. 『후한서』 권98 「곽태열전(郭泰列傳)」 참고.

597 곽임종: 모용에게 학문을 권유한 후한의 명사 곽태이다. 자 임종(林宗).

직 독실하게 사랑하므로 자신의 질병으로 차마 부모께 걱정 끼치려 하지 않는 것이며, 그저 극진히 봉양하므로 부모께는 반드시 풍성하게 음식을 드리지만, 자기가 생활하거나 빈객을 접대하는 데에는 그보다 감히 더하지 못하는 것이다. 이것이 효라고 할 수 있다. 남양의 악이지는 아버지가 영주에서 돌아가시어 부음을 미처 듣지 못했다. 그러나 마음에 갑자기 어떤 느낌이 들며 슬퍼하였는데, 얼마 뒤 과연 과연 아버지가 돌아가셨다는 소식을 들으니 맨발로 목 놓아 통곡하며 분주히 (상을 치르러) 달려가서는 마실 것도 받아들이지 못하는 지경이 되었다. 어느 날 병을 앓자 억지로 통증을 참으면서도 말씀드리려 하지 않았으니, 오직 어머니께 걱정 끼칠까 염려되었기 때문이다. 항상 어머니를 위해서는 풍성한 음식을 차려 드렸지만, 자신은 빈객과 함께 나물 반찬만 먹었으니, 부모를 성심으로 생각하고 독실하게 사랑하며 극진히 봉양하는 것이 아니겠는가? 그러니 부모를 사랑함에 성심을 다하지 않아 (부모의) 기쁨이나 근심과 상관하지 않는 것, 자기 몸을 삼가지 못하여 질병으로 부모께 걱정을 끼치는 것, 자신은 풍족하게 생활하면서 부모 봉양은 제대로 할 생각을 하지 않는 것이 불효가 됨을 잘 알 수 있다. 아아! 악이지같은 사람을 어찌하면 많이 만날 수 있겠는가?

子之孝其親者, 念之誠, 愛之篤, 而養之至也. 惟能誠念之, 故親之休戚有以默感於其心; 惟其篤愛之, 故己之疾痛不忍貽憂於其親; 唯養之至, 故飮食必厚於親, 而己自養與賓客之奉不敢有加焉. 此所謂孝. 南陽樂頤之, 父喪於郢而未聞也. 然其心忽有感而悲, 旣而果得父凶問, 號哭徒跣以奔赴, 至不能內水漿. 其身嘗病, 强忍不欲言, 惟恐貽其母之憂. 常爲母設豊膳, 而自以草蔬與客同食, 非能念之誠, 愛之篤, 而養之至者乎? 則夫愛念其親有不誠, 而於休戚不相關; 不謹其身, 而以疾痛貽憂於父母; 厚於自奉, 而不顧父母之養者, 其爲不孝可知矣. 於乎! 頤之, 其可多得哉? 詩曰:

【찬시】

부자지간은 본래 정신이 하나로 통하니 父子精神本貫通
재앙도 기쁨도 절로 마음에 전해진다오 災祥故自徹心胸
악이지는 아버지 돌아가심을 슬프게도 먼저 알았으니 樂生父死悲先覺
참으로 순정한 효성에 자기도 모르게 감응한 것이리 盡在純誠默感中

또

병을 오래 참으며 억지로 버틴 것은 忍病沈綿[598]强自支
어머니 마음 아프지 않게 하기 위함이라오 不敎慈母抱傷悲
어머니 진지는 풍성히 드리고 자신은 검소하게 먹으니 養親豐饌身從儉
친구가 미처 알지 못하였음을 몹시 부끄러워 했다오 愧殺交朋未得知

598 沈綿: 질병이 계속되어 오래 지나도 낫지 않다.

53. 광흔이 어머니를 살리다[599] 匡昕活母(12a)

【본문】

광흔(匡昕)[600]은 자가 영선(令先)이며, 여릉(廬陵)[601] 사람이다. 금화산(金華山)에 은거하면서 세속 사람들과 교유하지 않고 어머니를 지극한 효성으로 섬기며 살았다. 어느 날 일을 보러 외출하였는데, 집에 계시던 어머니가 갑작스레 병에 걸려 돌아가셨다. 하루가 지나서야 어머니가 돌아가셨다는 소리를 듣고 달려서 돌아와 목 놓아 통곡하자 어머니가 대번에 소생하였는데, 사람들이 효성에 대한 감응의 소치라고 여겼다.

匡昕, 字令先, 廬陵人. 隱居金華山, 不與俗交, 事母至孝. 嘗因事出外, 母在家忽遘病. 死已經日, 昕聞訃, 奔還號叫, 母卽蘇, 人以爲孝感所致.

---

599 광흔이 어머니를 살리다: 『한』, 『언』, 『효』에 수록되지 않았다. 이 편은 『남사』 권73 효의열전 상 「해숙겸전(解叔謙傳)」의 말미에 붙은 여러 효자들의 약전(略傳)에서 인용한 것이다. 유사한 내용이 『통지』, 『책부원구』, 『태평어람』, 『태평광기』 등에도 수록되어 있다.

600 광흔: 남조 제나라의 효자이다. 별다른 관직을 하지 않고 은거하였다. 『책부원구』 권757 「효감(孝感)」에는 성이 '강(康)'으로 되어 있다.

601 여릉: 중국 강서성에 속한 지명이다.

【논단】

평범한 남녀가 한결같이 효성을 다해도 천지를 감격시키고 삶과 죽음도 되돌리기에 충분하거늘, 하물며 지극한 효자가 그러하다면 오죽하겠는가?[602] 이것이 광흔이 슬피 통곡하자 어머니가 죽은 뒤에 소생한 까닭이다. 광흔이 어머니를 효성으로 섬긴 것은 타고난 본성의 발로로서 가식적인 마음이란 없었다. 그가 어머니 곁을 잠시 떠날 때 처음부터 어찌 종천의 슬픔이 생길 줄 알았겠는가? 어머니가 돌아가셨다는 소리를 갑자기 들었을 때는 돌아가신 지 하루가 지나 의원조차 손쓸 수 없었으니, 어머니를 구하고자 한들 살아날 수 있었겠는가? 빠르게 달려서 돌아와 목놓아 슬피 통곡하니, 그 비통하고도 간절한 심정은 귀신과 통하여 감동시키고, 조물주의 마음도 돌려놓기에 충분했다. 그러므로 이미 돌아가신 어머니가 눈 깜짝할 새 되살아나니, 그의 진실한 효심과 정신이 어머니와 통하고 저승[603]에 닿은 것이 아니라면 이런 일이 있을 수 있겠는가? 차마 부모를 결코 잊지 못하는 것[604]이 효자의 진정이다. 그렇다 하더라도 광흔처럼 슬피 통곡하여 어머니가 다시 살아난 경우는 여태껏 없었으니, 이 일을 서적에 환히 밝히어 천하 후세에 드러내는 것이 마땅하도다!

---

602 평범한……오죽하겠는가: 『서경』 주서(周書) 「금등(金縢)」 제5장에 대한 주희의 집전, "지금 세상의 평범한 남녀도 한결같이 효성을 다하면 오히려 귀신을 감격시켜 두드러진 효험이 나타나는데, 하물며 주공 같은 성인이라면 오죽하겠는가?[今世之匹夫匹婦, 一念誠孝, 猶足以感格鬼神, 顯有應驗, 而況於周公之元聖乎?]"라는 내용을 활용한 것이다.

603 저승: 원문의 '유명(幽明)'은 저승과 이승, 삶과 죽음 등을 가리킨다. 이 글에서는 '저승, 지하 세계'로 해석하였다.

604 부모를……못하는 것: 『예기』 「단궁」 안정(顔丁)이 부모를 안장한 뒤에 돌아가지 못할 것 같은 행동을 한 것에 대한 진호(陳澔)의 집설에 "부모를 차마 결코 잊지 못하니, 떠나기도 하고 멈추기도 하며 부모가 돌아오기를 기다리는 것이다.[不忍決忘其親, 猶且行且止, 以待其親之反也.]"라는 내용이 보인다. 같은 내용이 『소학』 계고 「명륜」 제20장에도 보인다.

夫匹夫匹婦一念之誠, 足以感格天地, 斡旋死生, 況於至孝者乎? 此匡昕所以哀號而起其母於旣死之後也. 昕事母之孝, 本於天性, 無矯僞之情. 其暫離母側, 初豈知有終天之戚哉? 而哀訃忽聞, 母死經日, 醫之已不及, 救之安可生乎? 疾趨奔還, 號哭哀叫, 其悲慟之心, 迫切之情, 有足以感通鬼神, 而轉移造化者. 故已死之母, 回生於頃刻之間, 非其誠孝精神, 通於其親, 格乎幽明, 能致是耶? 夫不忍决忘其親者, 孝子之眞情. 然未有如昕之哀號, 而母復生者, 昭諸簡策, 表之天下後世, 宜哉! 詩曰:

【찬시】

평소의 효는 타고난 본성에서 비롯된 것	平生孝性自天然
자식 도리 잘하였다고 사람들이 전하네	子道無虧衆所傳
어머니 돌아가신 지 하루 지났다는 소식 갑자기 들리니	忽報母亡經一日
간장 꺾이고 찢어지며 눈물이 샘솟았네	肝腸摧裂淚如泉

또

부음을 듣고 슬피 통곡한 것은 지극한 효성 때문이니	聞訃哀號本至誠
이미 돌아가신 어머니께서 다시 살아나셨네	慈親已死復回生
그저 지극한 효행이 저승에도 통한 덕이니	只緣至行通幽顯
천지신명께서 효자의 마음을 어여삐 여기셨음이라	天地應憐孝子情

54. 여제인이 통곡하다 죽다[605] 齊人號絶(13a)

【본문】

여제인(余齊人)[606]은 진릉(晉陵)[607] 사람이다. 어려서부터 효행이 지극했으며, 읍의 문서 담당 관리로 일했다. 남송 효무제(孝武帝)[608] 때 아버지 여식(余殖)이 집에서 병으로 돌아가셨는데, 서찰이 아직 도착하지 않았다. 그런데 여제인이 사람들에게 이렇게 말했다. "요즘 몸이 아프고 마음이 심란하여 마치 끊어지는 듯하다. 평상시에도 깜짝깜짝 놀라니, 필시 (집에) 변고가 생긴 것이다." 그때 아버지의 투병을 알리는 서찰이 도착하여 400여 리 길을 하루 만에 돌아왔는데, 대문에 당도하여 막 아버지가 돌아가셨다는 사실을 알게 되자 통곡하며 발을 동동 구르다 기절하여 한참 만에야 깨어났다. 아버지께서 남기신 말씀이 없는지 물으니, 어머니가 "네 아버지가 임종할 때 너를 보지 못한 것이 한스럽다고 하셨다."라고 하였다. 여제인이 그 말을 듣자마자 목 놓아 울다가 빈소에 가서 숨이 끊어지고 말았다. 담당 관리가 주청하여 마을 이름을 '효의리(孝義里)'로 바꾸고, 조

---

605 여제인이 통곡하다 죽다: 『한』, 『언』, 『효』에 수록되지 않았다. 이 편은 『남사』 권73 효의열전 상 「여제인전(余齊人傳)」에서 인용한 것이다. 유사한 내용이 『통지』, 『책부원구』, 『태평어람』 등에도 수록되어 있다.

606 여제인: 남조 송나라의 효자이다. 자세한 행적은 전하지 않는다. 『책부원구』 권200 윤위부(閏位部) 「정표(旌表)」 및 『송서(宋書)』 권91 효의열전(孝義列傳)에는 이름이 '제민(齊民)'으로 되어 있다.

607 진릉: 중국 강소성에 속한 지명이다.

608 효무제: 남조 송나라 제4대 황제 유준(劉駿, 430~464, 재위 453~464)이다.

세를 감면해 주었으며 어머니에게 곡식 백 섬을 내려주었다.

余齊人, 晉陵人也. 少有孝行, 爲邑書吏. 宋孝武時, 父殖在家病亡, 而信尤未至. 齊人謂人曰: "比[609]肉痛心煩, 有如割截. 居常惶駭, 必有異故." 而信至報云父病, 四百餘里, 一日而歸, 至門方知父死, 號踊慟絶, 良久乃穌. 問父所遺言, 母曰: "汝父臨終, 恨不見汝." 齊人卽號叫, 至殯所而絶. 有司奏改其里爲孝義里, 蠲租布, 賜其母穀百斛.

【논단】

옛 책에 "부모는 내 몸의 뿌리요, 내 몸은 부모의 가지이다."라는 말이 있다.[610] 자식은 부모와 한 몸이었다가 나뉜 것[611]이니, 정신이 서로 통하는 것은 당연하다. 그래서 부모를 사랑하는 성심을 보존하고 있는 자라면 부모에게 큰일이 생겼을 때 마음이 반드시 동요되니 이것은 필연적 이치이다. 여제인은 효성으로 부모를 섬기다가 읍에서 관리로 일하게 되었다. 집에서부터 수백 리나 떨어져 있었지만, 부모를 생각하는 마음은

---

609 比: 가깝다, 근래. 『남사』를 제외한 『통서』, 『송서』 등에는 모두 '比者'라고 표기되어 있다.

610 옛 책에……말이 있다: 옛 책은 『예기』를 가리킨다. 『예기』 「애공문」, "공자께서 마침내 이렇게 말씀하셨다.……'몸은 부모의 가지이니, 감히 삼가지 않을 수 있겠습니까? 자기 몸을 삼가지 않는 것은 바로 부모를 상하게 하는 것입니다. 부모를 상하게 하는 것은 바로 자신의 뿌리를 상하게 하는 것입니다.'[孔子遂言曰:……'身也者, 親之枝也, 敢不敬與? 不能敬其身, 是傷其親, 傷其親, 是傷其本.']"라는 구절을 활용한 것으로 보인다. 송나라 문인 양시(楊時)의 『귀산집(龜山集)』 권2 「효사당기(孝思堂記)」 등에도 유사한 표현이 보인다. "故身者, 親之枝; 親者, 身之本, 其體一也."

611 한 몸이었다가 나뉜 것: 『맹자』 「고자 하」 제3장에 대한 조기(趙岐)의 집설에 "부모 슬하에서 태어나 한 몸에서 나누어지니, 숨을 쉬는 것도 기가 부모와 통하기 때문이다.[生之膝下, 一體而分, 喘息呼吸, 氣通於親.]"라는 표현이 보인다.

단 하루도 잊어본 적이 없었다. 아버지가 이미 돌아가신 것을 여제인은 미처 모르고 있었지만, 마음이 심란하고 몸이 아파 참을 수 없었으니, 그 성심이 지극하여 자기도 모르게 느껴졌기 때문이었다. 투병 중이라는 서찰을 받고 종일 힘써 달려서 돌아가 병간호하려 하였다. 그러다 아버지가 돌아가신 것을 알게 되자 기절했다가 다시 깨어나니, 너무나도 애통한 마음을 이기지 못한 것이다. 유언을 듣고는 목 놓아 통곡하다 숨이 끊어지니, 진실로 절박함이 지극하여 자기도 모르는 사이에 오장이 갈기갈기 찢어져 그로 말미암아 목숨이 다한 것이다. 요즘 세상에 부모가 병을 앓으실 때 슬하에 있으면서도 무덤덤한 채 개의치 않는 자들은 유독 어떤 마음인가! 그러한즉 여제인은 참으로 효자로다!

傳曰: "親者, 身之本; 身者, 親之枝." 子之與親, 一體而分, 宜其精神相爲流通. 能存愛親之誠者, 親有大故, 心必爲動, 此其理之必致也. 余齊人, 孝事其親, 試吏[612]於邑. 家遠數百里, 懷親之念, 蓋未嘗一日忘. 及父已歿, 而齊人未之知, 然心肉煩痛, 不可堪忍, 蓋誠之至而有以默感矣. 而書乃以病報, 窮日之力奔歸求捄. 於是知父之歿, 絶而復甦, 已不勝其哀痛矣. 及聞遺言, 號呌而絶, 誠迫切之至, 自不覺其五內分裂, 而命亦隨殞矣. 世有父母疾病, 雖在膝下, 恬不爲意者, 獨何心哉! 然則齊人其孝矣! 詩曰:

612 試吏: 관리가 되다.

【찬시】

평소에도 부모를 생각하던 깊은 일념	平昔懷親一念深
마음이 아프고 놀라더니 아버지 돌아가심을 알았네	親亡獨覺痛驚心
남기신 말씀 듣고 애절히 통곡하다 숨이 끊어지니	及聞遺語哀號絶
마을 이름에 천추토록 임금 말씀이 전파되네	千古鄕閭播德音[613]

또

조서로 세금 감면하시고 정려문 세웠는데	蠲租有詔復旌門
어머니께 곡식의 은전까지 내리셨네	慈母還沾賜粟恩
죽어도 이 마음에 부끄러움 없나니	身歿此心無愧怍
지금까지도 그 효행이 천지에 거듭 전해진다오	至今行義重乾坤

613 千古鄕閭播德音: '덕음(德音)'은 임금의 말씀이다. 이 시에서는 효무제가 조서를 내려 여제인 이 살던 마을 이름을 효의리로 바꾼 것을 가리킨다.

55. 하자평이 장례를 치르다[614] 子平營葬(14b)

【본문】

하자평(何子平, 418~477)[615]은 여강군 첨현 사람이다. 어려서부터 품행이 지극했고 어머니를 극진한 효성으로 섬겼다. 송 문제 때 오군(吳郡)[616] 해우현령이 되었는데, 녹봉을 받으면 오직 어머니를 봉양하는 데만 쓸 뿐 처자식에게는 조금도 쓰지 않았다. 어떤 사람이 그가 너무 검박한 게 아니냐며 의아해하자, 하자평이 이렇게 말했다. "녹봉을 바란 것은 본디 부모님을 봉양하기 위한 것이지 나 자신을 위한 것이 아니었소." 그러자 물었던 사람이 부끄러워하며 물러갔다. 어머니가 돌아가시자 벼슬을 그만두고 너무 슬퍼하다 몸을 훼손시켜서 상을 치르는 것이 예법에 정한 것보다 지나칠 정도였다. 매번 통곡하며 발을 동동 구르다 갑자기 기절하였다가 한참 만에 깨어나고는 하였다. 효무제 말엽에 (가족들이 사는) 동쪽 지방[617]에 흉년이 든 데다 전란까지 이어져 8년간 어머니의 장례를 치르지 못하였다. 그는 밤낮으로 통곡하기를 언제나 처음 모친상을 당했을 때[618]

---

614 하자평이 장례를 치르다: 『한』에 같은 제목으로 수록되어 있다. 『언』에는 수록되지 않았다. 『효』에 「하자평이 자신을 벌주다[子平罪己]」라는 제목으로 비슷한 내용이 수록되어 있다. 이 편은 『남사』 권73 효의열전 상 「하자평전(何子平傳)」에서 발췌 인용한 것이다. 유사한 내용이 『통지』, 『가범』, 『책부원구』, 『태평어람』, 『소학』 선행 「실명륜」 제16장 등에도 수록되어 있다.

615 하자평: 남조 송나라의 효자이다. 지조와 학문을 겸비하였으며, 가난을 편히 여기고 부귀영화를 탐하지 않은 채 살다 향년 60세로 죽었다.

616 오군: 중국 강소성 소주(蘇州) 일대의 지명이다.

617 동쪽 지방: 하자평 가문이 대대로 살고 있던 회계 지역을 가리킨다.

618 처음……당했을 때: 원문의 '단괄(袒括)'은 처음 초상을 당했을 때의 예이다. 망자의 소렴(小

처럼 하였다. 겨울에도 솜옷을 입지 않고, 여름에도 시원한 곳에 가지 않았다. 하루에 쌀 겨우 몇 홉으로 죽을 쑤어 먹으면서 소금에 절인 채소는 들지 않았다. 살던 곳의 지붕이 무너져 바람이나 햇볕을 가리지 못하자 조카 하백흥(何伯興)이 수리해주려 하니 하자평이 달가워하지 않으면서 이렇게 말했다. "나는 아직 정의(情意)를 다 풀지 못하였으니,[619] 천지간의 한 죄인일 뿐이다. 그러니 지붕을 다시 덮어서야 되겠느냐?" 회계태수 채흥종(蔡興宗, 415~472)[620]이 매우 칭찬하며 가상히 여겨 그를 위해 어머니의 무덤을 만들어 주었다.

何子平, 廬江灊人也.[621] 少有至行, 事母至孝.[622] 宋[623]文帝時, 爲吳郡[624]海虞令, 得祿唯以供母, 不及妻孥. 人疑其儉薄, 子平曰: "希祿本在養親, 不在爲己." 問者慙而退.[625] 母喪去官, 哀毁踰禮. 每哭踊, 頓絶方蘇. 孝武末年, 東土飢荒, 繼以師旅, 八年不得營葬. 晝夜號哭, 常如袒括之日. 冬不衣絮, 暑不就淸凉. 一日以數合米爲粥, 不進鹽菜. 所居屋敗, 不蔽風日, 兄子伯興, 欲爲葺理, 子平不肯曰: "我情事未申, 天地一罪人耳. 屋何宜覆?" 蔡興宗爲會稽太守, 甚加矜賞, 爲營冢壙.

斂) 뒤에, 상주가 두루마기 등 웃옷의 한쪽 소매를 드러내고 머리를 묶는 차림을 가리킨다. 『예기』「단궁 상」 참고.

619 아직……못하였으니: 어머니의 장례를 아직 제대로 치르지 못했다는 뜻이다. 『소학집주』, "정의를 다 풀지 못하였다는 것은 어머니의 장례를 치르지 못한 것을 말한다.[情事未申, 謂親未葬也.]"

620 채흥종: 남조 송나라의 정치인이다. 어려서부터 학문하기를 좋아하였으며, 효무제 때 시중(侍中)에 임명되자 군주에게 과감히 직간하여 이부상서(吏部尙書)로 옮겨 제수되었다. 상서우복야(尙書右僕射), 낙안현백(樂安縣伯) 등을 역임하였다. 『남사』「채흥종전」 참고.

621 廬江灊人也: 『한』 廬江人.

622 少有至行, 事母至孝: 『한』 없음.

623 宋: 『한』 없음.

624 吳郡: 『한』 없음.

625 問者慙而退: 『한』 없음.

【논단】

녹봉을 받으면서도 부모가 돌아가실 때까지 봉양하지 못하거나, 부모가 돌아가신 뒤 장례를 제대로 치를 수 없음은 효자의 평생 가는 슬픔이니 어찌 그 슬픔이 다 끝날 수 있겠는가? 하자평이 안절부절못하며 편하게 지내지 않음은 당연하다. 하자평이 당초에 현령이 되자 녹봉을 받으면 오직 어머니를 봉양하는 데에만 쓸 뿐 처자식에게는 조금도 쓰지 않았으니, 그가 부모를 사랑하는 마음은 독실한 것이었다. 어머니가 돌아가신 것은 우환으로 점철된 시절이었기에 장례를 제대로 치르지 못한 지 8년이나 되었다. 그러나 옷과 음식, 거처를 처음 상을 당했을 때와 다름없이 하였다. 지붕이 무너졌는데도 차마 수리하지 못하며 잘못을 자기에게 돌려 자책하였으니, 그 애통하고도 절박한 마음이 과연 어떠했겠는가? 아! 장례란 부모의 시신과 혼백을 안치하는 것이다. 부모를 아직 땅에 묻지 않았을 때, 거처함에 편안하기를 바라지 않음은 효자의 마음에 차마 그렇게 하지 못하는 부분이 있기 때문이다. 그런데 부모를 여의고 해가 바뀌도록 관곽을 드러난 채로 방치하고서 거리낌 없이 화려한 거처에 머무는 자들은 그 마음 씀씀이가 어쩌면 그리도 몹시 어질지 못한가! 하자평의 효행이 당시에 높이 평가받고, 태수가 그를 위해 무덤을 만들어 장례를 치러준 것은 마땅하도다!

人有祿而弗得以終養其親, 及親沒而不能營葬, 孝子終身之悲, 庸有旣乎? 宜何子平之遑遑不寧也. 子平初爲縣令, 得祿唯以供母, 而不及妻子, 其愛親之情篤矣. 母旣云沒, 時値艱虞, 不獲營葬者凡八年. 而服食居處, 與初喪無異. 至於屋敗, 不忍修葺而引咎自責, 其情之哀痛迫切爲何如哉?

吁! 葬所以安親之體魄. 親未及葬, 而居不求安, 孝子之心, 有所不忍故也. 彼有親喪暴露彌年, 而肆然華居以自處者, 其用心抑何不仁之甚耶! 子平之孝, 見重當時, 而太守爲之營壙以葬, 宜矣! 詩曰:

【찬시】

벼슬하여 녹봉 받으면 어디에 쓰나	爲官得祿竟何爲
처자식은 언제나 굶주림을 감수하였네	妻子常教受餒飢
극진한 봉양은 오직 늙으신 어머니를 위함이니	致養唯將供老母
이런 효심을 알아주는 이 드물다오	此心應是少人知

또

어머니를 땅에 묻지 못했는데 흉년까지 겹치니	親喪未葬値凶荒
항상 눈물 흘리며 가슴 아프게 잊지 못하네	涕淚常時痛不忘
홀연 어진 태수를 만나 무덤을 만들어 주시니	營壙忽逢賢太守
마침내 산 사람과 망자 모두 은혜 입었네	遂令恩惠及存亡

56. 유도민이 어머니를 찾다[626] 道愍求母(15b)

【본문】

유도민(庾道愍)[627]은 영천군 언릉 사람으로, 진나라 때 사공을 역임한 유빙(庾氷, 296~344)[628]의 현손[629]이다. 효행이 지극했고, 글을 매우 잘 지었다. 어려서 외롭고 가난하게 자랐으니, 생모가 교주(交州)[630]를 떠돌 때, 유도민은 아직 강보에 싸인 아기였다. 장성한 뒤에 그 사실을 알게 되자 어머니를 찾기 위해 광주(廣州) 수녕부(綏寧府)의 보좌관이 되었다. 수녕부에 도착해보니 교주와의 거리가 아직도 멀어, 곧 직접 짐을 꾸려 짊어지고 험한 길도 무릅쓰고 나아가 겨우 교주에 도착할 수 있었다. 일 년 남짓 어머니를 찾았지만 찾지를 못하여 밤낮으로 슬피 울었다. 어느 날 한 마을에 들어갔다가 폭우를 만나 어느 집에 잠시 머무르고 있었다. 마침 한 노파가 땔감을 지고 밖에서 돌아오고 있었는데, 그 순간 유도민의 마음에 움직이는 바가 있어 노파를 찾아갔더니 바로 어머니였다. 이에 엎드려 통곡하니, 원근에서 달려와 보고는 눈물을 뿌리지 않는 자가 없었다.

---

626 유도민이 어머니를 찾다: 『한』, 『언』, 『효』에 수록되지 않았다. 이 편은 『남사』 권73 효의열전 상 「유도민전(庾道愍傳)」에서 인용한 것이다. 유사한 내용이 『통지』, 『가범』, 『책부원구』 등에도 수록되어 있다.

627 유도민: 남조 제나라의 효자이다. 관직은 사성교위(射聲校尉)에 이르렀다.

628 유빙: 자 계견(季堅). 진나라 때의 재상이다. 진 성제를 잘 보필하였다.

629 현손: 손자의 손자. '고손(高孫)'이라고도 한다.

630 교주: 베트남 북부와 중국 광서성(廣西省)에 걸쳐 있던 지명이다.

庾道愍, 潁川鄢陵人, 晉司空氷之玄孫也. 有孝行, 頗能屬文. 少孤貧, 所生母漂流交州, 道愍尙在襁褓. 及長知之, 求爲廣州綏寧府佐. 至府而去交州尙遠, 乃自負擔冒嶮而進, 僅得自達. 求母經年不獲, 日夜悲泣. 嘗入村, 値暴雨, 寄止一家. 乃有一嫗, 負薪自外還, 道愍心動, 因訪之, 卽其母也. 於是俯伏號哭, 遠近赴之, 莫不揮淚.

【논단】

만물은 천지에 근본을 두고, 사람은 부모에 근본을 두고 있으니, 부모의 은혜는 천지와도 같다. 자식이 보답하려 해도 할 수 없다면 반드시 수고로움도 불사하고 험난하고 먼 길도 피하지 않는 법이니, 유도민이 어머니를 찾던 일을 보면 이 점을 잘 알 수 있다. 어머니가 교주를 떠돌았지만 당시 유도민은 어린아이라 그러한 사실을 몰랐다가 장성한 뒤에야 알게 되었으니, 애절한 그 일념이 어찌 한량 있으랴? 이에 관직을 버리고 어머니를 찾기 위해 직접 짐을 싸서 장기(瘴氣)가 가득하고 독사가 득실거리는 지역[631] 곳곳을 돌아다녔다. 일 년이 지나도록 어머니를 찾지 못했지만 그만둘 수 없었으니, 어찌 노고와 먼 여정을 꺼렸겠는가? 어머니를 찾고 싶은 마음이 절실하던 차에 하루아침에 비바람 속에서 만나게 되었으니, 모두 천지와 귀신이 남몰래 도운 것이다. 아! 유도민의 효성은 더할 나위 없으니, 그를 계승한 사람은 주수창(朱壽昌, 1014~1083)[632]일 것이다. 자

---

631 장기가……지역: 장기란 축축하고 더운 땅에서 생기는 독기이다. 남쪽 지방인 교주는 날씨가 습하고 무덥기에 이렇게 묘사한 것이다.

632 주수창: 자 강숙(康叔). 송(宋)나라의 효자이다. 그의 어머니 유 씨(劉氏)는 첩이었는데, 아버지

식으로서 부모가 떠돌아다니는 상황이라면 그를 본받지 않을 수 있겠는가?

物本乎天地, 人本乎父母, 父母之恩, 猶天地. 子欲報之, 而不可得, 必勞苦不辭, 而險遠不避矣, 觀庾道愍之求母, 爲可見也. 其母流落交州, 道愍幼未及知, 旣長知之, 一念哀切, 寧有極乎? 於是棄官求訪, 躬親負荷, 蹈瘴癘之鄕, 歷蛇虺之區. 經年不得而不止, 是豈憚其勞且遠哉? 欲求其親之切也, 一旦相値於風雨之時, 皆天地鬼神有以黙相之也. 吁! 道愍不可尙已, 繼之者朱壽昌也. 爲人子而遇親之流落者, 可不取則於是哉? 詩曰:

【찬시】

장기의 고장으로 어머니 찾으러 갔다 종적이 끊겼는데	瘴鄕求母久無蹤
폭우 속에 상봉할 줄 어찌 알았으랴	豈意相逢暴雨中
하늘이 효자의 마음을 가엾게 여긴 것이 아니라면	不是天心憐孝念
그 누가 만 리 먼 곳에서 상봉하게 한 것이랴	誰敎萬里得生逢

또

에 의해 쫓겨난 뒤 재혼하였다. 주수창은 아버지 슬하에서 장성하여 어머니와 50년 동안 헤어져 살았다. 훗날 벼슬을 하였는데, 신종(神宗) 초에 벼슬을 버리고 어머니가 계신 옹주(雍州)를 찾아가 수소문 끝에 어머니와 두 이복동생을 찾았다. 벼슬은 섬주통판(陜州通判), 광덕지군(廣德知軍) 등에 이르렀다. 『송사(宋史)』 효의열전 「주수창전」 및 『효순사실』 권7 「137. 주수창이 어머니를 찾다[壽昌尋母]」 참조.

어머니 뵙고 놀라고 기쁘던 마음이 슬픔 되니 見親驚喜却成悲
애절함이 이웃을 감동시켜 모두 눈물 흘렸다오 哀動旁人盡淚垂
아름다운 이름 만고토록 역사서에 환히 빛나니 萬古芳名昭史冊
지극한 효행이 어찌 당시에만 존중받으랴 豈徒至行重當時

57. 왕허지가 신령을 감동시키다[633] 虛之感神(17a)

【본문】

왕허지(王虛之)[634]는 자가 문정(文靜)이며, 여강군 석양(石陽) 사람이다. 13세에 어머니를 여의었고 33세에는 아버지도 여의었으니, 25년간 소금이나 식초로 간한 음식은 받아들이지 않았다. 그가 병에 걸려 자리에 누웠는데, 홀연 어떤 사람이 병문안을 와서는 "그대는 효성으로 이름났으니 머지않아 병이 나을 것이다."라 하고는 눈 깜짝할 새 사라졌다. 얼마 지나지 않아 과연 병이 나았다. 뜰에 양매[635]나무가 있었는데 한겨울에도 세 번이나 열매가 맺혔고, 묘소에 있던 유자나무도 겨울에 두 번이나 열매가

633 왕허지가 신령을 감동시키다: 『한』에 같은 제목으로 수록되어 있다. 『언』, 『효』에는 수록되지 않았다. 이 편은 『남사』 권73 효의열전 상 「왕허지전(王虛之傳)」에서 인용한 것이다. 유사한 내용이 『통지』, 『책부원구』, 『태평어람』, 『태평광기』 등에도 수록되어 있다.

634 왕허지: 남조 제나라의 효자이다. 평생 벼슬하지 않았다.

635 양매: 소귀나무. 열매가 빨갛고 크기가 콩알만 한데 5월 중에 익으며, 매실과 비슷하게 달고 신 맛이 난다. 『본초(本草)』 참고.

열렸다. 또 그의 거처[636]는 밤에도 촛불을 켠 듯 환하게 빛났으니 당시 사람들이 모두 효성에 감응한 결과라고 여겼다. 제 무제(齊武帝) 영명(永明)[637] 연간에 조서를 내려 마을에 정려문을 내리고 삼 대의 조세를 감면해 주었다.

王虛之, 字文靜,[638] 廬江石陽人也.[639] 年十三喪母, 三十三喪父, 二十五年鹽酢不入口. 疾病着床, 忽有一人來問疾, 謂之曰: "君以孝聞, 病當尋[640]差." 俄而不見. 未幾, 病果差. 庭中楊梅, 隆冬三實; 墓上橘樹, 冬亦再實. 又居旁, 夜有光如燭, 時人咸以爲孝感. 齊[641]武帝永明中, 詔旌門閭, 蠲其租三世.

【논단】

지극한 효는 천지와 통하고 신명이 부응하는데, 하물며 귀신이나 식물이 어찌 감동하지 않을 수 있겠는가? 왕허지의 일을 살펴보면, 그는 부모를 여읜 뒤 소금이나 식초로 간한 음식을 받아들이지 않은 것이 25년이었다. 이는 서글픈 그리움과 애통한 마음에 차마 그렇게 하지 못한 것

---

636 그의 거처: 『효순사실』의 본문에는 '居旁'으로 되어 있으나, 『남사』와 『책부원구』 및 『효순사실』 논단에는 '所居', 『태평어람』에는 '所住屋'이라고 되어 있다. 이에 따라 '그의 거처'로 번역하였다.

637 영명: 남조 제나라 제2대 황제 무제(武帝) 소색(蕭賾, 440~493, 재위 482~493)의 연호로 483년부터 493년까지 쓰였다.

638 字文靜: 『한』 없음.

639 廬江石陽人也: 『한』 廬江人.

640 尋: 머지않아, 오래지 않아.

641 齊: 『한』 없음.

이지, 가식적으로 한 행동이 아니었다. 그러므로 병이 위독하였을 때 신령이 나타나 병이 나을 것을 알려준 것이다. 또 그가 거처하는 곳은 밤에도 촛불을 켠 듯 빛났으며, 뜰과 묘역의 양매나무와 유자나무가 겨울에도 열매를 맺었으니 이것이 어찌 우연이겠는가? 한결같은 효성으로 말미암아 실로 천지와 귀신에게 통하여 살펴보시고 밝게 이르렀기에 일어난 결과이다. 그렇지 않다면, 어찌 감응이 뒤따르는 것이 이와 같을 수 있었겠는가? 아아! 요즘 세상에 왕허지 같은 자식이 있다면, 역시 극진히 효도하였다고 할 만하다.

夫至孝足以通天地, 孚[642]神明, 而況幽冥植物, 豈有不感動者哉? 觀王虛之, 自喪其父母, 鹽酢不入口者二十五年. 蓋其悲思哀慟有所不忍者, 非矯飾而爲之也. 故其得疾危殆之際, 而神告以當差. 又其所居, 夜則有光如燭, 庭墓之間, 梅橘冬實, 此豈偶然哉? 蓋由其一念之孝, 實相流通天地鬼神, 鑒觀昭格有以致之也. 不然, 何以能感召如此哉? 嗚呼! 世如虛之之爲人子, 亦可謂能盡其孝矣. 詩曰:

【찬시】

상 치르며 오래도록 간한 음식 끊으니	居喪久已絶鹽醯
20여 년간 뜻이 변하지 않았네	二十餘年志不移
신명 덕분에 효성이 환히 드러나니	賴有神明彰孝道

642 孚: 상응하다, 부합하다.

당시에 정려문을 하사받고 조세도 감면하셨다지 旌門蠲稅見當時

또

거처가 밤에도 촛불 켠 듯 빛나고 居旁夜有光如燭
병석에 누워서는 신령이 찾아와 쾌차를 알려주네 臥病逢神報可痊
양매나무 유자나무가 한겨울에 열매 맺으니 梅橘隆冬俱結實
효행이 하늘을 감동시켰기 때문이라오 由來孝行感皇天

58. 장직이 어머니의 병을 걱정하다[643] 張稷憂疾(18a)

【본문】

장직(張稷, 450~512)[644]은 자가 공교(公喬)이며 오군 사람으로, 남조 송나라 때 정북장군 남연주자사를 지낸 장영(張永)[645]의 아들이다. 어려서부터

643 장직이 어머니의 병을 걱정하다: 『한』, 『언』, 『효』에 수록되지 않았다. 이 편은 『남사』 권31 「장유전(張裕傳)」에 부록된 「장괴의 아우 장직전[瓌弟稷傳]」에서 발췌 인용한 것이다. 유사한 내용이 『통지』, 『책부원구』, 『태평어람』 등에도 수록되어 있다.

644 장직: 남조 양(梁)나라의 효자이다. 성품이 꼼꼼하지는 못하였지만[疎率] 아버지 장영(張永)과 적모(嫡母) 구 씨(丘氏)가 연달아 사망하자, 6년간 무덤 곁에 여막을 치고 살 정도로[父永及嫡母丘, 相繼殂, 六年廬于墓側] 효심이 깊었다. 양 무제 때 상서좌복야(尙書左僕射) 등을 역임하였다. 『남사』 참고.

645 장영: 자 경운(景雲). 서사(書史)를 두루 섭렵하여 글을 잘 지었으며, 예서(隸書)를 잘 썼다.

효성스러운 성품을 지녔다. 생모 유 씨(劉氏)가 남편에게 총애받지 못하다가 병에 걸리자 11세의 나이로 어머니 곁에서 옷도 벗지 못한 채 병간호하였는데, 병세가 악화될 때는 며칠씩 밤을 새우기도 하였다. 어머니가 돌아가시자 너무 슬퍼하다 몸을 훼손시킨 것이 성인(成人)보다 심했기에 지팡이를 짚은 뒤에야 일어날 수 있었다. 또래의 어린이를 보면 늘 목이 메어 눈물만 흘렸다. 큰형 장위(張瑋)[646]가 쟁을 잘 연주했는데, 장직은 어머니가 악기 연주하는 재주를 지녔었기에 장위가 연주하던 청조(清調)[647]를 듣다가 문득 슬픈 생각이 들어 갑자기 기절한 뒤로, 죽을 때까지 그 곡을 차마 듣지 못하였다. 어머니를 우선 낭야 황산(黃山)에 가매장해 두었다가 제 명제(齊明帝) 건무(建武)[648] 연간에 개장하여 제대로 장례 치렀다. 부의가 많이 들어왔는데, 비록 거절하지 못하고 받았지만 장례를 마친 뒤에 모두 돌려보냈다. 어려서부터 장성하기까지 수십 년 동안 늘 유 씨의 위패를 모셔두고 마치 살아 계신 분을 섬기듯 외출할 때나 돌아왔을 때 인사하였다.[649]

張稷, 字公喬, 吳郡人, 宋征北將軍南兗州刺史永之子也. 幼有孝性. 生母劉氏, 無寵遘疾, 年十一侍養, 衣不解帶, 每劇則累夜不寢. 及終, 毁瘠過人, 杖而後起. 見年輩幼童, 輒哽咽泣下. 長兄瑋善彈箏, 稷以劉氏先執此伎, 聞瑋爲清調, 便悲感頓絶, 遂終身不忍聽之. 母先假葬琅琊黃山, 齊

---

646 장위: 상세한 행적이 전하지 않는다.

647 청조: 고악(古樂)에서 성률의 높낮이에 따라 나눈 세 가지 악조 중 하나이다. 높이가 가장 낮은 것이 청조, 다음이 평조(平調), 미지막이 측조(側調)이다.

648 건무: 남조 제나라 제5대 황제 명제(明帝) 소란(蕭鸞, 452~498, 재위 494~498)의 연호로 494년부터 498년까지 쓰였다.

649 외출할 때나……인사하였다: 원문의 '출곡반면(出告反面)'은 자식이 밖에 나갈 때마다 부모에게 가는 곳을 아뢰고[出告], 밖에서 돌아온 뒤 부모에게 돌아왔음을 아뢰는 것[反面]이다.

明帝建武中, 改申葬禮. 賻助委積, 雖不拒絶, 事畢悉以還之. 自幼及長, 數十年中, 常設劉氏神主, 出告反面, 如事生焉.

【논단】

자식으로서 부모를 봉양하는 자는 많지만, 부모가 병들었을 때 진심으로 근심하는 자는 드물다. 부모의 병을 걱정하는 자는 있지만, 상을 치르면서 지극히 슬퍼하지 않는 자도 있다. 부모가 병들자 진심으로 근심하고, 돌아가시자 지극히 슬퍼하고도 평생토록 추모하며 잊지 못하였으니, 이러한 장직의 효성은 참으로 가상하다. 장직은 어렸을 때 어머니가 병을 앓자 옷도 벗지 못한 채 병간호하며 제대로 자지도 못하였고, 상을 당한 뒤에는 너무 슬퍼하다 몸이 훼손되기까지 하였다. 또래의 어린이들을 보면 저절로 눈물을 흘렸으니, 이는 남들은 모두 어머니가 있지만 자기 어머니는 다시 뵐 수 없음을 슬퍼한 것이다. 음악 소리에 마음이 요동친 것은 어머니가 전에 악기 연주를 하셨기 때문이니 마침내 끊어버리고 다시는 듣지 않았다. 효자의 마음은 (부모와 관련한) 사물에 눈길이 닿으면 감회가 일어나는 법이니, 어찌 한순간이라도 단념할 수 있겠는가? 아! 성인도 이처럼 하기란 참으로 어려운데, 하물며 어린 나이에는 오죽하랴? 당시에 칭송받고 후대에 이름이 알려지게 된 것이 당연하다.

爲人子而養其親者, 多矣; 親有疾而能憂之者, 鮮焉. 憂親之疾者, 有矣; 居喪而不致哀者, 有焉. 疾致其憂, 喪致其哀, 而又能終身追慕而不忘, 此張稷之孝爲可嘉也. 稷幼遇母疾, 衣帶不解, 而寢寐俱廢, 至於居喪毁瘠. 見儕輩童稚, 輒自涕泣, 悲人皆有親, 而己之親不復見也. 至於感聲樂, 以爲親嘗執此, 遂絶之而不聽. 孝子之心, 觸事興懷, 寧有斯須[650]之間哉? 噫! 成人而能若是者, 固亦難矣, 況幼稚之年哉? 是宜見稱於當時, 而有聞於後世也. 詩曰:

【찬시】

어머니의 병이 황망하여 옷도 벗지 못하고	親病蒼黃[651]不解衣
갈수록 위독해져 잠도 거르니 여위어 갔네	阽危廢寢漸成羸
상 치르며 슬퍼하다 몸이 상하고 마음이 심하게 요동쳐	居喪哀毁偏多感
또래들만 보아도 눈물 절로 떨구었지	遇着童儕便淚垂

또

어머니 살아생전 쟁을 잘 타셨으니	慈親當日執鳴箏
돌아가신 뒤 차마 그 소리를 어찌 들으랴	親沒那能聽此聲
어려서부터 도타운 효행 남달랐으니	自幼已能惇至行
지금도 역사서에 아름다운 명성 선명하다오	至今簡冊著芳名

650 斯須: '잠시[須臾]', '매우 짧은 시간[寸刻]'.
651 蒼黃: 바쁘다, 허둥지둥하다, 허겁지겁.

59. 소예명의 눈물이 얼다[652] 叡明氷淚(19a)

【본문】

소예명(蕭叡明)[653]은 자가 경제(景濟)이며, 남난릉(南蘭陵)[654] 사람이다. 어머니가 풍질에 걸려 몇 년간이나 누워 있었다. 소예명이 밤낮으로 기도하였는데, 몹시 추운 겨울날 소예명이 흘린 눈물이 얼어 고드름처럼 되고 말았다. 이마를 댓돌에 부딪쳐 나온 피도 얼어서 맺혔다. 그런데 홀연 어떤 사람이 나타나 작은 돌 상자를 주며 이렇게 말했다. "이것이 부인의 병을 낫게 할 것이다." 소예명이 무릎을 꿇고 돌 상자를 받자 갑자기 그 사람이 사라졌다. 그것을 어머니께 드리니 상자 안에 세 폭의 명주만 들어 있었고, 붉은 글씨로 '일월(日月)'[655]이라고 쓰여 있었다. 어머니가 그것으로 옷을 해 입으니 대번에 병이 나았다.

蕭叡明, 字景濟, 南蘭陵人也. 母病風, 積年沉臥. 叡明晝夜祈禱, 時天

---

652 소예명의 눈물이 얼다: 『한』, 『언』, 『효』에 수록되지 않았다. 이 편은 『남사』 권73 효의열전 상 「소예명전(蕭叡明傳)」에서 인용한 것이다. 유사한 내용이 『통지』, 『책부원구』, 『태평어람』, 『태평광기』 등에도 수록되어 있다.

653 소예명: 남조 제나라의 효자이다. 어머니께 불효하다 천벌을 받아 죽은 주서(朱緖)의 이야기를 듣고 비분강개하여, 시체를 도륙 내고 싶다고 할 정도로 효행을 중시하였다.[於時, 秣陵朱緖, 無行, 母病積年, 忽思菰羹, 緖妻到市買菰爲羹欲奉母, 緖曰: '病復安能食.' 先嘗之, 逐並食盡. 母怒曰: ' 我病欲此羹, 汝何心並啖盡? 天若有知, 當令汝哽死.' 緖聞便心中介介然, 卽利血, 明日而死. 叡明聞之, 大悲慟, 不食積日. 問: '緖尸在何處? 欲手自戮之.' 旣而曰: '洿吾刀.' 乃止.] 무제 영명 5년(287)에 어머니가 돌아가시자 슬픔을 이기지 못하고 죽었다. 송자현령(松滋縣令) 등을 역임하였고, 중서랑(中書郎)에 추증되었다. 『남사』 「소예명전」 참고.

654 남난릉: 중국 강소성 상주(常州) 일대의 지명이다.

655 일월: 시간, 세월이라는 뜻이다.

寒, 叡明下淚, 成氷如筯. 額上叩頭血, 亦氷不溜. 忽有一人, 以小石函授之曰: "此療夫人病." 叡明跪受之, 忽不見. 以函奉母, 函中惟有三寸絹, 丹書爲日月字. 母服之, 卽平復.

【논단】

자식은 부모께 진실로 최선을 다하지 않는 일이 없어야 하는데, 하물며 부모에게 병환이 있으면 또한 어찌 그 마음을 극진히 하지 않을 수 있겠는가? 살펴보면, 소예명은 어머니가 풍질에 걸려 몇 년이 지나도 낫지 않았으니 과연 약을 투여해도 효험이 없고 침[656]을 맞아도 효과가 없었지만, 어머니의 통증이 점점 위급해지는 것을 보고 어찌 그만둘 수 있었겠는가? 이에 애타는 마음을 표현할 길 없어 그저 밤낮으로 천지신명께 기도하며 눈물을 흘리고 슬피 통곡[657]할 뿐이었다. 엄동설한이었기에 눈물도 얼고 이마를 댓돌에 부딪쳐 나온 피도 엉겨 붙었다. 마음으로 그저 어머니가 낫기만을 바랄 뿐 자기 몸이 피폐해지는 것은 생각지도 않았기 때문이다. 이 지극한 효성이 저승[658]에까지 감통하였으니, 기이한 사람이 나타나 붉은 글씨를 주어 어머니의 병을 낫게 한 것은 너무나도 당연하다. 이처럼 한결같은 효성은 천지신명에게까지 닿는 법이다. 요즘 세상에서 병든 부모를 둔 자식들이 소예명이 한 것처럼만 할 수 있다면 반드시 감응

---

656 침: 원문의 '침폄(鍼砭)'은 질병을 치료하는 쇠침과 돌침을 가리킨다.
657 슬피 통곡: 원문의 '애유(哀籲)'는 슬피 울부짖는다[哀呼, 哀告]는 뜻이다.
658 저승: 원문의 '유현(幽顯)'은 보통 저승과 이승이라는 뜻이다. 그런데 이 글에서 '顯'은 뜻이 없이 편의복사(偏義複詞)의 구성 요소로 쓰였을 뿐, 문맥상 저승의 의미이다.

이 있을 것이니, 그저 용렬한 의사에게만 맡겨두지 말지어다.

夫子之於親, 固無所不用其極, 況親之有疾, 又豈可以不盡其心哉? 觀蕭叡明母病風疾, 積年之久, 不能愈, 必[659]投藥而無效, 鍼砭以無功, 視親之疾痛迫切於身體, 其可以遂已乎? 於是無所用其情, 惟晝夜禱祈於天地神明, 哭泣哀籲. 當盛寒之時, 而淚爲之氷, 叩頭而血爲之凝. 蓋其心惟欲求親之安, 而不知身之勞敝. 則其純孝之誠, 感通幽顯, 固宜異人授以丹書, 以愈親疾. 是其一念之孝, 有以格于天地神明也. 世之人遇親之疾, 能如叡明之爲, 則必有感, 毋但委之於庸醫而已. 詩曰:

【찬시】

난릉의 소 씨는 대대로 어질다 일컬어지니	蘭陵蕭氏世稱賢
효행이 하늘까지 닿았네	行孝應能格上天
피도 눈물도 얼어 고드름처럼 맺히니	血淚兩行氷筯結
귀신조차 효성을 어여삐 여겼네	誠心還得鬼神憐

또

세 치 돌 상자에 붉은 글씨 담아주니	石函三寸授丹書
'일월' 두 자 빛을 발해 병이 대번에 나았다네	日月光明病卽蘇

659 必: 다만, 과연.

오직 일심으로 효도하면	惟把一心行孝道
신명이 도와준다는 이야기가 참말이로다	神明相輔信非誣

60. 유검루가 정성을 다해 기도하다[660] 黔婁誠禱(20a)

【본문】

유검루(庾黔婁)[661]는 자가 자정(子正)이며 신야(新野)[662] 사람으로, 후에 강릉(江陵)[663]으로 이사하여 살았다. 성품이 매우 효성스러웠고, 남들에게 얼굴을 붉힌 적이 없었다.[664] 잔릉현령이 되어 고을에 부임한 지 열흘이 채 되지 않았을 때, 집에 있던 아버지 유이(庾易)[665]가 병에 걸렸다. 유검루는

660 유검루가 정성을 다해 기도하다: 『한』, 『언』, 『효』에 「유검루가 변을 맛보다[黔婁嘗糞]」라는 제목으로 수록되어 있다. 이 편은 『남사』 권30 「유이전(庾易傳)」에 부록된 「아들 유검루전[子黔婁傳]」에서 발췌 인용한 것이다. 유사한 내용이 『통지』, 『가범』, 『책부원구』, 『몽구』, 『소학』 선행 「실명륜」 제15장 등에도 수록되어 있다.

661 유검루: 남조 양(梁)나라의 정치인이다. 중국의 24효자 중 한 명이다. 현령으로 있을 때, 변경에 호환(虎患)이 극심했는데 유검루가 가자 호랑이들이 다른 지역으로 넘어가니, 백성들이 그의 어진 성품에 호랑이가 감화된 결과라고 여겼다. 양나라가 건국된 후 부장사(府長史), 파서태수(巴西太守), 재동태수(梓潼太守), 촉군태수(蜀郡太守) 등을 역임하였다. 관직에 있는 동안 늘 청빈하고 검소하였다. 산기시랑 형주대중정(散騎侍郎荊州大中正)에 이르렀으며 향년 46세로 죽었다. 『남사』 및 『양서』권47 효행열전 「유검루전」 참고.

662 신야: 중국 하남성 남양시(南陽市) 일대의 지명이다.

663 강릉: 중국 호북성(湖北省) 형주시(荊州市) 일대의 지명이다.

664 남들에게……없었다: 어진 군자라는 의미이다. 『예기』 「표기(表記)」에 "공자께서 이렇게 말씀하셨다. '군자는 다른 사람 앞에서 장중한 거동을 잃지 않고, 장중한 안색을 잃지 않으며, 신중한 언어를 잃지 않는다.'[子曰: '君子不失足於人, 不失色於人, 不失口於人.']"라는 표현이 보인다.

665 유이: 자 유간(幼簡). 성품이 조용하여 세속 사람들과 교유하려 하지 않았다. 제나라 때 사공주부(司空主簿) 등으로 천거되었으나 고사하고 은둔하였다.

갑자기 심장이 두근거리고 온몸에 식은땀이 흐르므로, 그날로 관직을 버리고 집으로 돌아오니, 식구들 모두 그가 갑자기 돌아온 것에 깜짝 놀랐다. 그때, 유이는 병을 앓은 지 이틀째였다. 의원이 이렇게 말했다. "병에 차도가 있는지 심해지는지를 알려면 대변이 단지 쓴지 맛보아야 합니다." 유이가 설사하면 유검루는 그때마다 그것을 맛보았는데, 점점 달짝지근해지므로 마음이 더더욱 근심스러워 갔다. 그래서 밤이 되면 매일 북극성을 향해 머리를 조아리며 자기가 아버지 대신 죽게 해달라고 기도했다. 그런데 갑자기 공중에서 이런 소리가 들려 왔다. "그대 아버지[666]는 수명이 이미 다하였기에 다시 연장할 수는 없도다. 그러나 그대의 정성스러운 기도가 너무도 지극하므로 이달 말까지 수명이 연장되리라." 그믐이 되니 과연 유이가 세상을 떠났다. 유검루는 상을 치르는 것이 예법에 정해진 것보다 지나칠 정도로 정성스러웠으며, 무덤 곁에 여막을 치고 살았다.

庾黔婁, 字子正,[667] 新野人, 徙居江陵. 性至孝, 未嘗失色於人.[668] 爲孱陵令, 到縣未旬, 父易在家遘疾. 黔婁忽心驚, 擧身流汗, 卽日棄官歸家, 家人悉驚其忽至. 時易疾始二日. 醫云: "欲知差劇, 但嘗糞甛苦." 易泄痢, 黔婁輒取嘗之, 味轉甛滑, 心愈憂苦. 至夕, 每稽顙北辰, 求以身代. 俄聞空中聲曰: "聘君壽命盡, 不復可延. 汝誠禱旣至, 故得至月末." 晦而易亡. 黔婁居喪過禮, 廬於墓側.

---

666 그대 아버지: 원문의 '빙군(聘君)'은 학행이 뛰어난 선비로서 임금의 조서로 초빙받은 인재를 가리킨다. '징군(徵君)'이라고도 한다. 유이가 제나라 때 천거를 받았기에 이렇게 표현한 것이다.

667 字子正: 『한』, 『언』 없음.

668 徙居江陵……未嘗失色於人: 『한』, 『언』 없음.

【논단】

사람의 일신은 부모가 물려준 것이므로 마음이 (부모와) 서로 감통하는 법이다. 유검루로 말하자면, 자신은 타지에 있고 아버지는 고향에 있었는데 갑자기 마음이 요동치자 관직을 버리고 즉시 돌아와 보니, 과연 아버지가 병에 걸려 있었다. 아아! 자식이 부모를 생각하는 마음에 어찌 틈이 있으리오? 슬하에서 태어나 한 몸에서 나뉜 것이니, 숨 쉬고 내뱉는 사이에도 기가 부모에게 통해 있는 법이다.[669] 그러나 효성을 바쳐 사랑하는 진실한 마음이 없었다면, 어찌 이 정도로 신묘하게 감통할 수 있었겠는가? 그가 아버지의 대변을 맛보며 병세가 나아지는지 위중해지는지를 확인하고, 하늘을 향해 자기가 대신 죽게 해달라고 호소[670]한 일을 살펴보면, 평소에도 얼마나 효성을 바쳐 진실하게 사랑하였는지를 잘 알 수 있다. 그러니 이처럼 감통하는 것은 당연하다. "효성이 지극하면 신명에게도 통한다."라는 말이 있으니, 아마도 유검루를 두고 한 말이 아니겠는가! 요즘 세상에 불초한 자식들은 부모를 마치 자신과 아무런 상관도 없는 존재인 것처럼 대하니, (부모에게 무슨 일이 있더라도) 역시 그 마음에 무언가 느껴질 리 있겠는가? 유검루 같은 사람은 지극한 효자라고 할 만하니, 세상의 교화를 창도하고 경박한 풍속에 경계가 될 수 있겠도다.

人之一身, 親之遺體也, 故其心志, 相爲感通. 若庾黔婁, 身在外而親在家, 忽然感動, 棄官卽歸, 而父果遘疾. 於乎! 人子之於其親, 心豈有間

---

669 슬하에서……있는 법이다: 『맹자』「고자 하」 제3장에서 순임금의 효성에 대한 조기(趙岐)의 집주에서 인용한 것이다.
670 호소: 원문의 '유천(籲天)'은 하늘을 부르짖는다는 뜻이다.

哉? 生之膝下, 一體而分, 喘息呼吸, 氣通於親. 然非有孝愛之誠心, 亦何以能感通若是之神哉? 觀其嘗糞以驗疾勢之差劇, 而籲天請以身代焉, 其素有孝愛之誠, 可知. 宜其感通如此也. 語曰: "孝誠之至, 通於神明." 其庾黔婁之謂乎! 世有不肖之子, 視其親與己曾不相干, 亦豈能有所感動於其心哉? 若庾黔婁, 其可謂純孝, 可以昌世敎而警薄俗矣. 詩曰:

【찬시】

잔릉현령 되었을 때 갑자기 심장 두근대기에　孱陵作令忽心驚
관직을 버리고 집으로 돌아오니 아버지 편찮으셨네　棄職還家父疾嬰[671]
어찌 소식에 앞서 먼 길로부터 돌아올 수 있었나　消息何曾來遠道
바로 극진한 효성에 감통하였기 때문이라네　感通應是在純誠

또

"아버지를 대신하여 죽기를 원하나이다."　願將身殞代嚴親
높은 하늘 북극성에 머리 조아리며 기도하였네　稽顙中天禱北辰
문득 보응이 있을 것이라는 소리가 들려오니　便覺有聲傳報應
예로부터 효자의 마음은 신령조차 감동시키는 법이라오　從來孝念感神人

671　嬰: 만나다, 걸리다.

61. 해숙겸이 약을 찾으러 다니다[672] 叔謙訪藥(21b)

【본문】

해숙겸(解叔謙)[673]은 자가 초량(楚梁)이며, 안문(鴈門)[674] 사람이다. 어머니에 병들자 해숙겸은 밤에 뜰에서 머리를 조아리며 (어머니의 병이 낫게 해달라고) 기도하였다. 그러자 공중에서 이런 소리가 들려 왔다. “이 병은 정공등(丁公藤)[675]을 구해 술을 담가 먹으면 나을 것이다.” 즉시 의원을 찾아가 보기도 하고 『본초』[676] 주석 등도 찾아보았지만, 아무도 아는 이가 없었다. 이리저리 찾아다니다 의도군(宜都郡)[677]에 이르렀는데, 저 멀리 산속에서 한 노인이 나무를 베는 모습이 보이기에 그 나무를 어디에다 쓰는지 물었다. 노인이 “이것은 정공등이라는 것인데, 풍질을 낫게 하는 데 아주 효험 있다오.”라고 대답하였다. 해숙겸이 바로 엎드려 절을 하고 눈물을 흘리면

---

672 해숙겸이 약을 찾으러 다니다: 『한』, 『언』에 같은 제목으로 수록되어 있다. 『효』에는 수록되지 않았다. 이 편은 『남사』 권73 효의열전 상 「해숙겸전(解叔謙傳)」에서 인용한 것이다. 유사한 내용이 『통지』, 『책부원구』, 『태평어람』, 『태평광기』 등에도 수록되어 있다.

673 해숙겸: 남조 제나라의 효자이다. 제 명제 건무 초(494), 황제가 ‘봉조청(奉朝請)’이라는 벼슬로 불렀으나 부임하지 않았다. 비슷한 시기의 종원경(宗元卿), 유진(庾震), 주문제(朱文濟), 광흔(匡昕), 노강조(魯康祚), 사창우(謝昌宇) 등의 효자 중에서도 가장 뛰어난 행실로 알려져 있다. 『남사』 「해숙겸전」 참고.

674 안문: 중국 산서성 북쪽의 지명이다.

675 정공등: 장미과에 속하는 마가목을 가리킨다. ‘남등(南藤)’, ‘석남등(石南藤)’, ‘풍등(風藤)’, ‘통초(通草)’, ’정옹(丁翁), ‘정공기(丁公寄)’ 등으로도 불린다. 줄기가 말채찍 같은 모양이다. 성질은 따뜻하고 맛은 매우며 독이 없다. 풍혈(風血)에 주로 쓰며 쇠약해지는 기운을 보하여 양기를 돋우는 데 효과가 있다. 달여서 즙을 마시거나 술을 담가 겨울에 먹는다. 『본초강목(本草綱目)』 권18 하 참고.

676 『본초』: 풀, 나무와 같은 식물과 동물, 벌레, 물고기 등의 기타 약재(藥材)에 대해 적은 의서이다. 고대 전설 속의 성군 신농씨(神農氏)가 지었다고도 한다.

677 의도군: 중국 호북성 형주부(荊州府)의 속현이다.

서 찾아온 의도를 자세히 말하니, 그 노인이 몹시 안타까워하며 정공등 네 단을 주고 아울러 술을 담그는 비법도 가르쳐 주었다. 해숙겸이 그것을 받고 (감사 인사를 하기 위해) 그 사람을 돌아보니, 이미 홀연히 사라져 버렸다. 비법대로 술을 담가 드리니, 어머니의 병이 대번에 나았다.

解叔謙, 字楚梁,[678] 鴈門人也.[679] 母有疾, 叔謙夜於庭中, 稽顙祈福. 聞空中語云: "此病得丁公藤爲酒, 便差." 卽訪醫及本草註,[680] 皆無識者. 乃求訪至宜都郡, 遥見山中一老公伐木, 問其所用. 答曰: "此丁公藤, 療風尤驗." 叔謙便拜伏流涕, 具言來意, 此公愴然, 以四段與之, 并示以漬酒法. 叔謙受之, 顧視此人, 已忽不見. 依法爲酒, 母病卽差.

【논단】

위대하다! 진실한 효성이여! 실로 자식 된 자가 할 수 있는 최고의 품행이로다![681] 효도에 최선을 다하면 천지신명께서 굽어살펴 주지 않은 적이 없으니, 이른바 진실한 효심이 지극한 경지에 이르면 통하지 않는 곳이 없다는 말[682]은 참이도다! 해숙겸으로 말하자면, 불행히도 어머니가 병

---

678 字楚梁: 『한』, 『언』 없음.
679 也: 『한』, 『언』 없음.
680 註: 『한』, 『언』 없음.
681 진실한……품행이로다: 원나라 문인 왕운(王惲)의 『추간집(秋澗集)』 권55 「순덕로동지보지동씨선덕비명(順德路同知寶坻董氏先德碑銘)」에 "효란 자식이 할 수 있는 최고의 품행이다.[孝者, 人子至行.]"라는 표현이 보인다.
682 진실한 효심이……없다는 말: 특별한 출처는 없으며 "孝弟之至, 無所不通.", "誠孝之感, 無所不通" 등 비슷한 표현이 여러 문헌에 보인다.

에 걸리자 고요한 밤이 되면 간절한 마음으로 머리를 조아리며 어머니의 건강을 기원하였다. 그러므로 하늘에서 그의 지극한 효성에 감동하여 특별히 공중에서 약의 이름을 말해 주었지만, 세상에 그것에 대해 아는 사람이 없었다. 해숙겸은 정성스럽고도 간절한 마음으로 반드시 그것을 찾아내고자 하였다. 마침내 산속에서 나무를 베는 노인을 특별히 만난 것을 계기로 부탁하여 그것을 얻고 술을 담그는 비법까지 받았는데, 노인을 돌아보았지만 이미 사라져 보이지 않았으니, 그제야 이 약은 천지신명께서 내려준 것임을 알았다. 어머니의 병은 약술을 먹은 뒤로 나았으니, 이 얼마나 신이한 감통인가! 요즘 세상은 부모를 섬기는 데 갈수록 각박하여, 부모가 병들면 불문에 부치고 탕약도 맛보지 않고서는 부모를 어떻게 손쓸 수 없는 지경으로 몰아넣는다. 그러니 어찌 해숙겸처럼 정성을 쌓아 간절히 기도하며 천지신명을 찾으려 들겠는가? 아! 해숙겸 같은 자는 참으로 지극한 효심을 가진 인사라 할 수 있으니, 보는 자들이 공경하지 않을 수 있겠는가? 거울로 삼지 않을 수 있겠는가?

大哉! 誠孝之道! 實人子之至行也! 能盡其道者, 則天地神明未嘗不鑒, 所謂誠孝之至, 無所不通, 信矣! 若解叔謙者, 不幸而母有疾, 卽於靜夜, 至心稽顙, 以祈母福. 故上天感其誠孝, 特於空中語以藥名, 而世未嘗有能識者. 叔謙誠心懇切, 必欲求之. 乃於山中特遇老公伐木, 因而求請, 遂得之, 且復得漬酒之法, 而老公顧已不見, 於是知此藥乃神明所賜. 母疾由是而愈, 何其感通之神異哉! 世愈薄於事親者, 親有疾病, 付之不問, 湯藥不之嘗, 置其親於無可奈何之地. 豈肯如叔謙之積誠懇禱, 以求於神明者乎? 吁! 若叔謙者, 誠可謂至孝之士也, 觀者可不敬哉? 可不鑒哉? 詩曰:

【찬시】

어머니 병을 낫게 하려 밤낮으로 근심하다	母疾求醫日夜憂
하늘을 우러러 머리 조아리며 마음 다해 기도하니	仰天稽顙苦[683]祈求
신명께서 간절한 효성에 특별히 감동하시어	神明特感誠心切
효험 있는 처방과 낫게 할 비법을 알려 주셨네	說與良方治病由[684]

또

해숙겸의 효에 대한 감응이 어찌 거저 일어난 것이랴	叔謙孝感豈徒然
정성이 하늘까지 닿았기 때문인 것을	應有精誠達上天
뜻밖에 정공등을 구해 술 담가 드리니	忽得丁公藤漬酒
어머니의 병이 대번에 나으셨다지	卽令母病頓安痊

683 苦: 힘을 다하다.[極力, 竭力]
684 由: 법칙, 법식.

62. 종원경이 심장에 통증을 느끼다[685] 元卿心痛(23a)

【본문】

종원경(宗元卿)[686]은 자가 희장(希蔣)이며 남양(南陽)[687] 사람으로, 품행이 지극했다. 어려서 고아가 되어 할머니에게 양육되었다. 할머니께서 편찮으시면 종원경이 아무리 먼 곳에 있어도 바로 심장에 통증을 느끼니, 그러면 즉시 달려 돌아와 할머니를 병간호하였다. 크게 편찮으시면 큰 통증이, 작게 편찮으시면 작은 통증이 느껴지는 것이 일상이 되니, 마을에서 그를 존경하고 받들며 종증자(宗曾子)[688]라고 불렀다.

宗元卿, 字希蔣, 南陽人, 有至行. 早孤爲祖母所養. 祖母病, 元卿在遠, 輒心痛, 卽奔還救之. 大病則大痛, 小病則小痛, 以此爲常, 鄕里宗事之號曰宗曾子.

---

685 종원경이 심장에 통증을 느끼다: 『한』, 『언』, 『효』에 수록되지 않았다. 이 편은 『남사』 권73 효의열전 상 「해숙겸전」의 말미에 붙은 여러 효자들의 약전에서 인용한 것이다. 유사한 내용이 『통지』, 『책부원구』, 『태평어람』, 『태평광기』 등에도 수록되어 있다.

686 종원경: 남조 제나라의 효자이다. 평생 벼슬하지 않고 은거한 것으로 보인다.

687 남양: 중국 하남성에 속한 지명이다.

688 종증자: 효행의 상징인 증자에 빗대어 종 씨 성의 증자라고 불린 것이다. 증자의 효행에 대해서는 『효순사실』 권1 「7. 증삼이 아버지의 뜻을 받들다[曾參養志]」 참조.

【논단】

아아! 감응하는 기미는 그림자나 메아리보다도 빠르다. 그러므로 하늘이 비를 내리려 하면 주춧돌이 먼저 젖고,[689] 서리가 막 내리면 풍산(豐山)의 종이 울리니[690] 그것은 기가 서로 감통[691]하여 저절로 응하기 때문이다. 하물며 자식이 부모를 성심으로 사랑하고 독실하게 생각한다면, (부모에게) 기쁨이나 근심이 있을 때 자기도 모르게 무엇인가 느껴지고 감응하는 것이 자연스러운 이치가 아니겠는가? 종원경의 일을 살펴보면 이를 잘 알 수 있다. 종원경은 할머니에게 양육되어 은덕이 두텁기에, 보살펴 주신 것[692]에 대해 감응이 지극했다. 하루아침에 멀리 떨어지더라도 어찌 차마 이별하고 말 것이겠는가? 성심으로 그리워하고 독실하게 사랑하는 마음이 반드시 더해질 것이니, 심장과 정성이 서로 감응하여 통증으로 나타나는 것은 당연하다. 그러므로 할머니께서 편찮으시면 종원경이 멀리 있어도 바로 심장에 통증이 온 것이다. 병의 크고 작음에 따라 심장의 통증도 마찬가지였으니, 감응에 따라 돌아와 치료하면 낫지 않는 적이 없었다. 만일 성심에 감응한 것이 아니라면 어찌 이처럼 신기한 일이 있겠는가? 그

---

689 주춧돌이 먼저 젖고: 원문의 '주초윤(柱礎潤)'은 『회남자(淮南子)』 「설림훈(說林訓)」, "산에 구름이 뭉게뭉게 피어오르고, 기둥 아래 주춧돌이 축축해진다.[山雲蒸, 柱礎潤]"라고 한 것을 인용한 것이다. 비가 오기 전에 주춧돌이 먼저 젖는 현상을 통해 무슨 일이 발생하기 전에는 반드시 조짐이 있음을 말하고자 한 것이다.

690 서리가……울리니: 중국 풍산에는 서리가 내리면 저절로 울리는 아홉 개의 종이 있다는 고사를 인용한 것이다. 『산해경(山海經)』 권5 「중산경(中山經)」, "동남쪽으로 300리에 있는 풍산에는……아홉 개의 종이 있는데, 그것이 울리면 서리가 내린 줄 알았다.[又東南三百里曰豐山……有九鍾焉, 是知霜鳴.]"

691 기가 서로 감통: 자연의 오행(五行)이 통한다는 뜻이다. 예컨대 가을의 서리[秋霜]와 종은 '금기(金氣)'라는 공통점으로 연결된 것이다.

692 보살펴 주신 것: 원문의 '상구(相呴)'는 숨을 불어넣어 주다, 부드럽게 하다는 뜻이다. 『장자』 「대종사(大宗師)」에 "샘이 마르면 물고기들이 뭍 가까이 올라와, 서로 숨을 불어넣어 촉촉하게 해주고, 거품으로써 서로 적셔 준다.[泉涸, 魚相與處於陸, 相呴以濕, 相濡以沫.]"라는 표현이 보인다.

러나 성심으로 부모를 사랑하고 생각하지 않는 자들은 비록 가까이에 있더라도 부모의 질병이 자기와 무슨 상관이냐고 여기니, 참으로 종원경에게 죄인이로다. 그러한즉 종원경은 아마도 현인일 것이다!

於乎! 感應之機, 捷於影響. 故天欲雨而柱礎潤, 霜始降而豐鍾鳴, 其氣之相感, 蓋有自然而應者. 況人於其親, 愛之誠, 念之篤, 則其休戚有黙感而潛應者, 非其理之自然乎? 觀於宗元卿之事, 可知矣. 元卿之見育於祖母也, 恩德之厚, 相呴相感也至矣. 一旦而遠去, 其亦何忍於別哉? 思慕之誠, 愛念之篤, 必有加焉. 心誠相感, 宜其疾痛之相應也. 故其祖母病, 元卿在遠, 輒心痛. 其病或大或小, 而心痛亦如之, 感此而歸, 療無不差焉. 此非其誠心之所感, 曷克致此? 彼無誠心以愛念其親, 雖在左右, 而其疾病若無預於己者, 實元卿之罪人也. 然則元卿蓋賢矣乎! 詩曰:

【찬시】

할머니와 멀리 떨어져도 그리움 끝없으니	重闈[693]遠別憶無窮
편찮으실 때마다 심장에 통증 생겼네	每遇沈綿痛在中
이는 오직 효심이 독실하여	自是孝心偏篤志
기쁨과 근심에 묵묵히 감통했기 때문이라오	故能休戚黙相通

693 重闈: 규문(閨門). 전하여 부모나 조부모를 가리킨다.

또

효심은 단적으로 신명도 감동시키니	孝心端可動神明
질병과 통증이 상관함은 지극한 효성에 따른 것	疾痛相關感至誠
마침내 당시에는 고을 사람들에게 존경받고	遂使當時鄉里敬
증삼과 천고토록 이름을 나란히 하게 되었다네	曾參千載許齊名

63. 도자장이 순채를 끊다[694] 子鏘斷蓴(24a)

【본문】

도자장(陶子鏘)[695]은 자가 해육(海育)이며, 단양군(丹陽郡) 말릉(秣陵)[696] 사람이다. 어머니가 돌아가시자 상을 치르면서 예를 극진히 하였다. 범운(范雲, 451~503)[697]과 이웃하여 살았는데 범운은 자장의 통곡 소리를 들을 때

694 도자장이 순채를 끊다: 『한』, 『언』, 『효』에 수록되지 않았다. 이 편은 『남사』 권74 효의열전 하 「도자장전(陶子鏘傳)」에서 발췌 인용한 것이다. 유사한 내용이 『통지』, 『책부원구』 등에도 수록되어 있다.

695 도자장: 남조 양(梁)나라의 효자이다. 아버지 도연(陶延)은 상서비부랑(尙書比部郎)을 역임하였다. 도자장은 효성과 우애로 이름났는데, 형 도상(陶尙)이 한 총신의 원한을 사 구속되자 도자장이 피가 흐르도록 머리를 조아리며 호소하고, 길에서도 탄식하여 결국 이에 감복한 사람들에 의해 석방되었다. 『남사』 「도자장전」 참고.

696 말릉: 중국 강소성 남경(南京)에 속한 지명이다.

697 범운: 자 언룡(彦龍). 남조 양나라의 문인이다. 영민하고 학식이 풍부하였으며, 심약(沈約)과 함께 양나라 무제(武帝)를 보필하여 관직이 상서우복야(尙書右僕射)에 이르렀다. 『남사』 「범운전(范雲傳)」 참고.

마다 늘 감동하여 표정을 바꾸고 안색을 단정히 고칠 정도였다. 당초, 도자장의 어머니가 순채[蓴][698]를 좋아하였기에 어머니가 돌아가신 뒤에도 항상 순채국을 마련하여 (제사상에) 올렸다. 양 무제(梁武帝)[699]의 의병[700]이 막 일어나니, 그해 겨울 제사에는 순채를 구하려 해도 구할 수 없었다. 도자장이 한스러워하며 통곡하다 기절하여 한참 만에 깨어난 뒤, 마침내 평생토록 순채를 먹지 않았다.

陶子鏘, 字海育, 丹陽秣陵人也. 母終, 居喪盡禮. 與范雲隣, 雲每聞其哭聲, 必動容改色. 初, 子鏘母嗜蓴, 母歿後, 恒以供奠. 梁武帝義師初至, 此年冬祀, 求蓴不得. 子鏘痛恨慟哭而絶, 久之方蘇, 遂終身不味蓴菜.

【논단】

공자께서는 "돌아가신 부모를 마치 살아 계실 때처럼 섬기며 장례를 치르고 제사 올리는 것이 효의 극치이다."[701]라고 하셨다. 진실로 자식이

---

698 순채: 연꽃잎과 비슷하고 점액질이 있는 수생 식물이다. 맛이 달고 기운은 차며 독이 없다. 소갈(消渴)이나 열비(熱痺)에 효과가 있다. 붕어[鯽魚]와 함께 국을 끓여 먹으면 기운을 내리고 구토를 멈춘다. 『본초강목』 권19 「순채[蓴]」 참고.

699 양 무제: 남조 양나라의 초대 황제 소연(蕭衍, 464~549, 재위 502~549)이다. 초기에는 국정을 잘 다스렸으나 만년에 불교를 지나치게 숭상하여 치세가 혼란하였다. 이에 후경(侯景)이 반란을 일으키니 대성(臺城)에서 포위되어 있다가 원통함으로 굶어 죽었다. 무제의 장자는 『문선(文選)』을 편찬한 소명태자(昭明太子)이다. 『남사』 「양본기(梁本紀)」 참고.

700 의병: 무제가 즉위하기 전, 남조 제나라의 마지막 임금인 동혼후(東昏侯)를 폐위하기 위해 거병한 사건을 가리키는 것으로 보인다.

701 돌아가신 부모를……효의 극치이다: 『중용장구』 제19장, "선조가 올랐던 자리에 자기가 올라 선조가 행했던 예법을 행하고, 선조의 음악을 연주하며, 선조가 존경하던 사람을 존경하고 가까이하던 사람을 아끼며, 돌아가신 분을 살아 계실 때처럼 섬기며 장례를 치르고 제사를 행하는 것이 효의 극치이다.[踐其位, 行其禮, 奏其樂, 敬其所尊, 愛其所親, 事死如事生, 事亡如事存, 孝之至也.]"라고 한 데서 인용한 것이다.

부모를 섬김에 살아 계실 때부터 돌아가실 때까지 시종일관 한결같이 효도하며 잊지 않으면 부모를 깊이 사랑하는 것이라 할 수 있으니, 어찌 효의 극치라고 하지 않겠는가! 도자장이 어머니를 여의었을 때 울면서 통곡하는 소리는 듣는 사람이 감동 받아 표정을 바꾸고 안색을 단정히 고칠 정도였으니, 그 얼마나 애통한 심정이었는지 알 수 있다. 또 순채는 어머니가 평소에 즐겨 드시던 것이니 돌아가신 뒤에도 살아 계실 때처럼 반드시 제사상에 올렸다. 구해 올리기 어려운 때를 만나 슬픈 마음을 이기지 못하고 끝내 순채를 다시는 먹지 않았으니, 그의 진실한 효성을 어찌 보통 사람이 따라잡을 수 있겠는가? 이 일은 증삼이 (아버지가 즐겨 드시던) 대추를 차마 먹지 못한 것[702]과 같은 이치이니, 서책에 밝혀 후세에 길이 권면하도록 함은 까닭이 있는 것이로다!

孔子謂: "事死如事生, 事亡如事存, 孝之至也." 誠以人子事親, 始終存歿, 一於孝思而不忘, 其愛親也深矣, 豈不謂之至孝哉! 陶子鏘之喪母也, 哭泣之聲, 至使人動容改色, 其至痛之情, 可見矣. 又以蓴菜, 母所嗜欲, 而供奠必致有如生存. 及時有難致, 則不勝哀感, 遂斷蓴味, 其孝思之誠, 豈尋常之可及哉? 事與曾參之不忍食羊棗, 同一軌轍也, 著之簡編, 以垂勸於將來, 其有已乎! 詩曰:

---

702 증삼이……못한 것: 증삼의 아버지 증석이 평소 대추를 즐겨 먹었는데, 아버지가 돌아가신 뒤 증삼이 차마 대추를 먹지 못한 일을 가리킨다. 『효순사실』 권1 「7. 증삼이 아버지의 뜻을 봉양하다[曾參養志]」 참조.

【찬시】

통곡 소리 이웃까지 뚫고 울릴 때마다	哭聲每擧徹比隣
듣는 사람들도 서글퍼졌다네	隣里聞來爲愴神
안타깝도다! 어머니 은혜에 보답할 길 없음이여	哀感母恩難補報
구천으로 영원히 이별하니 종신토록 한스럽네	重泉永訣恨終身

또

순채는 어머니 살아생전 즐겨 드시던 것	蓴味當年母喜嘗
구하려 해도 얻기 어려우니 슬픈 마음 배가되네	欲求難得倍悲傷
진실로 알겠도다! 효자는 부모를 간절히 그리워하여	信知孝子思親切
돌아가셔도 살아 계신 듯 섬기며 영원히 잊지 못함을	事死如生永不忘

64. 심숭소가 상복을 입다[703] 崇傣行服(25a)

【본문】

심숭소(沈崇傣, 469~507)[704]는 자가 사정(思整)이며, 오흥군 무강(武康)[705] 사람이다. 아버지 심회명(沈懷明)[706]은 남조 송나라 때 연주자사를 지냈다. 심숭소는 6세에 아버지를 여의었으니, (상을 치를 때) 통곡하며 발을 동동 구르는 것이 예법에 정한 것보다 지나칠 정도였다. 장성한 뒤에는 어머니를 지극한 효성으로 섬겼는데, 집이 가난하여 늘 남의 글씨를 대신 써주는 일로 봉양하였다. 양 무제 천감(天監)[707] 2년(503), 오흥태수 유운(柳惲, 465~517)[708]이 그를 불러 주부로 삼았다. 심숭소가 유운을 따라 오흥군으로 갔다가 어머니를 맞이하기 위해 고향으로 돌아갔는데, 도착하기도 전에 어머니가 돌아가셨다. 심숭소는 병간호를 하지도 못한 것을 후회하며

---

703 심숭소가 상복을 입다: 『한』, 『언』, 『효』에 수록되지 않았다. 이 편은 『남사』 권74 효의열전 하 「심숭소전(沈崇傣傳)」에서 발췌 인용한 것이다. 유사한 내용이 『통지』, 『책부원구』, 『태평어람』 등에도 수록되어 있다.

704 심숭소: 남조 양나라의 효자이다. 생모에 대한 지극한 효성으로 삼년상을 치렀는데, 양 무제가 그의 효행을 듣고 태자선마의 벼슬을 내리며 상복을 벗고 조정에 나올 것을 권하였다. 그러자 조서를 받들어 상복은 벗되 늘 상을 치를 때처럼 눈물을 흘리다 고사하였다. 다시 영녕현령(永寧縣令)에 제수하였는데 어머니를 봉양하는 데 녹봉을 쓰지 못하게 됨을 슬퍼하며 부임하기도 전, 향년 39세로 죽었다. 『남사』 「심숭소전」 및 『양서』 권47 효행열전 「심숭소전」 참고.

705 무강: 중국 절강성 덕청(德淸)에 속한 지명이다. 오흥 심 씨의 세거지이기도 하다.

706 심회명: 남조 송나라의 정치인이다. 건위장군(建威將軍), 황문시랑(黃門侍郎) 및 남연주자사 등을 역임하였다. 473년에 모친상을 당하여 관직을 떠났으나 유휴범(劉休範)이 반란을 일으키자 수군을 통솔하여 석두성(石頭城)을 굳게 방비하다 전사했다.

707 천감: 양 무제의 연호로, 502년부터 519년까지 쓰였다.

708 유운: 자 문창(文暢). 남조 양나라의 문인으로, 품행이 뛰어났다. 심약 등과 함께 양나라의 문단을 주도하였으며, 지방관으로 선정을 펼쳤다. 태자선마, 오흥태수, 광주자사 등을 지냈다. 『남사』 「유담의 아우 유운전[惔弟惲傳]」 참고.

한탄하다 따라 죽고자 하니, 마실 것도 받아들이지 못하고 열흘 밤낮으로 통곡만 하였다.[709] 어머니를 집과 몇 리 떨어진 곳에 가매장해 두고, 애통함이 북받쳐 올 때마다 찾아가서 통곡하며 비바람이나 눈조차 피하지 않았다. 하늘을 우러러 슬피 통곡할 때마다 새들도 날아와 앉고는[710] 하였다. 그렇지만 집이 가난하여 제대로 된 묘소로 이장할 비용이 없으므로, 일 년이 넘게 다니며 구걸을 해서야 비로소 장례를 마칠 수 있었다. 그리고 무덤 곁에 여막을 치고 살았는데, 자신은 처음 상례를 치를 때 제대로 예를 갖추지 못했다고 여겨, 장례를 마친 뒤에 다시 삼 년간 상복을 입었다. 오래도록 보릿가루만 먹고 소금이나 식초로 간한 음식은 먹지 않았다. 홑겹으로 된 얇은 멍석만 깔고 앉거나 눕다 보니 부종이 심해져 일어날 수조차 없었다. 군현에서 지극한 효성으로 천거하니, 무제가 그 소식을 듣고 중서사인을 보내어 위로하고 격려하였으며 조서를 내려 그만 상복을 벗으라 하였다. 그리고 그를 발탁하여 태자선마에 임명하고, 정려문을 세워주었다.

沈崇傃, 字思整, 吳興武康人也. 父懷明, 宋兗州刺史. 崇傃六歲喪父, 哭踊過禮. 及長, 事母至孝, 家貧, 常傭書以養. 梁武帝天監二年, 太守柳惲辟爲主簿. 崇傃從惲到郡, 還迎其母, 未至而母卒. 崇傃以不及侍疾, 悔恨欲死, 水漿不入口, 晝夜號哭者旬日. 母權厝, 去家數里, 哀至輒往哭, 不避

709 밤낮으로 통곡만 하였다: 『남사』에 따르면 심숭소의 형제들이 "어머니의 장례를 다 치르지도 않았는데 자결하는 것은 효도를 온전히 하는 것이 아니다."라며 만류하자, 진정하고 조금씩 미음을 들었다고 한다.[兄弟謂曰: '殯葬未申, 遽自毁滅, 非全孝道也.' 崇傃心悟, 乃稍進食.]

710 새들도 날아와 앉고는: 『남사』에 따르면 새뿐만 아니라, 밤중에 맹수들이 찾아와 어머니 무덤에 기대어 슬피 우는 심숭소를 보며 마치 탄식하는 듯한 소리를 내었다.[夜恒有猛獸來望之, 有聲狀如嘆息者.]고 한다.

雨雪. 每仰天哀慟, 飛鳥翔集. 家貧無以遷厝, 乃行乞經年, 始獲葬焉. 旣而廬于墓側, 自以初行喪禮不俻, 復於葬後更行服三年. 久食麥屑, 不噉鹽酢. 坐臥於單薦, 虛腫不能起. 郡縣擧至孝, 帝聞之, 卽遣中書舍人慰勉之, 詔令釋服. 擢補太子洗馬, 旌其門閭.

【논단】

살아 계실 때 잘 섬기고 돌아가신 뒤에 상제례 치르는 일은 진실로 자식 된 자의 직분상 당연히 해야 하는 것이다. 그러나 일을 치르기에 좋지 못한 때를 만나 자기가 바라던 것보다 못한 상황이 됨은 너무나 불행한 일이니, 이것이 효자나 어진 사람의 애통함이 더욱 심해지는 이유이다. 심숭소는 어렸을 때 아버지를 여의었는데, 상을 치를 때 슬피 통곡하는 것이 예법에 정한 것보다 지나칠 정도였으니, 그 천성의 아름다움을 잘 알 수 있다. 장성한 뒤에는 집이 가난하여 남의 글씨를 대신 써주는 일로 어머니를 봉양하다가 겨우 말직을 얻었으니, 이는 녹봉을 받아 어머니를 맞이하기 위해서였다. 그러나 (돌아가시어) 녹봉으로 어머니를 봉양하지 못하게 되었으니, 그가 깊고 깊은 상심[711]을 스스로 떨치지 못하는 것은 당연하다. 하물며 재력이 장례를 치를 수 없을 정도여서 얕은 땅에 가매장해 두었다면 오죽하겠는가? 애통함이 북받쳐 올 때마다 바로 찾아가서

711 깊고 깊은 상심: 원문의 '창거통심(創巨痛深)'은 『예기』「삼년문」, "큰 상처는 낫는 데 오래 걸리고, 극심한 통증은 가라앉는 것이 더디다. 삼년상은 감정의 변화에 맞춰 제도를 세운 것이니, (부모상을 당한 것은) 극심하게 아픈 일이기 때문이다.[創鉅者, 其日久; 痛甚者, 其愈遲. 三年之喪, 稱情而立文, 所以爲至痛極也.]"라고 한 데서 유래한 것이다.

통곡하는 소리를 다른 사람들이 차마 듣지 못할 정도였고, 비록 날짐승과 길짐승, 다른 동물일지라도 모두 모여 마치 그의 슬픔을 북돋는 듯하였다. 오래도록 다니며 구걸해서야 비로소 큰일을 마쳤는데, 처음 상례를 치를 때 제대로 예를 갖추지 못했다고 여겨 다시 삼년상을 치렀다. 입고 먹는 것이 변변치 않아 병이 날 지경이었는데도 돌아볼 겨를이 없었으니, 쌓이고 쌓인 그의 근심과 회한이 과연 어떠했겠는가! 그의 행실을 살펴보면 진실로 긍휼히 여길 만하니, 조정에서 사신을 보내어 위로하고 권면하며 관직을 내려 준 것은 마땅한 처사였다. 또한 마을에 정려문을 하사하였으니, 참으로 야박한 풍속에 경종을 울리고 세상의 교화를 돕기에 충분하도다!

養生送死, 固人子職分之所當爲. 然事或不偶, 不如其願者, 尤爲不幸, 此孝子仁人所以傷痛爲愈甚也. 沈崇傃, 幼時喪父, 卽能哀哭過禮, 則天性之美可知矣. 及長而家貧, 傭書以養母, 甫得一官, 欲迎以就祿. 而母弗逮養, 宜乎創巨痛深不自已也. 況力不能營葬, 權厝淺土? 每哀至輒往號慟, 人不忍聞, 雖禽鳥異類, 亦皆翔集, 若助其哀者. 及行乞久之, 始得襄事, 又自以初喪不能備禮, 乃更行三年之喪. 服食粗糲, 至於成疾, 而弗暇顧, 其憂恨鬱積之情, 爲何如哉! 跡其行實, 良可矜愍, 是宜朝廷遣使慰勉, 授之以官. 且旌其門閭, 誠足以警薄俗而扶世敎矣! 詩曰:

【찬시】

어려서 아버지 여의고 몹시도 슬퍼하더니	幼年喪父極悲辛

가난을 괴로워하며 글씨 써주는 일로 어머니 봉양하네 養母傭書苦患貧
녹봉 얻었으나 어머니께 쓰지 못함이 안타까워 得祿却憐親不逮
기구한 인생 끝내 뜻을 풀지 못하였구나 終身坎壈志難伸

또

어머니를 묻고자 해도 재력이 없으니, 欲葬慈親力未能
구걸조차 마다치 않고 애써 무덤 만들었네 不辭行乞苦經營
다시 삼 년간 상복을 입으니 衰麻更制三年服
조정에서 표창하고 영예로운 은총 내려 주셨네 朝命旌褒錫寵榮

『효순사실』 해제

구슬아(계명대학교 국어국문학과 조교수)

1. 효자들의 이야기, 조선으로 전래되다

『효순사실』은 1420년(영락 18년, 세종 2), 명나라의 제3대 황제 성조(成祖, 영락제)의 명으로 편찬된 10권 5책의 권선서이다. 『사서오경대전(四書五經大全)』, 『위선음즐(爲善陰騭)』 등과 함께 15세기를 대표하는 관찬서이며, 특히 1434년에 반포된 『삼강행실도』 효자도의 편찬에 큰 영향을 미쳤다.

이 책은 다양한 신분·연령의 효자 총 207명이 펼친 효행과 그에 따른 보상을 내용으로 한다. 부모를 살리거나 조정에 이름이 알려져 세금을 감면 받고 벼슬에 나아가게 되는 일상적인 일을 비롯해, 동물들이 길들거나 한겨울에 죽순이 자라는 일, 죽은 부모가 되살아나는 일, 이인이 부모를 살릴 처방을 알려주고 사라지는 일 등의 신이한 사건도 포함되어 있다. 권1에서 권9까지는 삼대(三代)~명나라 초의 효자를 왕조별로 순차 배열하고, 효녀의 행적은 권10에 별도로 모았다. 각각의 일화는 '네 자의 제목-주인공의 효행을 담은 본문-성조가 직접 지은 논단-두 편의 7언 절구 찬시'의 체제로 제시되어 있다. 권두에는 성조가 직접 붙인 「황제가 친히 지은 『효순사실』 서문[御製孝順事實序]」이 수록되어 있으며, 발문은 없다.

권1「虞舜大孝」-「黃香扇枕」등 22개 고사

권2「周磐祿養」-「卞眕赴難」등 21개 고사

권3「何琦息火」-「崇傃行服」등 21개 고사

권4「曇恭饋瓜」-「悉達報仇」등 21개 고사

권5「楊引追服」-「志寬不妄」등 21개 고사

권6「少玄漬骨」-「郭琮祈壽」등 20개 고사

권7「顧忻祈天」-「楊政禦虜」등 20개 고사

권8「岳飛忠孝」-「王薦益壽」등 22개 고사

권9「從義高墳」-「仲禮去蝗」등 22개 고사

권10「叔先沉江」-「劉氏孝姑」등 17개 고사

이 책의 편찬 경위와 간행 의도는 서문에 잘 드러나 있다.

> 하늘과 땅의 떳떳하고 바른 도리 가운데 부모보다 존귀한 것이 없고, 하늘이 내려 준 떳떳한 성품 중에 효보다 앞서는 것이 없다. 그러므로 효란 수많은 행실의 뿌리요 모든 선행의 근원이다.

인용한 글은 1420년 5월 11일에 성조가 직접 지은 서문으로,『효순사실』의 내용적 특징과 지향점을 잘 보여준다. 성조는 사람이 사람다울 수 있게 된 것은 부모가 낳아 길러 주신 덕분이니, 자식이 그에 보답하는 것은 사람의 도리 상 당연한 일라고 보았다. 남녀노소, 신분, 직업 등에 관계없이 사람의 본성은 누구나 같고, 세상 모든 존재는 부모로부터 신체를 받았으므로, 각자 타고난 천성을 발현하여 효를 수행하는 일이야말로 가장 사람다운 면모라는 것이다. 서문의 다른 부분에서는 개개인이 효행을 실천해 나가면 잔인하고 흉포한 도적, 심지어 감정이 없는 동식물조차도 감화시키는 불가능한 일이 가능해지듯, 온 나라의 풍속이 아름다워질 것이라고 말하였다. 즉 『효순사실』은 백성의 도덕적 교화와 이를 통한 효치(孝治)의 달성을 염두에 둔 서적임을 명확히 알 수 있다.

이 책에 수록된 일화들은 『논어』·『맹자』와 같은 경전에서부터 『진서(晉書)』·『한서(漢書)』 등 역사서, 『책부원구(冊府元龜)』·『태평광기(太平廣記)』 등 거질의 유서(類書)를 두루 조사하여 선별한 것들이다. 본문의 길이는 짧지만, 각 인물의 효행을 가장 선명하게 보여주는 부분을 발췌하였는데, 특히 대화체나 행동 묘사 등을 통해 주인공의 감정을 생생하게 전달함으로써 독자들의 몰입감과 의지를 고취시킨다. 또, 매 편마다 성조가 직접 논평을 달아 해당 일화를 통해 독자들이 생각해볼 화두를 제시하는 것은 『효순사실』이 『소학』 등 다른 인륜 학습서와 차별화된 지점이다.

> 맹자께서 이미 부모의 뜻을 봉양하였다는 말로 그를 칭송하고 또 증자같이 하는 것이 옳다고 말한 것은, 효도란 자식들이 증자처럼 진심을 다해야 한다는 뜻이지 반드시 증자처럼 해야만 최상의 경지가 될 수 있다는 말이 아니다.
>
> -권1 「7. 증삼이 아버지의 뜻을 받들다[曾參養志]」의 논단 중 일부

『효순사실』에는 기존에 널리 조명된 인물도 있지만 그렇지 않은 인물의 효행도 꽤 많다. 목숨을 버리며 효심을 드러내는 극단적인 사례도 있기는 하지만, 그보다는 사람이라면 누구나 겪을 법한 일상생활 및 여러

고비들 속에서 부모를 모시는 마음가짐과 언행 등을 더 강조하고 있다. 위에 인용한 논단에서도 그러한 점이 잘 드러난다. 그런데 성조는 이 책에 담긴 효자들의 행동을 모방하기만 하는 것은 참된 효가 아니라고 말한다. 행동의 이면에 담긴 효자들의 '진심'과 복잡한 현실 속에서도 계속해서 그 진심을 지켜나가며 효를 실천하려는 '의지'에 더 주목해야 한다는 것이다. 현실의 맥락은 너무나 다양하기에 무엇이 옳은 효인지는 상황에 비추어 판단하되, 그 기준은 오로지 한결같은 진심에 있다는 것이 이 책의 화두가 추구하는 방향이다. 따라서 『효순사실』은 효행의 결과에 대한 모방적 학습 대신, 실천 과정에 작동하는 의지와 상황 판단의 문제를 반복적으로 강화 훈련해 나가는 데 방점을 둔 책이라고 할 수 있다. 독자로 하여금 '나도 충분히 효자가 될 수 있음'을 생각하게 하고 용기 내어 실천하게 만드는 것이야말로 『효순사실』이 지닌 가치가 아닌가 한다.

2. 한국과 중국에서 모두 잊힌 서적, 『효순사실』의 자료적 가치

성조는 『효순사실』을 중국 내 제후뿐 아니라 조선, 베트남 등으로 널리 배포하게 하였다. 『효순사실』이 정확히 언제 조선에 반사(頒賜) 되었는지 알 수 없지만, 1420년 5월 편찬이 완료되고 얼마 지나지 않은 시점인 1420년 말~1421년경일 것으로 추정된다.

조선에 반사된 『효순사실』은 1434년에 금속활자인 갑인자(甲寅字)의 자본(字本)으로 활용되는 한편, 같은 해에 편찬된 한문본 『삼강행실도』

효자도 편찬의 주요 전거로 활용되었기에 일찍 주목받았다.[01] 1428년 가을, 자식이 아버지를 살해하는 사건이 일어나자, 세종은 집현전 학사들에게 백성들의 경각심을 일깨우고 효도하는 풍속을 돈독히 해 나갈 자료를 만들라고 명하였는데,[02] 이때 중국의 효행은 대부분 『효순사실』에서 인용한 것이다. 또 논단은 제외하는 대신 한자를 모르는 백성들이 보다 쉽게 내용을 알 수 있도록 그림을 그려 붙인 것이 특징이다.

국내에 소장된 『효순사실』은 계명대학교 동산도서관 벽오고문헌실에 있는 것이 유일본이다. 계명대학교 소장본은 사주쌍변, 10행19자, 상하내향흑어미, 대흑구, 본문에 판각된 표점 등 15세기 명나라 내부간본(內府刊本)의 서지적 특징을 그대로 보여주는 중국본으로서, 그 가치가 뛰어난 것으로 평가된다(옥영정(2009), 39; 최경훈(2017), 160). 지질이나 판상태 등으로 미루어 1420년에 편찬된 초간본의 후쇄본으로 추정된다. 10권 5책의 완질이기는 하지만, 권1 일부에 파손이 있어 해당 부분은 보사(補寫)되어 있다. 그 점을 제외하면, 계명대학교 소장본은 초간본 계열 가운데 판상태가 가장 깨끗하여 판독에 매우 유리하다.

또한 권두의 '朝鮮慶州李氏友紘書樓想白堂藏', '客燕所得'이라는 장서인을 통해 전 서울대학교 교수 이상백(1904~1966)이 중국에서 구입하고, 그것이 이인재 선생을 거쳐 계명대학교로 입수된 것임을 알 수 있다(박철상(2008), 224).

그런데 『사서오경대전』이 반사 직후부터 조선 내에서 여러 차례 번각(飜刻)되어 널리 인쇄·반포된 것에 비해, 『효순사실』은 선택적 수용 양상이

---

01 효자도는 중국 사례 88편, 한국 사례 22편 등 총 110편으로 구성되어 있는데, 그 중 70편이 『효순사실』에서 인용한 것이다.

02 『세종실록』 권42, 1428년 10월 3일 기사.

매우 뚜렷하다는 점에서 한중 문화 교류의 새로운 면모를 보여주는 주목할 만한 자료이다. 조선 유입 이후 8년이 채 되지 않아 『삼강행실도』로 대체되었기 때문이다. 실록이나 문인들의 문집에서도 『효순사실』과 관련된 기록을 쉽게 찾아볼 수 없는데, 이와 같은 정황은 『삼강행실도』 편찬 전후로 『효순사실』의 자료적 위상이 대폭 달라졌음을 짐작하게 한다.

15세기에 명나라로부터 각종 윤리서와 성리서가 유입되자 조선의 지식인들은 고금 학자들의 다양한 해석이 포함된 주해서(註解書)를 함께 수입하여 학습하였는데, 이는 조선과 명나라 간의 오랜 문화적·언어적 차이를 극복하고 정밀한 독해를 이뤄내고자 하는 진지한 지적 열망의 발로였다. 조선의 지식인들은 주석서 학습에 그치지 않고 집현전을 중심으로 구결현토·언해 등 집단 지성의 결과물을 편찬함으로써 해당 서적에 대한 조선식 이해 양상을 기록으로 남기고, 유교 문명국가의 일원으로서의 자부심을 선명히 과시하였다. 『효순사실』 역시 조선에 수용되는 과정에서 일화의 취사선택이나 축약 및 수정을 비롯해, 독자 설정, 전달하고자 하는 의도 등의 측면에서 적극적인 분석과 재해석이 이루어졌다. 그 결과, 『삼강행실도』로 탈바꿈한 것이다.

그러나 『효순사실』은 한국과 중국 양측에서 연구사적으로 상당히 소외된 자료이다. 자료적 특징과 내용적 중요성에 비해 관련 연구가 더욱 활발하게 파생되지 못한 까닭은, 이 책이 중국 내에도 현전하는 것이 적은 희소본이기 때문이다. 중국에는 국가 도서관 및 일부 대학 도서관에 몇 부가 소장되어 있으며, 일본에는 국립공문서관에 청나라 대의 중간본 1질이 소장되어 있다. 초간본 『효순사실』은 『북경도서관고적진본총간(北京圖書館古籍珍本叢刊)』으로 영인(간기: '據明永樂十八年內府刻本影印原書版')되기는 하였지만, 15세기의 다른 자료들에 비해 원문 접근성이 현저하게 떨어지는 것이 사실이다.

『효순사실』에 대한 대표적 연구는 효행 고사의 차원에서 『효순사실』의 존재와 개략적 특징, 계명대학교 소장본의 서지 사항을 소개한 연구(장춘석(2002))를 필두로, 『삼강행실도』·『이십사효도』·『효행록』 간 공통 일화를 표로 일목요연하게 정리함으로써 선택적 수용 양상을 밝힌 연구(송일기·이태호(2003); 이상민(2016)), 언해본 『삼강행실도』의 구체적 성립 과정과 특징을 면밀하게 파악하기 위해 '인용 방법'의 측면에서 효자도와 『효순사실』을 축자 비교한 연구(오민석·김유범·이규범(2020)) 등을 들 수 있다. 이를 통해 『삼강행실도』와 겹치는 일화 중 특기할 만한 『효순사실』의 원문의 일부와 인용 양상이 가시화된 점은 주목할 만하다. 그렇지만 15세기 조선 지성의 관심사 및 중국과 다른 조선의 독자적 문명 의식 등을 명확하게 규명하기 위해서는 『삼강행실도』와 겹치는 일화에 한정하는 것이 아니라 『효순사실』 전체 원문, 거기에 활용된 인용 전고, 논단 등 핵심 내용에 대한 정밀한 주해와 정확한 현대어 역이 필요하다. 『효순사실』은 15세기 조선 지성사 및 서적 교류사의 새로운 면모를 확인하기 위해 반드시 전면 재조명할 가치가 있다.

3. 결어

『효순사실』은 자식의 생명이나 일상생활을 담보로 한 극단적인 효행, 혹은 지극히 선한 성품을 가진 누군가만이 수행할 수 있는 어려운 효행을 모범적으로 제시하는 책이 아니다. 대신, 일상을 살아가는 가운데 마주하는 크고 작은 효의 순간들을 독자들에게 파노라마처럼 제시한다. 그것은 때로는 망설임, 이기심, 주저함과 같은 부정적인 측면과 맞닿아 있기도 하다. 이는 비단 오래전의 독자들에게만 적용되는 이야기는 아닐 것이다. 우리는 오늘날 각자의 삶을 꾸려가느라 여념이 없어, 우리가 나온 곳[所自出]인 부모를 자기 자신보다 더 우선시하지는 못하는 것이 사실이다. 바쁜 현대 사회의 독자들에게 늙고 병든 부모를 대하는 것은 시간적·경제적 희생이라는 부담감으로 다가오는 순간도 분명 있을 것이다. '긴 병에 효자 없다'는 말은 아직도 유효하지 않은가.

그럴 때마다 『효순사실』의 편찬자는 효에 있어 가장 중요한 것은 무엇을 수행하는가가 아닌, 사랑하고 감사하고 미안해하고 그리워하는 것, 즉, 부모를 향한 진심 어린 마음을 갖는 것이라고 말한다. 진심 어린 마음으로 부모와 대화하고 마주한다면, 비록 소박한 나물 반찬을 드리는 것에 그쳐도 부모를 감동시키지만, 진심 없이 인위적으로 수행하는 효는 오래 가지 못한다는 것을 '신이한 감응', '정부의 보상' 등의 결과를 빌려와 강조한다.

요컨대, 『효순사실』은 '효'라는 단어로 표상되는 진심을 계속해서 닦고 길러 나가다 보면 자기도 모르게 그것이 몸에 배어 일상생활은 물론, 각종 변고와 같은 비일상적인 순간에도 고민의 간격이 줄어들 수 있다고 말한다. 효의 형식보다는 그 내면이 더 중요하다는 것은 어쩌면 부모를 '제대로 호강시켜 드리지 못한다'는 죄책감을 가지고 있는 독자들에게 큰 위안이 될지 모른다. 그렇지만 그러한 경지는 저절로 얻어질 수는 없기에, 일종의 마음 수련을 통해 자기 내면을 들여다 볼 것을 권하는 것이다. 그렇게 단단해진 마음을 갖게 된다면, 독자들은 누구나 자기 부모를 대하는 순간뿐 아니라 그 어떤 자리에서도 굳건한 사람이 될 수 있음을 시사한다. 물론 효도하는 마음을 미루어 황제에게도 진심으로 충성하기를 바란 영락제의 정치적 의도 역시 그 이면에 담겨 있기는 하지만,『효순사실』의 내용적 가치와 화두는 위와 같은 측면에서 충분히 시의성이 있으리라 기대한다.

이번 총서를 통해 계명대학교 소장본『효순사실』을 순차적으로 완역(完譯)하고 주해함으로써 연구자들의 자료 접근성을 높이고, 학계에 새로운 연구의 토대를 제공하고자 한다. 또한 이제는 고루한 단어가 되어 가는 효의 진정한 의미와 가치를 독자들과 함께 현대적으로 되새기는 계기가 되기를 희망한다.

참고 문헌

『孝順事實』(계명대학교 동산도서관 벽오고문헌실 소장, 청구기호: 이귀 172.7 성조ㅎ)

『孝順事實』(北京圖書館古籍珍本叢刊 수록 영인본)

『孝順事實』(日本 國立公文書館 소장본, 重刊本, 청구기호: 子008-0002)

『三綱行實孝子圖』(한문본, 고려대학교 중앙도서관 만송문고본, 청구기호: 만송 貴 296B)

『三綱行實孝子圖』(언해본, 세종한글고전DB본)

『三綱行實孝子圖』(언해본, 1730년본, 계명대학교 동산도서관 벽오고문헌실 소장, 청구기호: (고준) 178.1 설순삼)

민병찬 역, 『역주 일본판 삼강행실도』, 시간의 물레, 2017.

송철의, 이현희, 장윤희, 황문환, 『역주 오륜행실도』, 서울대학교출판부, 2006.

윤호진 역, 『효행록』, 지식을만드는지식, 2017.

■국내논저

김가람, 「조선 전기 유교식 효행의 정착 과정 연구」, 서강대학교 박사학위논문, 2022.

김덕균,「효자전, 경전과 관행의 사이-조선 초 왕조실록의 효행 통계를 중심으로-」,『양명학』61, 한국양명학회, 2021.

김정신,「朝鮮前期 勳舊·士林의 政治思想 比較」, 연세대학교 박사학위논문, 2008.

박철상,「계명대학교 동산도서관 소장 中國本 古書의 가치」,『한국학논집』37, 계명대학교 한국학연구원, 2008.

송일기, 이태호,「初編本 '三綱行實孝子圖' 編纂過程 및 版畫樣式에 관한 연구」,『서지학연구』25, 서지학회, 2003.

심경호,「조선전기의 註解本 간행과 문헌 가공에 대하여」,『대동한문학』20, 대동한문학회, 2004.

오민석, 김유범, 이규범,「언해본『삼강행실도』《효자도》의 원전(原典)과 텍스트 성립 과정에 대하여」,『국어사 연구』30, 국어사학회, 2020.

옥영정,「『효경간오』,『효경대의』,『효경언해』의 간행본과 그 계통 연구」,『정신문화연구』35-1, 한국학중앙연구원, 2012.

이상민,「조선초 勅撰勸戒書의 수용과『삼강행실도』편찬」, 연세대학교 석사학위논문, 2016.

장춘석,「중국 孝子故事集 연구」,『중국소설논총』15, 한국중국소설학회, 2002.

장춘석,『中·韓 孝行集의 研究』, 신성출판사, 2004.

주영하, 옥영정, 전경목, 윤진영, 이정원,『조선시대 책의 문화사』, 휴머니스트, 2009.

최경훈,「계명대학교 동산도서관 소장 고문헌의 현황과 주요 자료」,『국어사 연구』25, 국어사학회, 2017.

■국외논저

肖瑤楚, 『《孝順事實》研究』, 華東師範大學 석사학위논문, 2015.

朱冶, 「明初教化性敕撰書在朝鮮半島的傳衍」, 『歷史研究』48-3, 西南大學學報(社會科學版), 2022.

■DB

세종한글고전(http://db.sejongkorea.org)

한국고전번역원(https://db.itkc.or.kr)

문연각 사고전서

중국기본고적고

찾아보기

ㄴ

ㄷ

ㅁ

ㅂ

ㅅ

ㅇ

ㅈ

ㅊ

ㅋ

ㅌ

옮긴이 소개

구슬아

계명대학교 인문국제학대학 국어국문학과 조교수. 서울대학교 국어국문학과에서 점필재(佔畢齋) 김종직(金宗直)에 대한 연구로 박사학위를 받았다. 15세기 조선의 한문학 및 문명사에 관심을 두고 있다. 역서로 『유촌선생문집(柳村先生文集)』(2023, 성심)이 있다.

감수자 소개

이종한

계명대학교 인문국제학대학 중국어중국학과 교수, 동산도서관장. 한유를 위시한 중국 산문 연구와 고전 번역에 관심을 두고 있다. 『한유산문역주』(전5권, 2013년 대한민국학술원 우수도서) 등을 출간하였다.

계명대학교 동산도서관 소개

계명대학교 동산도서관은 『용비어천가』 등 23종 97책의 국가 지정 문화유산(보물)과 『대구읍지』 등 9종 20책의 대구광역시 유형 문화유산을 포함하여 79,000여 점의 고문헌을 소장한 우리나라의 대표적인 고문헌 소장 기관으로, 전시회 개최, 목록과 해제집, 번역서 발간 등을 통하여 전통문화 유산의 체계적 관리와 한국학 연구의 증진에 기여하고 있다.